野村克也 野球論集成

野村克也 著

サンケイスポーツ編

徳間書店

はじめに

一冊の、黒く分厚いファイルがある。私の経験、知識、理論をすべて収めている。社会人野球、シダックスの監督だった2004年、手元に書きためてきた野球理論を「ノムラの考え」として一度まとめることにした。ベースになったのは、1999年に阪神監督に就任したときに作成したミーティング資料。当時はA4版で約40ページのものだったが、冒頭の人生論、仕事論から始まり、野球の本質、さらに投手、打者、捕手、作戦、守備といった各論まで含めた。当時、シダックスの監督付マネジャーだった梅沢直充君がファイル作成に協力してくれた。

投げて、打って、走って。何も考えず、本能のままに動いても、野球はできる。これは他のスポーツと同じだ。だが、「深く考えてもできる」のは、一球ごとにプレーが止まる野球ならではの特質といえる。私は「深く考える」ことこそが、プロの使命だと考えた。

1954年、テスト生として南海に入団し、3年間の下積み生活ののち、本塁打王になることができた。さらに3年後、技術の限界というプロの壁にぶち当たった。俺は野球の技術は二流だなあ、本当に不器用に生まれついたものだなあ、とため息をつきながら、一方で技術以外の要素も野球では必要なのだと気づいた。

それから、試合を終えるごとにノートをつけ、引退後も気づいたことや感銘を受けた言葉などがあれば、手帳にメモを取る習慣が身についた。私にとって「書くこと」は考えることと同義であった。

90年にヤクルトの監督になると、自分のノートを基にして、春のキャンプでミーティングを重ねた。ホワイトボードいっぱいに板書し、書き終えると裏面へ。選手たちは私の板書を一生懸命ノートに写し取り、指導者になった後、迷ったときにそのノートを読み返してくれている者もいると聞かされた。私のやってきたことが、少しでも野球のために生かされているのだ、間違いはなかったと感慨を覚えたものだ。

200ページを超えるファイルの原点が、ミーティングだった。2012年秋、東京ヤクルトスワローズの選手に向けて講演を頼まれた。その際にこのファイルを持参して、「私は何のご縁もなかったヤクルトに監督として呼ばれ、選手にも恵まれて3度も日本一になることができた。感謝してもしきれないほどの恩がある。これからこのファイルが少しでも若い選手たちの助けになるようなら、ぜひ使っていただきたい」と、球団に寄贈した。

はじめに

今回、そのファイルを基にして、野村克也の野球理論の集大成をヤクルト、プロ野球だけでなく、野球を愛し、楽しんでいるすべての読者に届けたいと考えた。私にとって初めての体系立てられた野球理論書、野球技術書である。

本来がプロ向けの技術書なのに、ピッチャープレートの踏み方、バットの握り方など、野球を始めたばかりの子供に読ませるような「基本」についても触れていることを、不思議に思われる読者もいるかもしれない。

私は、このノートをまとめるにあたって、プロとして生きていくための「基本」をもう一度確認してほしいと願った。高校、大学までに「基礎」は身につけているだろう。それは基礎体力や基礎技術の部分である。だが、プロに入れば見たこともないほど遠くへ飛ばすバッターや、見たこともないほど速い球を投げるピッチャーと対戦しなければならない。

そこで必要なのは、壁にぶつかったらいつでも立ち返ることができる「基本」なのである。このフォームで投げれば、捕手が構えた位置へと投げられる。この方法でスイングすれば、望んだ打球を飛ばせる。プロに入って早い段階で基本、つまり原理原則を学ぶことで、自分自身のスタイル、つまり「プロらしさ」を身につけることができると考えたのである。

プロ野球にかぎらず、現在の社会には「らしさ」が欠けている。社会人らしさ、政治家らしさ、経営者らしさ、指導者らしさ……。部分的な専門知識をかじって基本を怠り、目の前の利益を追い求めて遠くにある高い理想をないがしろにしている。

その道を長く務めあげるために必要な基本、原理原則を忘れないために、ノートを書き、ファイルにまとめ、一冊の本として日の目を見ることになった。

ぜひ、野球の奥深さを知ってほしい。野球を奥深く極めるために「基本」がある。個人技術を高める努力、チームの中で自分を生かす努力の苦しさ、難しさを知っていただきたい。その先にプロ野球選手らしさというものが見えてきて、野球というスポーツがさらに高く、長く進化していくものだと、私は確信している。

野村克也 野球論集成 目次

第3章 投手論—— 69

第5章 打者論——265

造本装幀：岡 孝治

第1章 ● 野球と人生

ノートを書き残した理由

「優勝は、強いか弱いかよりも『ふさわしい』かどうかで決まることが多いのだ」

私はノートの冒頭に、こう記した。野球は「団体競技」である。選手が個人事業主のプロとはいえ、カネで団結できるなら、監督はいらない。カネだけでは団結できないから、監督の思想、哲学が重要なのだ。表に出してこなかったノートの内容を伝えたいと考えたのは、団体競技という本質から、近年の野球が遠ざかってしまったと感じるからだ。

なぜ、私は「ノムラの考え」と題した野球ノートを書き残す事にしたのか。息子の克則（現ヤクルト1軍バッテリーコーチ）に、一つくらいは父親らしいことをしてやりたいと思ったことがきっ

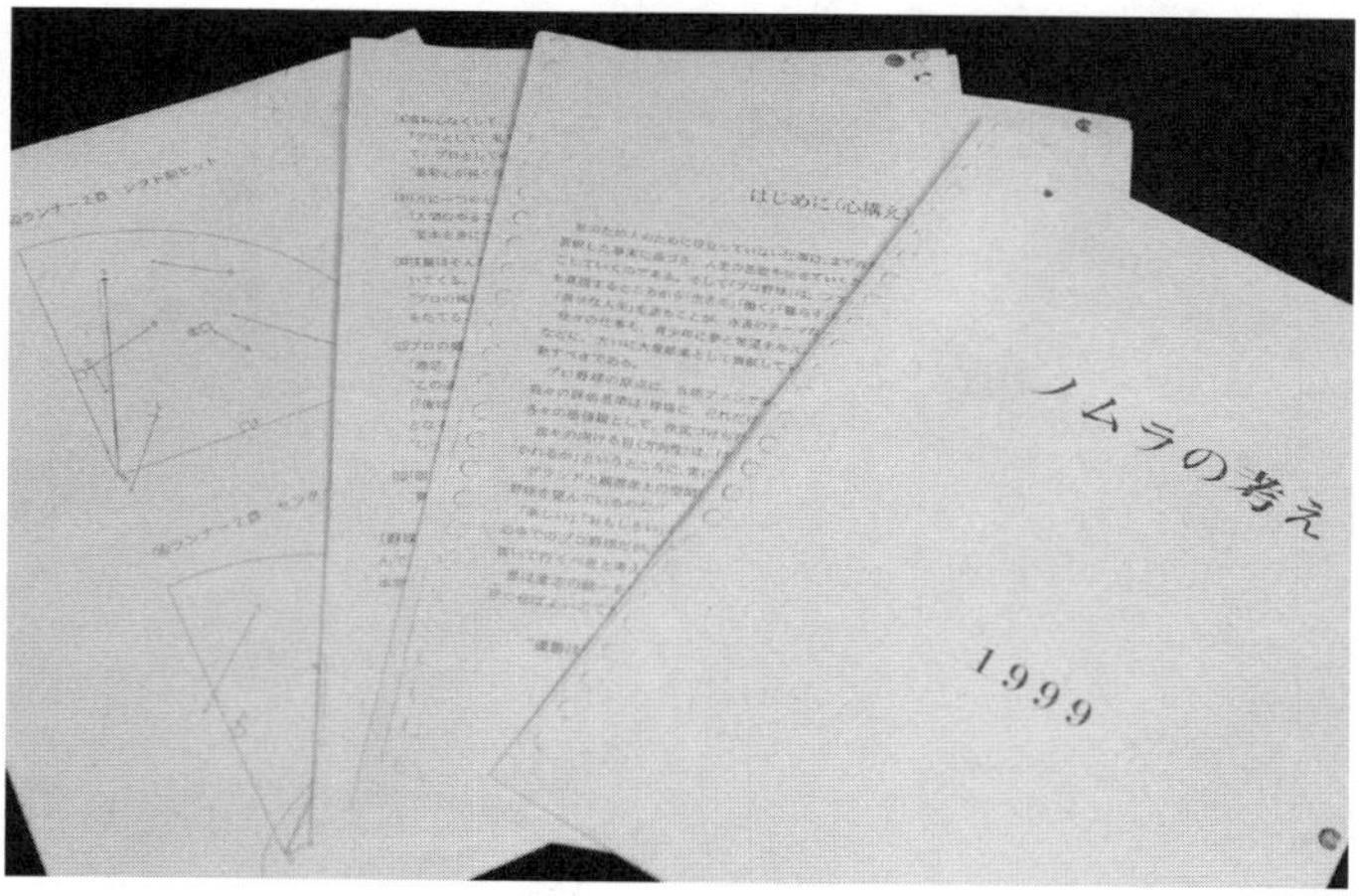

野村が書き上げた「ノムラの考え」。野球・人生論が集約されている

かけだった。

「父には一度も遊園地に連れていってもらったことがない」。克則が小学校でこう話したと聞いた。「野村引く野球、イコールゼロ」などと公言していた私だが、克則のこの言葉はさすがにショックだった。せめて将来、息子が困らないように野球ノートを作っておこう、と思い立った。

ところが、ノートを作るに当たって「野球とは何か」と考え始めると際限がない。選手、監督、評論家として野球に接してきたが、とりわけ「監督として何をすべきか」を考えてみた。

人づくり

チームづくり

試合づくり

行き着いた答え、「監督の仕事」とはこの3つだった。

人づくりは、単なる選手育成だけでなく、後継者育成が重要になる。「財を遺《のこ》すは下、業を遺すは中、人を遺すを上とす」（後藤新平）という。監督は常に次代の選手を残して、野球を継承、発展させていく義務を負っている。

例えば常勝を旨とする巨人は常に、「世代交代」の渦中にいる。２０１７年にしても阿部慎之助や村田修一、内海哲也らの後継となる中心選手の育成は急務だ。一方、30歳を過ぎたベテラン選手は、ベンチにいても常に「自分ならどうするか」という視点を持っておかなければならない。

リーダーとしての器量、度量、人望を自ら磨いておき、将来に備えておくべきだ。

チームづくりは、組織を円滑に機能させるために必要だ。選手との信頼関係を保てなければ、指揮采配に集中できない。監督の野球観、仕事観、人生観を伝えることで選手は「監督は自分に何を望んでいるのか」「自分はチームのために何をすべきか」を考えられる。この意思疎通がなければ「あうんの呼吸」は生まれず、「やってくれるだろう」といった安易な「願望野球」になってしまう。

人づくり、チームづくりを経て、監督は実戦で活用できる戦術戦略を定めることができる。それが試合づくりである。

「結果がすべて」「勝つことでファンに恩返し」などという監督、選手、球団が多い。間違いではないが、一面的でしかない。球界がこうした思考を持ち続けてきたために、どれほど多くの「野球バカ」をつくってきたことか。勝つことは仕事であり、人生のほんの一部でしかない。そのことを理をもって説明するため、私はノートを書くことにした。

プロとして持つべき理念❶ プロ意識とは

プロ野球で仕事をしていく上で、忘れてはならない3つの理念があると考えている。

❶プロ意識を持ち続けよ

❷理をもって戦え

❸プロセス重視主義に徹せよ

まず、❶について述べたい。

プロフェッショナルとは「高い技術を身につけている」「常に安定した状態を保つ」「条件の変化への対応力を持つ」者で、かつそれを持続できることが条件になる。

高校、大学、社会人、いわゆるアマ球界からプロ入りすると、時間が増えたと感じるものだ。学生には授業があり、社会人には日常の業務がある。プロに入れば、これらがなくなり1日24時間を野球のために使うことができる。

だが、プロ野球選手が練習、試合とその前後の時間を合わせても、野球に費やす時間は1日10時間ほど。睡眠を含む残り14時間の使い方で、成長に差が出る。監督時代、1軍の控え選手には「1日10分のバッティング練習で終わりか？　それじゃあ給料は上がらんぞ」と声をかけていた。

作家・吉川英治の随筆に、こんな一節がある。

「やさしい、むずかしい、どっちもほんとだ。しかし、むずかしい道を踏んで、踏んで、踏み越えて、真にむずかしい苦悩をした上で、初めてやさしい。それを知った者でないと、本物ではない」

当たり前のことを当たり前にやってこそ、プロ。その「当たり前」のレベルを上げ、安定させ、デーゲームとナイター、晴れと雨、無風と強風、ピンチとチャンス、そのいずれにも対応する。ファインプレーを一度だけのものにせず、決してファインプレーに見せないほど、当たり前にやってのける。

さらに「万に一つのミスも許されない」という信念と、「プロとして恥ずかしい」という恥の意識を持つことも重要だ。野球にミス、失敗はつきものだが、「ミスをしてもいい、しかたない」という妥協や甘えは許されない。

「自分が笑うために一生懸命やるのはアマチュアだ。プロは、人に喜んでもらう、笑ってもらうために努力するものだ。君たちの給料はファンから出ているんだ」とよく話した。楽しく投げられました、自分のバッティングができました、という選手が多いが、はたしてそれでプロと呼べるのか。私は「妥協」「満足」「限定」は、プロとしての成長を妨げると考えている。

人間は可能性の動物ではあるが、プロとしての戦いは技術的な限界を知り、その先の努力を始めるところから始まる。

プロとして持つべき理念❷　理をもって戦う

技術だけで勝つことはできない。これは野球に限らないが、団体競技でもある野球においては、特に当てはまることだと考えている。まず己の限界を知り、限界を突破する方法を探るのだ。

そのためには**❷理をもって戦う**ことだ。高いレベルの技術を持った者がしのぎを削る世界では、技術の限界の先に、勝負がある。「理」とは知識と知恵、考え方である。

私は1954年に南海に入団したが、1年目を終えて解雇されかけた。一塁手へのコンバート案もあったが、3年目に正捕手への足がかりをつかんだ。そして4年目の57年、本塁打王を獲得した。

ところがその後、さっぱり打てなくなった。どうして打てないのか、まったくわからない。そこで当時の査定担当で、スコアラー第1号ともいわれる尾張久次さんに、自分の打席の配球表をつけてもらった。今でいう配球チャートだ。

長距離打者の私は常に、引っ張って遠くへ飛ばせる内角寄りに目線を置いて待っていた。ところが配球表を見ると、絶対と言っていいほど内角に投げてこないカウントがあった。2－0（2ボール0ストライク）、3－1（3ボール1ストライク）など、投手がストライクを投げざるをえない「打者有利のカウント」である。このカウントで、長距離打者にホームランボールを投げてくる投手などいない。

考えてみれば当たり前のような、こんな知識さえ、当時の私にはなかった。内角に来ないのなら、思い切り踏み込んでいって外角球を仕留めればいい。こう考え直した。

まず正しい知識を得て、原理原則を知ること。知識を得るには、野球という競技を正しく学ばなければならない。また野球以外でも、読書などで教養を身につけ、感性を磨く。こうして正しい判断基準を持つべきだ。

日本人はスポーツを「道」にたとえることが多い。しかし「野球道」といえば「気合だ、根性だ」と、どちらかといえば精神論に陥りがちになる。道より先に必要なのは「野球学」である。よく「自分は不器用だから、器用な人には到底かなわない」という者がいる。こう考えたらどうか。不器用な者は、器用な人がやらない経験をしている。それを遠回りととるか、自分だけの貴重な経験と考えるか。私は後者だと受け止めて「最後には不器用な者が勝つんだ」と、自分を、選手を励まし続けてきた。

監督が「理をもって戦う」には、選手に対しても「理をもって接する」必要がある。「きょうの試合は負けたが、打つべき手はしっかりと打った」と選手が納得できるかどうか。そのために私は、❸プロセス重視主義を説いてきた。

プロとして持つべき理念❸　プロセス重視主義

野村野球とは？　私が指導した選手たち、特にヤクルトでは「プロセス重視の準備野球」と即座に答える者が多い。それほど、口を酸っぱくしてきた。

結果がすべて。勝つことがすべて。スポーツの「現実」は、結果主義である。特にプロ野球はチーム成績、個人成績で契約が決まる世界だから当然だ。しかし、ただ結果だけを求めてプレーをすると、それを得られないのが凡人の常。結果主義は、気合が足りない、執念が足りない、などという精神主義を招きがちになる。

私が考えるプロセス（過程）重視主義はこうだ。一足飛びに結果を求めるのではなく、成功に至る道筋を重視する。備えあれば憂いなし、大事の前の小事、など準備の大切さを説くことわざ、故事は数多い。いかに人間がプロセスをないがしろにしてしまうかを、よく表している。

「成功というものは、その結果で測るものではなく、それに費やした努力の統計で測るべきものである」

発明家のエジソンはこう言った。私は「『失敗』と書いて『せいちょう』と読む」とよく言うようにしている。準備を十分にしたからといって、必ずしもいい結果を出せる保証はない。ただし、準備の充実なくして、いい結果は得られないのは事実である。

捕手に対して「1試合のために、3度野球をしなさい」と指導してきた。準備野球、実践野球、反省野球の3度。前夜、自軍の投手と相手打線との対戦をシミュレーションするのが準備野球。実際にプレーをする実践野球。試合後に準備と実践との相違点を振り返り、次に生かしていく反省野球。最後の反省もまた、次へのプロセスになる。

投手や打者も同じだ。最初の1打席を、手探り、または力任せにこなしてしまうのは、実にもったいないことだ。イメージをつくっておけば、最初の打席から力を出せるし、出せなかったとしても、次に生かせる情報量はより多くなる。準備をコツコツ重ねていくことで、不可能は可能となり、ときに奇跡的なプレーや感動を生む。

もっとも、私はプロセス重視主義を求めるが、「結果論」を否定すべきではないとも思う。「あの場面、真っすぐじゃなくて、カーブだったかなあ」という反省は次につながる。最近では「前を向く」「切り替える」といったフレーズをよく聞く。「結果がすべて」という結果主義者ほど、結果論を嫌う。歴史とは、人間の失敗の蓄積である。結果論が、次に成功するプロセスをつくる源になることも忘れてはならない。

ミーティングで人生を説いた理由

監督時代、キャンプで夜間に行っていたミーティングは1時間。「人間の集中力は1時間以上は続かない」と聞いたからだ。「人生とは」を最初に話した。森昌彦（祇晶）に聞くと「川上（哲治）監督は野球の話はほとんどしない。人間学、社会学が多い」という。だから私も、人との付き合いや読書で勉強したことを話すようにしていた。

「お前はなんのために生きているんや？」

ミーティングではまず、選手にこう聞く。「いいプレーがしたい」「野球でお金を稼ぐためです」などと答えが返ってくる。ロシアの文豪トルストイは「人生とは、幸福を願い、努力することと同じである」と言った。「いいプレー」「お金」は目標ではあるが、生きるとは、それだけではないだろう。

「人」という漢字は象形文字で、立っている人を横から見た形を表している。ただ「2人で支え合っているように見えるじゃないか。一人では生きていけないんだ」と説くのは、字の成り立ちとは違うかもしれないが、人生を語る上では間違いとはいえない。人の間と書く「人間」は、そのものズバリ言い当てていると思う。

私は「人生」という言葉を「人として生まれる」「人として生きる」「人と生きる」「人を生かす」「人を生む」——と5つの意味があると理解している。そして選手にはまず、「どういう人生を生きたいか」「どういう人間になりたいか」という希望を抱き、定めることが重要だと話して聞かせる。

❶希望を定めることで、理想や目標が決まってくる
❷理想や目標を自覚すれば、挑戦する意欲が生まれる
❸挑戦する意欲は、困難に正面からぶつかっていこう、逆境をはね返そうという勇気、闘争心となる
❹理想や目標の実現のための計画を練り、積極的に行動できる

つまり、人生を❶～❹の好循環に乗せるためには、最初に希望を抱くことが必要だ。だから私はキャンプの最初のミーティングで「どういう人間になりたいか」と問うた。年に一度、「今年はやるぞ！」と、まっさらな気持ちで新たなシーズンに向かおうという選手なら、謙虚に自分自身を見つめることができると考えたからだ。

私の答えは「人間は、世のため人のために生きている」というものだ。自分のために技術を高め、チームのために戦い、ファンのために勝利を見せる。それが家族のためになり、最後は自分にかえってくる。こう話して、ミーティングを始めていった。

野球選手が考えるべき「生計」

中国では、人生には「五計」があるという。生まれてから死ぬまでに、生計、身計、家計、老計、死計の5つの計《はかりごと》を考え、生きるべきだという。

思想家の安岡正篤は「生計（いかに生きるか）」「身計（いかに身を立てるか）」「家計（いかに家庭を営むか）」「老計（いかに年を取るか）」「死計（いかに死ぬべきか）」と定義している。

プロ野球選手にとっての「生計」とは何か。

【第1段階＝25歳ごろまで】土台づくり。自分のことで精いっぱいの、模索の時期である。「学ぶ」とは、「まね（真似）ぶ」と同語源だという。すぐれた先輩の模倣から始め、自分自身の基礎を固める。

【第2段階＝35歳ごろまで】 第1段階でつかんだ自分の技量、持ち味を磨き、真っすぐに突き進む。その上で「チーム優先主義」の考え方を身につけ、いかに勝利に貢献するかを念頭に置くべし。30歳を過ぎたら、引退後について、考えを進めなければならない。

【第3段階＝35歳以降】 組織への貢献に主眼を置くことで、自分自身の人間的成長を目指す。プロ野球選手は個人事業主とはいえ、個人優先主義から脱却してほしい。チーム、後輩への援助者、協力者たれ。

ヤクルトの山田哲人は、23歳だった2015年から、2年連続でトリプルスリー（同一シーズン打率3割、30本塁打、30盗塁）の好成績を挙げたが、現状ではまだ第1段階で、中心選手ではあってもチームリーダーという立場にはない。

また、17年に巨人の坂本勇人は28歳、長野久義は32歳。第2段階である。私は評論で彼らの自分本位の打撃を厳しく指摘することが多いが、チーム優先の考えを身につけてほしいと願うからだ。また17年に38歳になる阿部慎之助は、まさに第3段階にいる。

人生はドラマだ、という。そのドラマは一人では成り立たない。人間関係抜きに働き続け、生き続けることは困難だ。3段階で示した野球選手の「生計」も、競技人生という物差しでみれば、引退までの間に五計がすべて詰まっている。

王貞治は、思うような打球の軌道を描けなくなったと、まだホームランを打てるうちに退いた。私は、二塁まで送球が届くうちはチームに貢献できると、45歳まで現役を続けた。どちらが正解、というものではないが、常に「いかに生きるべきか」を考え、社会（チーム、球団、球界）との関わりの中で、自分にしかできない「仕事」を見つけることだ。

人生と仕事

人生と仕事は、切っても切れない関係にある。生きがいなくして成功なし、という。ただ、成功だけを求めていくと個人主義に陥り、自己顕示欲が強いだけの非情な人間になる恐れがある。成功は結果でしかない、と考えた方がいい。

２００３年10月、テレビでたまたま米大リーグ中継を見ていた。アメリカン・リーグ優勝決定シリーズ第7戦。ヤンキース1年目の松井秀喜が同点のホームインをし、起き上がりながら大ジャンプ。ベンチで仲間たちとハイタッチと抱擁を繰り返した。ご記憶の読者も多いだろう。巨人ではあまり見られなかった、松井らしからぬ興奮ぶりに驚いた。だがこの感情の爆発はチームに広がり、見事な逆転勝ちでリーグ優勝を決めた。私は「松井はヤンキースで夢をかなえたのだな」と思った。

プロフェッショナルとして、仕事に取り組むために必要なものは「３つのＥ」である。

❶Entertain（エンターテイン）　いかにファンを楽しませるか。まず、野球が好きで好きでしかたないという思いを持つことだ。この仕事こそ自分の「天職」であり、プレーすることが面白くてしかたない。その思いが、見る者を「ああこの人たちを見に来てよかった」と感動させることになる。

❷Enjoy（エンジョイ）　いかに楽しく明るくやるか。ただ笑ってプレーすればいいのではない。常に全力を尽くし、それでいて明るい。歯を見せるだけでなく、歯を食いしばる姿でも、周囲に爽快感や痛快さは伝えられるものだ。人間が最も美しく見えるのは、一生懸命に励む姿である。人生をかけて楽しむことだ。

❸Excite（エキサイト）　興奮、感激は仲間に伝わる。うまくなりたい、そして勝ちたい。人間は感情の動物だが、個人がそれぞれの感情を適切に表すことで、チーム全体の一体感はぐんぐん高まっていく。

前述した松井の大ジャンプには「3つのE」が詰まっていた。仕事が好きでしかたがないから、興味や好奇心が次々にわいてくる（❶）。ふだんは笑顔を見せず、バッターボックスでは無表情に歯を食いしばる（❷）。そんな男がここ一番で歓喜を表したことで、チーム全体に「必ず勝つ」という勇気、一体感をもたらした（❸）。

「自分の仕事が好きでなければ、本当の成功は望めない」（デール・カーネギー）。興味や好奇心が集中力を生み、苦労や努力も苦痛と感じないで済む。希望があるから、忍耐ができる。そんな仕事を見つけるべきだ。

選手の4タイプ

ヤクルトの監督時代（1990～98年）、選手を観察し、大きく4つのタイプに分類したことがあった。プロとして、どのように仕事をし、生きているか、というものだ。

❶**「らしく」生きるタイプ**　俺にとってプロらしさとは何か。どうやってプロで食っていくかを必死に追い求めて、苦悩を乗り越えようとする。

❷**意気込みだけで生きるタイプ**　やる気は表に出てくるが、技量がついていかない場合がある。

❸**天性だけで生きるタイプ**　親からもらった天賦の才だけで勝負している。

❹**自己限定して生きるタイプ**　一流はハナから無理、そこそこやれて、人並みの年俸をもらって、サラリーマンよりぜいたくな生活ができれば満足だ。

私は選手に❶を追い求めてほしいと思う。常識や節度を大事にし、壁にぶつかっても、工夫と努力を重ねて乗り越えようとする選手。グラウンドの外にいても、常に問題意識を持っている。

当時のヤクルトであれば土橋勝征、宮本慎也ら脇役の選手には特に「お前に求められているのは本塁打ではない」と、打球を転がせ、右方向へ打てと口酸っぱく説いた。

だが❷の意気込みはプロとして最低限必要だし、❸の天性のうち「球が速い」「遠くへ飛ばす」「足が速い」の3つは先天的な要素が大きく左右する。これらを否定するつもりはない。❷は飯田哲也や秦真司、❸は池山隆寛（遠くへ飛ばす力）や古田敦也（強肩）がそうだった。

❷の意気込みタイプには「意気込みだけでは駄目だぞ。敵は日々いい方向へ変わっていくのだから、お前たちも変わらなければ駄目だ。変わることが進歩だ」と説く。❸の天性タイプは、あぐらをかいて怠ける者も中にはいるが、多くは天性に欠ける者より貪欲で、向上意欲も強い。これらのタイプでも、指導者しだいで、うまく❶の「チームにとっての自分らしさ」へと誘導できる。

監督として、最も頭が痛いのは❹の自己限定タイプだ。チームに70人選手がいれば、60人はこのタイプではないか。「そこそこいい暮らしができればいい」。自分が未完成な存在だと知りながら、完成への努力を怠る人。自分が働く世界をなめているとしか思えない。

自己限定タイプは「言われたからやる」と、義務感や最低限の責任感だけで仕事をする。それでは本物とはいえない。仕事を通じ、自分自身を向上させるために必要なものは「使命感」である。チームの勝利のために自分の全能力、つまり「命を使う」。こうした仕事観を持ってほしい。

雑学も重要だ

読書や人間関係を通じて社会勉強を積むことも重要だと、先に述べた。私はノートに、人生や野球に役立つだろうと考えた雑学も書き残すようにしていた。「予備知識は重いほどいい。先入観は軽いほどいい」という。柔軟な思考をするために必要だと考えたためだ。

【遊び】

人生に遊びは必要だ。また、忙しいほど遊びたくなるのは自然の道理だ。遊び上手ほど仕事上手ともいう。仕事と遊びは表裏一体だから、遊びたい気持ちを我慢しすぎない方がいい。特に投手や捕手は「遊び球」「捨て球」という言葉があるように、「ワンボールを捨ててでも」という心の余裕が必要だ。

楽天で指導した田中将大は、いつも眉間にシワを寄せて投球フォームにこだわったり、際どいコースに投げようとしたりしていたので、「野球でもプライベートでも、もっと遊びなさい」とアドバイスしたことがある。

ただし「遊び心」と「遊び人」とは違う。プロたる者、遊び人になってはいけない。「敢《かん》に勇なれば則《すなわ》ち殺し、不敢《ふかん》に勇なれば則ち活《い》かす」（老子）という言葉もある。遊びにおいても、法に触れたり、すり寄ってくる危険な人たちと付き合ったりするのは、「不敢」つまり「あえてしない」勇気を持つべきだ。

【女性】

女性を口説くにも戦略、戦術をしっかり考えていくのと、出たとこ勝負とでは、得られる結果も違うだろう。あくまで私の経験によるものだが、女性は基本的に、いつも中心において大事にしてくれることを望んでいる。これは男性にとってなかなか忍耐のいるものだ。

女性は、仕事の知識や技術、能力で男性を評価しない。傲慢、高慢、自己中心的な男性は嫌われる傾向にある。こうした女性ならではの判断傾向、判断基準を理解していなければ、好きになった女性に振り向いてもらうことはできない。つまり「自分がどう見られているか」「自分に何を望んでいるか」と、女性の目線で考えなければいけないわけだ。

余談だが、現役時代、銀座のクラブに行くと、よく他球団の選手と出くわした。そこで得た〝取材〟を、ささやき戦術に生かしたことがある。

巨人のトップバッターが、当時有名だった女性歌手と噂になったことがあった。日本シリーズでマスク越しにその歌手のヒット曲を口ずさんだ。「やめてくださいよ」とバッターは苦笑いしていた。打撃は集中力とタイミング。こんなイタズラも時には有効だ。

成功とは

「王や長嶋は太陽の下で咲くヒマワリ。僕はひっそりと人の見ていないところで咲く月見草のようなもの」

1975年5月22日、通算600本塁打を記録したとき、記者に話した言葉だ。

500号は私がプロ野球史上初だったが、73年8月に563号で王貞治に並ばれた。その後しばらくは抜きつ抜かれつだったが、私の故障もあり、やがて引き離された。王は私より1年も早く、74年5月30日に600号に到達した。

「ヒマワリと月見草」は、巨人中心、セ・リーグ中心のプロ野球だった当時、パ・リーグの南海で奮闘していた私のぼやきだったが、自分を卑下したわけではない。「月見草」としての成功に誇りを持っていた。

これまで述べてきた通り、「成功」は目的ではない。プロとして重要なのはプロセスであり、得られる成功は結果でしかない。成功者の共通点を挙げてみる。

❶願望を燃やし続ける
❷現状に満足せず、次々と高いレベルを目指す
❸逆境でも楽天的でいられる精神力

❹他人にない得意技
❺計画性
❻知恵と鋭い感性
❼豊富な専門知識
❽自己把握能力
❾創造性と先見性
❿判断力と決断力
⓫世のため人のために徹している
⓬失敗を生かし、成功に結びつける
⓭過去を背負わず、現在から未来を見ている
⓮よい協力者に恵まれている
⓯よい勘とよい運

これら15の共通点は、先天的なもの、後天的なもの、他者とのつながりで得られるもの、とさまざまだ。だがこれらは互いにつながりあっている。例えば創造性や判断力は、専門知識という基準がなければ生まれない。また自己把握能力なくして、失敗を生かすことはできない。

「ヒマワリ」の王、長嶋も、「月見草」の私も、すべてとはいわないが、15のうち多くを備えて

いたのだと思う。逆境や失敗も数多く経験している。王はプロ入り後に投手から野手に転向したし、私は入団1年でクビになりかけた。そこから願望を燃やし、得意技を磨き続けてきた。ままならない人生の中で、成功を目指す。得られる成功の形も、人それぞれだ。一つ言えるのは、変化を恐れては、成功は望めないということだ。投手から野手へ。先発から救援へ。オーバーハンドからサイドハンドへ。4番から脇役タイプへ。現役から指導者へ……。人生には、変化の機会が数多い。それは成功へのチャンスなのだ。

成長と進歩　～無視、称賛、非難～

一に無視、二に称賛、三に非難。私はこの3段階を使い分けて、選手に接してきた。

【無視】ただ技術向上に明け暮れる若手への指導はコーチに任せて、ただ見守るだけ

【称賛】1軍で使えるという段階になって初めて、ほめて伸ばす

【非難】勝利に直結するプレー、行動を常に求めるレギュラーや中堅、ベテランに対してはチーム優先主義を植え付けるためにも叱る

選手の成長を促すため、この3段階が必要だと思ったのは、自分自身が現役時代に無視、称賛、非難の3段階を踏んで他人から評価を受けてきたと感じたからだ。

南海に入団した当初、私は「壁」と呼ばれるブルペン捕手に近い扱いでプロになったことに気

づきもしなかった。当時はブルペン捕手という名のチームスタッフはいなかった。また出場選手登録のルールもなく、チームに帯同していて、大差で負けた試合などでは高卒1年目の私でも、代打や代走で使ってもらえた。だから1年目の1954年に9試合出場で11打席に立って無安打の数字が残っている。それでも「無視」に変わりはない。

56年にポジションをつかみかけ、初めて鶴岡一人監督にほめられた。「おはようございます」とあいさつしても、返事もくれない怖い存在だったが、ある日大阪球場の暗い通路ですれ違いざま「おう。お前、ようなったな」と声をかけていただいた。「称賛」はこの一度だけ。その後は何をしても「バカたれ、勉強せい!」ばかり……。

現代は「明るい」「楽しい」「面白い」が評価の主流で、しかも直接的でスピーディーな反応に左右されやすい。熱しやすく、流されやすく、そして冷めやすい。光ばかりで影がない、そんな時代だ。「陰の努力」「日陰の存在」などという言葉も、ほとんど死語に近い。

だから多くの分野でプロフェッショナル、職人と呼ばれる人材が減ってきている。プロの世界では表舞台で光が当たる前には、必ず日陰の時期がある。実力本位には違いないが、長幼の序も尊重される。教育、しつけがあるからだ。教育、しつけの基本は「礼」「義」「恥の意識」を身につけさせることにある。

「礼」とはおかげさまでという謙虚な感謝の気持ちを持ち続けること。「義」とは生きていくための正しい道、道理。「恥の意識」はプロらしさ、人間らしさを常に考え、行動の規範とすることだ。

「称賛」だけの明るい世界では、本物のプロは育たない。「無視」されて実力を蓄え、「非難」を乗り越えて一流になれる。

成長と進歩　～変化をいとわない～

進歩について考えるとき、頭に浮かぶのはヤクルトで指導した宮本慎也のことだ。1995年に彼が入団してきたとき、2000本以上もヒットを打つなど、想像もできなかった。「僕も思いませんでした」と本人も笑っていた。

私は宮本に「お前が引っ張っても1円にもならん。右へ打て、ゴロを打て」と言い続けた。宮本自身も「池山（隆寛）さんの打撃練習を見て、自分の打撃ではプロで通用しない」と思い知り、私の言う通りに練習すれば出番があると信じて努力したのだそうだ。もともと守備は一級品だったので、私も守るだけの「自衛隊」と呼んで、起用を続けていった。

宮本は私がヤクルト監督を退任した後、右方向へ強い打球を飛ばすためにバットを体の内側から出す「インサイドアウト」の技術を中西太さん（元西鉄、元阪神監督）に教わった。私によって右方向への打撃を意識付けされ、中西さんによって技術的な裏付けを得た。その他、体力強化や配球の読みなど、必要な努力もしたのだろう。その成果が2133本のヒットになった。

進歩とは、変わることだ。どうしたら変われるか。試す。疑問符を積み重ねる（問題意識を強く持ち、試行錯誤を繰り返す）。そして「言い訳は進歩の敵」と自分に言い聞かせて、苦しくても反復することだ。

人間は本来、成長、発展する生き物だ。しかしなかなかのくせ者で、常に右肩上がりとはいかない。子供が自転車に乗れるようになる姿を想像してみればいい。❶ある程度伸びると進歩が止まる❷ずっと平行線をたどっていて、頑張り続けると急に伸びる❸ゆっくりゆっくり上達するため、よく見ないとなかなか気づかない——といった特性がある。

進歩を助けるものには、素直さ、競争意識（ライバル）、模倣（理想とする選手の姿をイメージする）などが挙げられる。一方、進歩を妨げるものもある。間違いに気づかないでやり続けること、間違いと知りながら「それでもこれができれば……」と頑固に貫こうとすること。つまり努力の方向性を誤ることだ。

自分にも経験がある。75年、阪急に速球投手の山口高志が入団してきた。私は当時40歳のプロ22年目で、600本の本塁打を打っていたが、バットを短く持って立ち向かった。変わることを拒む者はよく「自分にもプライドがある」と言う。

プライドは、自分でコントロールして初めてプライドといえる。進歩のマイナスになるようなものを、プライドとは呼ばない。そんな安物は、捨ててしまった方がいい。

考えること、感じること

２００８年、楽天で監督３年目を迎えた私は、チームのスローガンを「考えて野球せぃ！」に決めた。前年に最下位を脱して４位になった。田中将大、永井怜、嶋基宏、渡辺直人が１年目からチャンスをつかみ、土台ができた。さあこれから、目指す野球を浸透させていこうと考えた。

ところが、08年は最終戦で最下位を免れるのがやっとの５位。翌09年のスローガンは「氣《き》〜越えろ！」にした。プロとして気持ちを前面に出すのは幼稚だとわかっていたが、「元気を出していこう。気を入れていこう。気で乗り越えていこう。基本中の基本。困ったときには原点に返る」と説明した。

「考える力」の出発点には、「感じる力」がある。感じる力とは変化を敏感に捉える能力、変化の本質をつかむ能力のことだ。「感動」は「感じて動く」と書くが、まず感じることで、思考と行動が生まれてくる。当時の楽天の選手たちにはまだ、感じる力＝感性が不足していたのに、考える力ばかりを求めたのがいけなかったのだろう。

感性は生きる力なり、という。欲求や願望の強さ、苦悩や逆境の経験、負けず嫌い、ハングリー精神などが感性の源になる。そして感性によって、先見力、洞察力、独創力が磨かれる。鋭い感性なくして、優れた選手は生まれない。

08年の「考えて野球せぃ！」で5位に終わり、より感性に近い「氣」とした09年に2位になった。08年には、いい結果を出そう、恥をかかない野球をしよう、と考えることに傾きすぎた。まず感性、心のありかたを整えて戦うべきだと、考え直したのである。

09年の開幕戦、札幌で日本ハムとぶつかった。相手はダルビッシュ有。戦略的には、エースの岩隈久志を2戦目に回すことも可能だった。ただ、「ダルビッシュから逃げるのは簡単。ただ開幕から逃げるのもなあ」と岩隈を立てた。チーム一丸となって戦おうという「氣」を充満させ、打倒ダルビッシュの策を練った。

ホームベースを3等分し、内側3分の1を捨てる。つまり内角球には目をつぶり、外角のストライク・ボールを見極めて、逆方向へ打ち返す——。これを徹底して、一回に3点を奪い、岩隈ら投手陣が守り抜いた。

人間の最大の悪は何であるか。それは「鈍感」である。

感じる力なくして、考える力を育てることはできない。「逃げずに勝つ」と氣を入れて、チームとして「心のありかた」を統一し、次に勝つ方法を考え、実行した。この順番がよかった。

判断と決断

私は「判断力」と「決断力」を求める。確かな判断基準を持ち、勇気を持って決断する。

走塁は、なぜ難しいのか。瞬時の判断と一般的な判断、2つが必要になるからだ。瞬時の判断は本能的、直感的なもの。一般的な判断は経験、予測、先見によってなされる。両立が難しい。

打球が飛んだ!

ゴロかライナーか、これは本能的、直感的に瞬時に判断すべきものだ。それ以前に、一般的に判断しておくべきものがある。内野の守備隊形と守備能力を確認し、カウントや捕手の構えた位置から球種コースを予測しておく。打席でも、守備でも同じだ。

まさに「状況判断こそ野球の生命線」である。だから私は「確かな判断基準を持て」と選手に言い聞かせてきた。ミーティングを行うのも、判断基準をチームで共有することが目的なのである。

判断に必要なものは、原理原則（セオリー）、現在の状況の把握、専門知識、相手の最新情報――など。これらに、自分自身の能力（できることとできないこと）を加味して、何をなすべきかを決めるのだ。

一方、決断は判断とは異なる。「覚悟にまさる決断なし」とよく口にしているように、決断は常に賭けである。結果がわかっていることを決めるのは、決断とは言わない。問題は、何に賭けて決断するかだ。

目の前の勝負か、今後の戦略か。選手の能力か、指揮官の戦術か。選手に情をかけるか、非情に徹するか。

70％の勝算が立つならば、決断して、着手してみるべきだ。優柔不断で決断を先延ばしにしてはならないし、逆に早まって決断してもいけない。また、正しい判断で確実に正解にたどりつける場面にもかかわらず、判断をないがしろにして、むやみに決断を連発するのは、愚の骨頂である。

判断は、首から上でやるべきもの。決断は、体を張ってやらなければならないもの。日本は、大きな自然災害に次々と襲われている。自然の脅威と対峙するにも、まず正しい判断をし、いざ必要となれば覚悟をもって決断する。この順番を間違えてはならない。

第2章 ⚾ 野球とは

野球の本質

「野球は、なんで『やきゅう』って言うのですか？」

もう30年ほど前になるだろうか。子供たちに野球を教えていたとき、ある子からこう聞かれたことがある。

私は野球の起源や語源を調べ「明治時代に東大（旧制一高－帝大）のベースボール部員だった中馬庚《ちゅうまかのえ》（１９７０年野球殿堂入り）という人が、『野でやる球技』ということで『野球』と訳したんだよ」と答えた。同時期に俳人の正岡子規（２００２年野球殿堂入り）が、雅号として『野《の》球《ぼーる》』（幼名・升＝のぼる＝をもじったもの）を使っていたことも付け加えて……。

説明を終え、その子がわかったようなわからないような顔をしているのを見て、はたしてこれでよかったのか、と思った。聞きたかったのは、もっと根本的なものだったのではないか。

野球ってなんだろう？

なんで野球は楽しいんだろう？

自分はなんで野球が好きなんだろう？

野球のプロフェッショナルを自負している者ならば、これらの問いに一生をかけてでも、答えを探さなければならない。子供からの問いかけを受けて、私はいっそう「野球とは」を考えるようになった。野球とは、打者とは、投手とは、捕手とは、走塁とは……。考えて、言葉に置き換え、文字にして、ノートに残し続けてきた。

物事には、「本質」（それ自体が本来持っている欠くことのできない性質）と「要素」（それを成り立たせる基本的な内容や条件）がある。野球にも「本質」と「要素」があるはずだ。

用具やフィールドはひとまずおく。野球は一人ではできない。また相手との「1対1」でもできない。投げる、打つ、の繰り返しの中で、どこに飛んでいくかわからないボールを追いかける仲間、相手守備陣内にある「塁（ベース、とりで）」を奪って本塁に戻ってくる仲間が必要だ。

野球の本質は、団体競技である。

なんだ、そんなことか……と言う読者もいるかもしれない。だが、この本質から離れた野球を、私たちはいかに多く見ているか。自分の能力に任せた投球やバッティング。勢いに任せたプレー。グラウンドを離れたプライベートでの言動が、チームのムードを壊し、士気を下げるケースもある。

私はよく「打線のつながりは、気持ちのつながりだ」と説く。一人では生きていけない。人生は自分の思い通りにならない。必然的に円滑な人間関係が求められ、誰もが不自由と不公平を背負ってプレーをしなければならない。そこに野球という団体競技の難しさがある。

組織とチーム

団体競技は、個人の能力を束ね、組織として機能する必要があり、次の4つの機能がしっかりと作用している組織は、強い。

❶互いに信じあい、信頼しあえる公平な評価や上下関係（信頼性機能）
❷目標達成のための明確なビジョン、報酬への期待感（要望性機能）
❸一本の線が通った共通理解、コミュニケーション（通意性機能）
❹互いが納得、共感できる行動によって結束を図る（共感性機能）

さらに、組織を円滑に運営するには、確たる中心が必要である。「中心なき組織は機能しない」「組織はリーダーの力量以上に伸びない」というのは、このためだ。

2016年に「超変革」のスローガンを掲げて阪神の監督に就任した金本知憲は、野手、投手問わず全力疾走を最初に要求したと聞く。「走れなければ使わない」という明確な価値観で、❸の通意性機能を高めようとしているが、実力、年齢などで多少の配慮をするにしても、全選手に公平に求め続けられるかが❶の信頼性機能、❹の共感性機能を作用させるためには重要だ。

金本は現役時代の晩年、右肩を痛めて満足のいく送球ができなかった。それでも連続フルイニング出場の記録を継続するため、先発出場が続いた。当時の監督たちは、勝利のために金本をスタメンから外すという判断をせず、結局、金本自身に委ねた。私も本人に「君ほどの選手なら、休みや引退は自分で決めるしかない」と話したことがある。

組織論からいえば、これを正しいとは思わない。ただ当時の彼は、誰もが「金本の背中を見ろ」と認めるほどの練習の虫で、チームの中心だった。金本監督が指導する現在の阪神に、それほどの人材はいない。明確な価値観を打ち出し、4つの機能を円滑に作用させる必要がある。

スポーツのチームづくりは難しい。企業であれば最初に「箱」があり、その中に個人を当てはめていく。能力や個性は当初、重要視されない。チームでは個人の能力、個性、適性を考慮に入れながら、全体をまとめていく。全体をまとめながら、新たに個人の持ち味を出していければ、なおさらいい。

プロ野球は、さらに複雑だ。もともと、高いレベルの個人技の集合体である。しかも、個人事業主である選手は、常にチームと個人との間で葛藤している。チーム成績が必ずしも選手の評価に反映せず、優勝しても個人成績が悪ければ、年俸が下がることもあるからだ。つまり、いかにしてチームワークを生み出すかが、問題になる。

チームワーク

ワンアウト一塁。足のスペシャリストを代走に出した。ところが打者は初球を凡打……。

「どうして代走を出したのかを、お前は考えられないのか。お前のためにチームがあるんじゃない、チームのためにお前がいるんだ！」

こう言って、どれだけ打者を叱ったか、数知れない。

盗塁の隙をうかがう。相手バッテリーに盗塁があるぞと警戒させる。バッテリーの配球に影響が出る。反応を見て、ベンチは盗塁かエンドランか、戦術を決定する。チームにとって最善の策を追い求めることで、打者にとっては有効打の確率を上げ、走者にとっても活躍の場を広げる。

選手も頭ではわかっているのだろうが、意図はなかなか徹底できない。

それほど、チームワークを高めるのは難しい。

❶1人より2人、2人より3人……と力を結集し、団結力を生む

❷競争原理の制約の中でチーム愛、思いやり、気配りが発生する

❸仲間たちの生活を脅かすことはできない。怠慢や手抜き、裏切り、自己中心的な行為は許されない

❹互いを認め合い、思いやることで、個人の創造性と自発性をさらに促進させる

以上が、チームワークの特質、効用だ。「お前のためにチームがあるんじゃない」とは言ったが、目の前のプレーに精いっぱいの者は、❹をなかなか理解できない。

走者に盗塁のタイミングをはからせようとして、「待て」のサインが出なくても、打者が自ら一球見送った。私はそれを「消極的」とは言わない。能動的、主体的に「待つ」ことは、積極性の表れだからだ。

ストライクゾーンにボールが来た、打ちたい。これは積極性ではなく、ただの本能。個人の本能のまま行動するのではなく、チームとして共通理解を持ち、「チームワーク」という理性によって抑制するのである。

君子は和して同ぜず、小人は同じて和せず（論語）

和して同ぜず。つまり協調性をベースにして、主体性を保つ。プロは高度な個人技の集合体だから、協調が崩れるケースでは、意見の対立より、感情の対立によることが大きい。感情の対立を避けるため、まずチームや個人の問題点を率直に受け入れ、解決していける人間関係を築くことだ。

野球は筋書きのないドラマというが、ドラマには主役、脇役、裏方、監督が存在している。チームから求められている配役（役割）に気づき、チームを思いやる演技（プレー）をすること。誰もが主役になれるわけではないが、「脇役は、どれだけ主役に利子を付けられたかで値打ちが決まる」ともいう。脇役の力を引き出すことが、チームワークを高める秘訣である。

野球の要素❶　頭のスポーツ

団体競技であるという本質を持つ野球という競技は、次の6つの要素を含んでいる。これを理解しないと、なかなか勝利にたどり着けない。

❶頭のスポーツ
❷失敗のスポーツ
❸「攻め」と「守り」で成立する
❹勝敗の7割以上をバッテリーが握る
❺意外性のスポーツ
❻確率のスポーツ

一つずつ説明していこう。

ワンプレーごとに「考える時間」を与えられている団体競技は、野球とアメリカンフットボールくらいではないか。野球の場合、得点どころか見送りやファウルなど、ボールがフェアゾーンに入らなくても、いちいちプレーが止まる。「間のスポーツ」ともいえる。

一球ごとの間合いの中で、「変化の察知」「情報の処理」「状況の確認」を行い、次のプレーの選択をしなければならない。バッテリーだけではない。ファウルした打者は、なぜファウルしたのか、自分の技術を分析するだけでなく、次の球を読み、打席での対応を決める。頭脳をフル回転させる必要がある。守備陣も、打者の反応と捕手のサインを見て、打球の方向を予測する。それだけに、豊富な知識がピンチを救う。野球の技術に関する専門知識だけでなく、運動生理学（内角を厳しく攻められると、外角が遠く見える、など）、心理学（内角にくれば次は外角を、緩い球がくれば次は速球を待ちたがる、など）といった知識もあった方がいい。野球の練習だけではなく、社会生活での人間交流や読書などでも身につくものである。

考える時間に、人間の欲や性格、感性がてきめんに表れる。相手のプレーを読むために抜け目のなさや度胸、観察眼、洞察力が要求される。

１９５０年代後半の阪急に、山下健さんという4歳年長の捕手がいた。私が打席に立つと「最近調子がいいなあ。ちょっと打っているからって、振りが大きくなっていないか？」などとささやいてくる。ささやき戦術の元祖である。ある日、勝敗が決した場面で、こんなことを言われた。

「おいノムラ、ここは打たれても悔しくないから、打たせてやるよ……」

本当に打たせてくれるの？　よし、直球一本で待ってやろう……。するとど真ん中に変化球。見逃し三振だ。すごすごとベンチに引き揚げようとすると、背中越しに「俺は真っすぐなんて一言も言っとらんぞ！」。完敗である。

得意な球を投げる、来た球を打つ。それだけではないのが、野球の醍醐味だ。考える時間があるから、迷う。迷うから、考える。この連鎖が野球を進歩させている。

野球の要素❷　失敗のスポーツ

第2の要素は「失敗のスポーツ」である。試しに、野球における失敗を挙げていこう。失策（捕球ミスや悪送球）、暴投、捕逸、四球、死球、盗塁死、走塁死、牽制死、インターフェア。これらは記録に残るミスだ。

制球ミス、配球ミス、打ち損じ、バックアップや中継のミス、サインの見落とし、走塁時の判断ミス。太陽の位置やフェンスまでの距離を頭に入れていなかった、打球を追う者同士が声を掛け合っていなかった……。これらは記録に残らない。

選手だけではない。ベンチの作戦ミス、采配ミス、継投や選手起用のミス、スコアラーのデータ収集不足や伝達不足。雨や風による環境の変化の読み違い。また、審判の誤った判定もある……。「ミスの少ない方が勝つ」のは、真理である。

野球における失敗には「許せるミス」「許せないミス」がある。許せないものは、怠慢プレー、無気力プレー、手抜きプレーから起こるミス。全力疾走を怠る、基本を無視する、私はこうしたプレーには、容赦しない。

一方、許せるミスは「やるべきことをやっている」と誰もが認めるミス、経験が浅く未熟から起こるミス。これら真剣に取り組んだ上でのものは、反省点と解決策を提示した上で、さらなる努力を期待すればいい。

ミスの少ない方が勝つのだから、ミスを少なくする努力は「負けない努力」と言い換えることができる。基本を重視し、集中力と注意力を高め、準備の充実を図っていくほかない。

基本の重要性では、南海兼任監督時代にヘッドコーチを任せたドン・ブレイザーに学んだことがある。米国の守備練習では、ノックを徹底して体の正面に打つ。彼は「正面の打球への動きを体にしみこませなければ、いざというときに難しい打球は捕れない」と言った。基本の充実が、アクロバティックなプレーを生む。日本では捕れるか捕れないかぎりぎりのところに打つが、ノッカーの技術がほめられるだけで、精神野球の延長でしかないともいえる。

また、「野村監督は、見逃し三振を責めない」とよく驚かれた。根拠を持って見送り、その結果見逃し三振を喫した場合のことだ。投手は、打者をツーストライクと追い込むと、勝負球を投げ込んでくる。ごく一部の天才打者を除き、ある程度ヤマを張らなければ打ち返せない。だから私は「読め」という。「読め」と指示した以上、読みが外れてもミスだと責めることなどできない。

これだけミスの多いスポーツは、他に類を見ない。野球は人生の縮図というが、失敗ばかりで不完全な存在である人間そのもののようだ。野球は難しい。だから、毎日グラウンドに来る意味がある。

野球の要素❸　「攻め」と「守り」で成立する

野球が持つ第3の要素は「攻めと守りで成立している」というものだ。

攻撃中に失点することがない——。これは野球ならではのルールだ。サッカーをはじめ他の球技は、攻撃と守備とが同時に行われ、攻撃していても一瞬にして守勢に立たされ、失点することがある。また、攻撃権が明確に与えられるアメリカンフットボールでも、攻撃中のミスで失点となることがある。

では、「攻撃は最大の防御」なのか。野球では必ずしも、そうではない。

攻撃中の不慮の失点がない球技だからこそ、守備で失点しなければ、負けることがない。野球における最終目標は「不敗のチーム作り」であるべ

ゼロに抑えれば負けない——。ヤクルト監督時代、
1998年の宮崎・西都キャンプで、ミスを犯した内野陣にカミナリを落とした

きだ。負けないチームを目指してチームの統制を図る。「攻めて守る」より、「守って攻める」考えを徹底すべきだ。

また、守りの中でも状況と条件によっては、攻めに似た守りをして勝負に出ることがある。「王シフト」が敷かれたのは1964年。広島・白石勝巳監督が考案した、巨人・王貞治封じの秘策だ。内野陣は右方向にシフトして三塁手は遊撃の定位置に、外野陣も中堅手が右中間に、左翼手が中堅の定位置やや左まで寄った。

私も南海監督に就任した70年に「長池シフト」を考えた。右の大砲、阪急・長池徳二（徳士）の打球は一、二塁間にあまり飛ばないため、二塁手を右中間に配置して、外野を4人で守らせた。また「永淵シフト」もあった。左打者の近鉄・永淵洋三は左翼方向への飛球が少なく、センター返しの打球が多かった。だから遊撃手を二遊間、左翼手を三遊間に置いて内野5人シフトを敷いた。

第6の要素に挙げた「確率のスポーツ」にも共通するが、これらのシフトは「守りつつ攻める」の典型だ。「1点覚悟の守備隊形」というものもあるが、これも2点以上は絶対に防ぐという、むしろ積極的な戦術だ。

組織の結束を図る上でのメリットもある。スポーツにかぎらず、組織は「攻めにおいては分散しやすく、守りにおいては統合しやすい」という性質を持っている。攻撃では、ともすれば「俺が俺が」となりがちで、一丸になることが難しい。逆に、守りに徹する場面では、しっかり周囲の動きを見て、がっちりスクラムを組みやすい。

プロ野球では2016年から、本塁上での衝突（コリジョン）を防止するための「コリジョンルール」が導入された。捕手は故意の激突から守られるかわり、走路を確保することを求められ、特に一死三塁での得点の確率がグンと上がった。すべての場面で「1点OK」とするわけにはいかず、「1点阻止」の覚悟で積極的な守備シフトを選択する決断も必要とされるようになった。首脳陣の状況判断の必要性は、いっそう増したといえる。

野球の要素❹ 勝敗の7割以上をバッテリーが握る

野球は、守りで0点に抑えれば負けない。点取りゲームである一方で、野球は「失点の防ぎあいゲーム」ともいえる。

2015年にセ・リーグを制したヤクルトは翌16年、5位に沈んだ。強力な「矛」（セ・リーグ6球団中2位のチーム打率・256）を誇りながら、最弱の「盾」（セ、パ12球団最低の防御率4・73）しか持っていないせいで、リーグ連覇を逃した。

人間には、楽をしたい本能がある。相手より多く点を取る攻撃重視の考えは、楽をして勝ちたいという願望の強い表れといえる。勝敗の鍵は、やはりバッテリーが握っているのである。

「プロスポーツの中で一番難しいのは、バッティングである」と言ったのは、大リーグの「最後の4割打者」テッド・ウィリアムズ（元レッドソックス）だった。

「できるなら、最初の一球は見送った方がいい。その一球で、相手の球のスピードや特徴がわかる。そうすれば、自分に対してどういう投球をしようとしているのかがわかる」

ウィリアムズはこうも語り、第1打席の初球を捨てる不利を承知の上で、2球目以降に備えろと説く。いかに投手が有利か、わかるだろう。

投手は最初にボールを握り、彼が投げて初めて野球は始まる。好きなフォームで、好きなコースへ、好きな球種を選んで投げられる。つまり、ストライクゾーンに向かって「攻めて」いけるのである。

打者は必然的に受け身になる。自分自身のヒッティングゾーンよりも、はるかに広いストライクゾーンを「守る」。どんなコースに、どんな球種が来るかわからないまま、直径約7センチのバットの芯で捉えなければならない。どこまでも受け身の存在でしかない。

7割は失敗しても「3割を打てば一流」という打撃の確率で、9人がかりで1人の投手を攻略しようとする。投手のバックには捕手を含む8人の野手がついて、守ってくれている。

投手は「俺が投げなければ始まらない。打てるものなら打ってみろ」というプラス思考を失ってはならない。一方、投手をリードする捕手は、常に「どうすれば打たれないだろうか」と、マイナス思考で備えなければならない。投手はプラス、捕手はマイナス。だから「バッテリー（電池）」と呼ばれるのだと、私は思っている。

捕手は常に、投手の状態、打者の対応、試合の状況を加味して、打たせない努力をする。投手は捕手の要求に応え、ボールに意思を込めて投げる。バッテリーは「打者より有利」「主導権を握っている」という事実をバネにして、全力で失点を防ぐ努力をすべきだ。

野球の要素❺　意外性のスポーツ

野球は「筋書きのないドラマ」という。事前のシナリオ通りには運ばない。なにしろ、たった一球、一振りで最大4点が入る競技である。「意外性」も野球が持つ大きな要素である。

一塁が空いているからと8番打者を歩かせても、9番打者の投手に痛打を食らうことがある。勝ったと思った瞬間、崖から突き落とされる。

意外性を構成するものは、何か。

❶不確実性をもった生身の人間がやっている❷毎日、感情や性格や体のコンディションに変化がある❸形として表れないもの、見えないもの（勢い、思考、心理など）が存在する――。これらは野球のみならず、スポーツ全般に共通しており、それぞれ試合の結果に大きく影響を与える。

野球にはさらに、❹円周約23センチ、重さ約145グラムの硬いボールが使われるために、恐怖心が潜在的に出てしまったり、思わぬアクシデントに見舞われたりする——ことも加わる。内角へ一球、厳しいボール球を投げられることで、次の外角球に踏み込めなくなる。その他、グラウンド状態や天候の影響も受ける。

これは確実だ、間違いない、と言い切ることができる展開など、まずない。だから「強者が必ず勝つとはかぎらない。弱者でも強者を倒せる」という、野球ならではの思想、発想が生まれてくる。

勝ちパターンの救援陣を指す「勝利の方程式」という言葉を流行させたのは1990年代の巨人・長嶋茂雄監督だったと記憶している。彼なりに野球が持つ意外性を排除するために「方程式」を考えたのだろうが、当時、ヤクルト監督だった私は「筋書きのないドラマにおいて方程式は絶対ではない」という立場をとっていた。

95年、開幕2戦目の巨人－ヤクルト（東京ドーム）。2－0とリードした巨人の桑田真澄が、完封目前の九回、先頭の飯田哲也の頭に死球をぶつけてしまい、危険球退場となった。ヤクルトは、慌てて救援登板した「勝利の方程式」の橋本清、石毛博史を打って、まさかの逆転勝ちを収めた。

勝ちパターンで登板する橋本、石毛が、2－0というロースコアの割には準備不足に思えたのは確かだ。それでも、これほどのハプニング的な勝利は想定していなかった。野球の意外性、不確実性が顕著に表れた試合だった。

頭部に死球をぶつけた投手が一発退場となるルールが定められたのは、前年の94年から。危険球退場によって試合の流れが突然断ち切られることに、各チームはまだ慣れていなかった。ルールが年ごとに変わるなら、あらゆる可能性を考慮して準備をし、勝つ確率を高める必要がある。

野球の要素❻　確率のスポーツ

頭のスポーツ、失敗のスポーツ、攻めと守りで成立する、バッテリーが勝敗の7割以上を握る――。ここまでの5つの要素を踏まえた上で、最後の要素「野球は確率を重視して進めるべきスポーツ」を理解してほしい。

勝負ごとに「絶対」は存在しない。したがって基本的に確率を重視した作戦を立てて戦うしかない。攻めにおいても、守りにおいても、同じだ。

1997年4月4日、巨人－ヤクルトの開幕戦（東京ドーム）。ヤクルト・小早川毅彦は、巨人のエース・斎藤雅樹から3打席連続本塁打を放った。そのうち、四回の2本目は、確率を高めるための指示が的中したものだった。

小早川は、カウント3－1からのカーブを本塁打した。「3－1になったら、カーブが来る。

それを打て」と指示していた。「カーブが来るぞ」ではなく、「カーブを打て」と命じていた。これが、広島から移籍してきたばかりの小早川には、新鮮だったようだ。

斎藤は当時のセ・リーグでナンバーワンの本格派投手だったが、スリーボールになることも多かった。ただし好投手だけに、不利なカウントになっても、複数の球種でストライクを取れる。打者は有利なカウントでは、直球に絞る傾向があるが、斎藤はポンと変化球でストライクを取ってくる。スリーボールでも、打者有利とは言い切れない難しさがあった。

ところがこの前年、左打者に対して3－1になると、外角からカーブを入れて2個目のストライクを取りにくるという、明らかな傾向が出ていた。カーブが来る確率が高い。もっとも、データを理

1997年4月4日、ヤクルト・小早川毅彦は巨人・斎藤雅樹から開幕戦で3打席連続本塁打。2本目は「カーブを打て」の指示に応えたものだった

解できていても、直球を待ってしまうのが打者の本能。監督が責任を持って「カーブを打て」と強制した方が、選手の気持ちは楽になり、体も動く。

選手には、あらゆる場面で、確率を重視してプレーを選択してほしい。一投一打はすべて「応用問題」だ。その応用問題を解くために、できるかぎり「セオリー＝原理原則」を学んでおく必要がある。先人たちが確率の高いものを選択してきた、その蓄積こそがセオリーといえる。

カウント3－0では、技量のない投手は、直球か頼りにする一つの球種のどちらかを投げるしかない。だが好投手は、いつでもストライクを取れる球種を複数持っている。これは、投手論の章で詳しく述べる。

打者が投手を知れば、相手が不利なカウントで投げたがる球種に、狙いをつけることができるだろう。このように、それぞれの選手に、成功の確率を高める方法を考えてほしいのである。

弱者の戦術

6つの野球の要素をもとに、私は「弱者の戦術」を考えるようになった。具体的にはヤクルト監督だった1990年代、巨大な戦力を持つ巨人にどうやって勝つかを突き詰めたのだ。

その後2002年から4年間、社会人のシダックスで監督を務めたとき、対戦相手に驚かされたことがあった。

序盤にポンポンとシダックスが5点を奪った。相手の監督は三回、先頭打者が出ると、送りバントを命じた。プロ野球では、走者をためてドカンと点を返していこう……とばかり考えてしまい、なかなか犠打のサインは出せない。

だが「負ければ終わり」のトーナメントを戦う社会人は違う。一歩ずつ走者を進め、1点ずつコツコツ返し、風向きを変えていこうとする。この試合でも、シダックスは次第に追い詰められて守勢に回り、たっぷり冷や汗をかかされた。

これも「弱者の戦術だな」と思ったものだ。長期戦のプロと短期決戦のアマとでは、同じ1勝へのアプローチは確かに異なる面もある。だがプロでも、戦力の大小を考えれば、短期決戦的な発想の積み重ねで長いシーズンを戦う必要も出てくる。

監督として、ヤクルトや阪神、楽天で訴えたのはこのようなものだ。

❶自分たちが弱者であることを認め、そこから強くなる
❷総合力で戦う発想をやめ、部分を重点的に攻めて勝つ
❸相手の得意な形には絶対にしない
❹強者にも必ず弱点はある。全体を見ずに、個別化して相手を見る
❺戦力を集中させる
❻技術以外の「何か」を活用する

❼相手と同じことをやっても勝てない、相手と違うことをやる、という共通認識を持つ
❽不安材料を取り除き、優位感、優越感を持てる材料を探す
❾自分ができること、ではなく「チームに役立つこと」を探し、実戦的な訓練をする
❿前日までの準備野球の段階で、必ず勝つ

野球は、押しくらまんじゅうのような肉弾戦ではなく、一球、一投、一打という部分部分の集合体である。先制点をやらない、本塁打を避ける、ピンポイントの選手起用など、局地戦でいくつか優勢に立てれば、1－0だろうが8－7だろうが、勝利できる。前述した社会人チームは0－5の劣勢をはね返す方法を、コツコツと走者を進めることで打開しようとした。これも一種の「弱者の戦術」である。

近年のプロ野球を見ていると、腑に落ちないことがある。どのチームも連勝、連敗が激しい。15年にセ・リーグを制したヤクルトは5月前半に9連敗を記録し、1位から6位までの全順位を経験した。

投手の投球数を制限したり、中軸打者にも定期的に休みを与えたり、各監督は過保護なまでに選手の疲労に気を遣っている。その結果、戦力維持が目的になり、目の前の試合にどうしても勝つという命題が二の次になっていないか。不足した戦力を補う「戦術」が欠けているように思う。

相手の心理を揺さぶるデータの活用

1961年、わが南海は巨人と日本シリーズを戦った。その直前、巨人が大阪球場で練習を行った後、ベンチに一冊のノートが置き忘れられていた。グラウンドキーパーが見つけたノートを、われわれが開いてみて、驚いた。南海の選手の長所短所がびっしり書き込まれていたのである。

「野村には外角のスライダーが有効」

「野村はヤジに弱い。すぐ気にする」

はたしてシリーズが始まると、確かに巨人ベンチからのヤジが多かった。「パ・リーグはレベルが低いのう、それでもホームラン王か?」うんぬん。誰だか知らないような若手が、大声を上げている。これも事前のデータに基づく作戦か、と腹が立った。

現代では12球団が、データを活用している。衛星放送やインターネットを通じて全試合の映像を見ることができ、タブレット端末で全選手が情報を共有しているそうだ。自ら知人に頼みこんで、16ミリフィルムで稲尾和久の投球映像を撮影してもらった、私の現役当時とは、隔世の感がある。

ただ、データや映像は集めるだけでなく、具体的な対策に転化させなければ意味がない。❶具体的で「それなら俺でもできる」と誰でも実践しやすいもの❷細かくて選手の心理を反映したもの（打者が追い込まれた後の対応など）❸単純でもいいから選手が感動するようなもの——にしていく必要がある。

この年の巨人は、川上哲治監督の1年目。「ドジャースの戦法」をテキストにして、サインプレーなどを導入して、組織野球を実践していた。

巨人が残していったノートを見つけたとき、われわれは当初「いいモノをもらった」と小躍りしたのだが、しばらくすると疑心暗鬼に陥った。「本当に大事なものなら、置き忘れるはずがない。このノート自体が相手の策略なのではないか」というのである。

策略には、以下の3つの基本がある。

【挑発の策】 意識過剰にさせる。相手を怒らせて狂わせる

【増長の策】 ほめ殺し。いい気分にさせて油断させる

【敬遠の策】 相手の力を素直に認めて避けて通る。また、逃げていると見せて油断を誘い、ズバッと切り込む

このシリーズは巨人の4勝2敗。第4戦で南海がリードした九回、微妙なボール判定の直後に逆転打を浴びたスタンカが、円城寺満球審に体当たりを食らわせる事件もあった。「円城寺　あれがボールか　秋の空」——。読み人知らずの句も流行した。謎のノートは単にデータを記したものか、策略の一手だったのか。微妙な判定とあいまって、今もモヤモヤしている。

練習とは「一」の積み重ね

先が見えない苦しい練習を、続けるために必要なもの。それは「一」の重要性、そして「長所を伸ばすには、短所を鍛えろ」というものだ。

「まず1日やってみろ。1日やって、どんな小さなことでも『やってみてよかった』と思えれば、3日続く。3日続けば、1週間続くものだ」

一、と書いて「はじめ」と読むこともある。「一」は万物の始まりである。やらされるのではなく、自発的に、自主的に踏み出す一歩が、本物の練習であって、人を成長させる。

ヤクルトには、自主練習の伝統がある。山田哲人はバリエーション豊富なティー打撃。川端慎吾は山なりのスローボールを1カゴ、2カゴと打つ。こうして毎日試合に臨んで、2人は2015年にタイトルを獲得し、チームを優勝に導いた。かつては真中満監督、宮本慎也、稲葉篤紀、土橋勝征らが神宮室内練習場で、午前中から試合後まで打っていた。

なぜ反復練習が必要なのか。人間には習慣的要素があって、一度習慣づけてしまえば、体から染みついて離れなくなる。私にも経験がある。

南海入団直後、2軍監督がときどき、野手を集め、一列に並ばせた。「手を出してみい!」と、手のひらにマメができているかをチェックした。夜遊びばかりしている選手の手には、マメができない。「なんだこの手は。女みたいな手をしやがって！」と怒鳴られていた。

私は手を出す前から得意満面。遊ぶ金がないから「野村はくそまじめやのう」と先輩に笑われても、合宿所で素振りばかりしていた。「おう、野村。お前はすごい。みんなよう見ろ。これがプロの手だ」。プロで初めてほめられたのは、プレーではなく、マメ。それでも「プロの手か。だったらもっと頑張ってやろう」と思ったものだ。

最近は「長所を伸ばす」指導や教育がもてはやされているが、私の考えは違う。一流の中でトップを目指すためには、「長所を伸ばすには、短所を鍛える」という強い意思が必要だ。

球速には自信がある、もっとスピードを上げたい。そんな投手には「コントロールこそ、ピッチングの基本だ」と言って聞かせる。制球力を身につけ、どのゾーンにも腕を強く振って投げられるようになれば、下半身の力も強化されて、最終的に球速も増す。楽天時代の田中将大が好例だ。

打撃でも同じ。バントや逆方向への打撃練習を徹底させると、ボールを長く見る習慣がつく。球を引きつけて強く打てるようになり、選球眼もよくなる。

目的のない練習は、練習とは呼ばない。正しい努力をして、正しい技術を身につけてほしい。

スランプを脱出するためには

楽天の監督として最終年だった2009年の9月末。試合のない本拠地での練習日に、私はベンチから、外野を黙々と走る山﨑武司を見ていた。

山﨑は当時40歳、この年は39本塁打、107打点を記録して、不惑ながら堂々たる4番バッターだった。チームは球団創設5年目で初のクライマックスシリーズ進出を果たした。ところがAクラス確定を目前に控え、山﨑は20打席以上も安打が出なかった。

「今さら打撃練習なんて、お前ほどの選手がやることもないだろう。じっくり、汗を流してみたらどうだ？」

西武ドームでの3連戦を終えて、仙台に戻った移動日。ベテランは本来休日だったが、私は山﨑にこう促して、練習を見守った。「スランプになると、自分がちっぽけな存在だと感じる。俺はすごい選手だ、と思っていたこととのギャップに気づいて、謙虚になる。それが大事なんだよ」とも話した。

スランプとは「つまずきをこじらせた状態」のことだ。

適当に仕事をする人にスランプはない、ともいう。欲張りであればあるほど生じやすいもののようだ。スランプは軽症のうちに治すのが一番だが、考え込むのは一番いけない。感覚の迷路に入った状態だから、脱出を図ろうとすればするほど、深みにはまる。

ほんの小さな変化から始まるので、本人も周囲もなかなか気づきにくい。日頃から丁寧に自己点検を行っていなければならない。打撃でのスランプは、ほとんどの場合、下半身から始まる。ステップが広くなる、膝が開く、前足に体重がかかりすぎる――など。これらが上半身に悪い影響を及ぼし、フォームのバランス、タイミングを狂わせている。

私は、スランプと感じたとき、以下の6点を心がけ、実践した。

❶気分転換を図り、自分なりの復元力を養う
❷自己点検して原因究明にあたる
❸頭を空っぽにして、汗を流す。体をとことん疲れさせてみる
❹スランプと未熟の勘違いをしていないか。未熟であれば、基本練習に立ち返ってみる
❺絶対にやけくそにならない。やけくそは努力放棄、ギブアップと同じで、意味がない
❻開き直る。開き直りとは「やるべきことをやって、それでも駄目ならしかたない」という落ち着いた心境になること

山﨑は翌日の試合で本塁打を放ち、最後までチームを引っ張った。プロ野球選手は練習で迷い、試合で悩み、不安は尽きない。私もそうだったから、後進のために、考えられるかぎりのものを残そうとしている。

第3章 投手論

強靭な精神力と体力

野球の勝敗の鍵は、バッテリーが7割以上を握っていることは、前章で述べた。

私は捕手、監督として計43年間、プロのユニホームを着た。マスク越し、またベンチから、投手を軸にして野球を見て、思考を重ねてきた。また南海の同僚だった杉浦忠と皆川睦男（睦雄）、西鉄の稲尾和久ら大投手、好投手と公私にわたって接することで、多くの知識を得た。

私なりに「投手に必要な条件」をまとめると、以下のようになる。

❶強靭な精神力と体力を鍛える
❷高い原点能力を身につける
❸平均以上の技術か球種を一つ以上持つ
❹打撃論を勉強し、研究する
❺癖は絶対につくるな
❻水準以上の牽制とクイックモーションの技術を持つ
❼守備能力を高める
❽打撃と走塁をおろそかにしない

以上の8点を、詳しく説明していきたい。まず❶の強靭な精神力と体力は不可欠である。

相手打者のみならず、相手ベンチの全員が、束になってかかってくるのだから、それを受けて立つだけのタフさが要求される。同時に「勝敗の鍵を握っている」という責任感と使命感を、背負わされる。

走り込み、投げ込みで、体を鍛え、スタミナを養うことは大前提。その上で、精神的にも強靭でなくてはならない。

「俺が投げないことには、試合は始まらない」。主導権は常に自分にあるという、自己顕示欲を高めること。「打てるものなら打ってみろ」と、自信を持ち、どんな場面でも挑戦的であれ。マイナス思考を、抱いてはいけない。

自信が少しでも揺らいだら、自己暗示をかけよ。「点は取られても、命までは取られない」「打ち返されても、野手が助けてくれる」など、上手に開き直ることだ。

それでも不安がぬぐいきれないときは、捕手に委ねればよい。そのために捕手がいる。

私が南海で選手兼任監督をしていた1970年代。江本孟紀、佐藤道郎ら、個性的で向こう気の強い投手がいた。

素直にサインにうなずき、ポンポンと投げてくる。「監督のサインに首を振れるわけがないじゃないですか」。目の前では殊勝なことをいう。だが、裏に回ると、こう言って口笛を吹いていたという。

「打たれたら、責任は監督にある。俺は悪くない」

それでよい。

たとえ監督兼任でないにしても、場面、局面に応じて、一球一球、サインを出し、試合を進めていく捕手というポジションは「グラウンドにおける監督」なのだから。

もちろん、他人任せで、投げやりになることだけは、許されない。捕手との信頼関係を築き、サインを受け止めた以上、要求、意図をくみ取り、ボールに意思を込めること。自信のないまま、迷ったまま、投げないこと。頭の中、胸の内を整理して、ベストを尽くすべきだ。

「決めた球を、きっちりとコースに投げて、それで打たれたのなら、しかたない」。これが正しいプロセスであることは、いうまでもない。

原点能力

私はよく、投手に質問した。「150キロの真ん中の速球と、130キロのアウトローの直球。どちらが打たれないか」――。ほとんどが「150キロ」と答える。

正解は「130キロ」。球速ではない、コースである。投手に必要な条件❷**原点能力**である。

投球練習の基本は、「外角低め（アウトロー）」への直球を正確に力強く投げることである。だから私は外角低めを「原点」と呼び、そこに投げる制球力を「原点能力」と呼んでいる。外角低めは、打者にとって最も遠いため、バットの芯で捉えにくい。最も長打にしにくいゾーンだからだ。

そこでストライクが稼げれば、常に有利なカウントから、投球の幅を広げていける。内角高め（インハイ）への直球や、変化球などで誘い、打ち取る算段が立つ。

不利なカウントになったり、何を投げるか迷ったりしたときも同じ。困ったら外角低めに投げる。つまり「困ったら原点」である。

ヤンキースで活躍する田中将大も、2008年、プロ2年目のシーズンで原点をおろそかにして、失敗したことがある。監督の私にも、自責の念は強い。

前年の07年。田中はルーキーとして11勝をマークした。その年のオフ。2年目の目標を話し合った。

「ストレートで空振り三振を取れる投手になりたいんです」。田中の目の輝きを見て、私は「いいじゃないか、やってみろ」と背中を押してしまった。まだ20歳前。それくらいの目標を持たせるのも、悪くないと思ったからだ。

その気持ちが、力みにつながり、フォームを崩した。08年の勝ち星は、9つにとどまった。もともと、スライダーに魅力を感じて、1年目から起用していた。外角低めにスライダーとストレートを投げ分ける、原点能力の高さ。それを忘れて、スピードアップに取り組ませてしまった。「俺も間違っていた」と本人に謝り、外角低めへのコントロールに、立ち返らせた。

すると力みが消え、バランスもよくなり、フォームが安定。結果、ストレートの威力も増し、3年目の09年からは、2桁勝利街道に戻ったものだ。

やはり、投手の生命線は、コントロールである。私は「制球力のない者は、投手とは呼ばない」とまで考えている。そもそも、速い球を投げられることは天賦の才であって、練習しても限界がある。目標設定には、なりえない。

対して制球力は、どんな投手でも、向上させられる。バランスのよいフォームを固めるために正しい練習を繰り返し、実戦で、磨きをかける。根気よく、粘り強くやれば、身につくのだ。

制球力があれば、野手陣も守りやすい。守備から攻撃へのテンポ、リズムも生まれる。投手の信頼度は、コントロールで決まると言っても、過言ではない。

「原点」も打者の嫌がる球種になる

田中将大とは違う意味で、外角低めへのコントロールの重要性を体現した投手がいた。

私が南海で捕手兼任監督を務めていた1973年。巨人から移籍してきた山内新一である。70年には8勝したものの、右肘を故障して伸び悩み、移籍前年の72年は0勝だった。「なんで巨人では勝てなくなったんだ?」と尋ねたところ、痛めた右肘が内側に「くの字」に曲がっていて、ストレートを投げても、ナチュラルのスライダーになってしまうという。コーチには「サインは真っすぐなんだから、真っすぐ（の軌道で）投げろ」と、とがめられ、本人も「肘が回復して、真っすぐが戻れば……」と、悶々としていたそうだ。

それは考えようだぞ……。私はひらめいた。「スライダーを投げようと思って投げるのではなく、真っすぐを投げたら自然にスライドするわけだろう？ 実は最大の武器になるぞ」。続けて、「コントロールとスピードの変化だけで20勝する投手もいる。ならばお前は、コントロールに活路を見いだせばいい」と諭した。キャンプでは原点能力を磨かせた。

そして開幕後、弱小球団だった太平洋クラブ（西武の前身）戦で先発させた。創意工夫のない、淡泊な打者が多く、おあつらえむきの相手。山内にはこう指示した。

「外角一辺倒で、何点取られるか、やってみよう。打たれてもいい。負けてもいい。とにかく試してみろ」

結果はプロ初完封。右打者の内角へのシュートはわずか3球。それはすべてボールにした。外角へのスライダーと、遅いストレートを、相手打線はひっかけるばかり。22個の内野ゴロの山を築いた。これで自信がつき、制球の大事さもわかったのだろう。この年、とんとん拍子で20勝した。

世間で「野村再生工場」と呼ばれるきっかけになった、山内のケースはもう一つ、大切な投手の条件を内包している。それは投手に必要な条件❸**平均レベル以上の球種か技術を一つは持っていること**だ。

コントロールが自在。低めにしか球がこない。球が速い。よい変化球がある。タイミングを合わせにくい。必ず内角へくる。荒れ球ですっぽ抜けがたまにくる。モーションがいやらしい……など何でもよい。打者を意識過剰にさせ、自分のタイミングとスイングを許さないことで、優位に立てる。

欠点だと決めつけず、特徴と捉え、特長として生かす。それはやがて、自分だけの武器になる。

皆川睦男の打者が嫌がる小さなスライダー

平均以上の球種か技術を一つ覚えたことで、金字塔を打ち建てた投手がいる。

1950、60年代に活躍した右のアンダースロー、南海の皆川睦男（睦雄）である。56年に肩を痛め、下手投げに転向。以後、コンスタントに2桁勝利を挙げながら、20勝には届かなかった。

変化球はシュート、カーブだけで、張本勲（東映など）、榎本喜八（毎日＝現ロッテなど）ら左の強打者への内角を攻める球がなかったため、思い切りよく踏み込まれ、外へ逃げるシュートを狙われるという、ウイークポイントがあったためだ。

私とは同学年で54年の同期入団。遠征宿舎では相部屋。消灯時間後も、野球談議に花を咲かせた。その気安さから、ある晩、ふとボヤいた。

「左バッターをなんとかせえ。左の強打者が出てきたとき、俺は〝神頼み〟でリードしているんだぞ」

「どうしたらいい?」

「お前には、いいシュートがある。それを生かすため、小さなスライダーを覚えたらどうだ」

ピッチングは、ペアで成り立っている。

「ストライクとボール」「速さと遅さ」「高めと低め」「内角と外角」——。ピッチングを突き詰めれば、これらのペアをいかに操るかだ。

皆川の右打者の内角に食い込む鋭いシュートに対して、対になる球種は何か。左打者の懐を攻める小さなスライダーだ。今では「カットボール」と呼ばれる球種の習得を勧めたのだ。

68年のキャンプから本格的に取り組み、キャッチボールからブルペンまで、マンツーマンでチェックを続けた。

そして、巨人とのオープン戦。一死一、三塁で左のホームランキング、王貞治を打席に迎えたときである。

「よし、いい機会だ。一球目は外角のボールから入る。打ち気にさせておいて、小さなスライダー、いくぞ」

グシャッ。バットの根っこに当たって、二塁への小フライ。あの打球音と、皆川のうれしそうな顔は、忘れられない。

この年、皆川はあれよあれよと勝ち星を重ね、初の20勝どころか、31勝で最多勝。プロ野球で「最後の30勝投手」であり、通算221勝を挙げた。

打者が嫌がる球種を一つ、覚えるだけで、投手はガラリと変わるのだ。

引退後、皆川には「いまの俺があるのもノムやんのおかげだ。ノムやんと出会えてよかった」と感謝された。お世辞にしても、ありがたかった。

シュートで生まれ変わった川崎憲次郎

変化球、それも小さく曲がる球を一つマスターしただけで、投手は生まれ変われる。小さなシュートでよみがえったのが、ヤクルトの右腕、川崎憲次郎だった。

大分・津久見高からプロ入りした1989年に4勝。当時、評論家としてネット裏から見た印象は「球が速く、高卒1年目とは思えない」というものだった。

翌90年にヤクルトの監督に就任した私は、監督という立場を忘れるくらい、川崎の登板日が楽しみになった。「きょうはどんなピッチングを見せてくれるのか」と、ワクワクしたものだ。

それほどの器でありながら、肝心な場面で本塁打を浴びる。右打者に、内角のストレートを、いとも簡単にスタンドまで運ばれる。インハイの速球に自信を持っていて、それで打者をねじ伏せるのが投手の醍醐味と思っていたのだろう。私は諭した。

「ホームランバッターの立場から言うと、追い込まれるまではまず、遠くへ飛ばせる内角の真っすぐを待っている。そこに投げたら、餌食になるのも無理はない。内角を待っているときに、来たら嫌なのは、そこからちょっと食い込む球だ。ほんの少しでもいい。シュートをかけてみろ」

シュートをマスターした川崎は、面白いように内野ゴロでアウトを稼げるようになった。右肩痛などの故障も多かったが、復活後の98年には17勝で最多勝と沢村賞。大きな栄誉を、小さなシュートで勝ち取っている。

ある投手に「あのシュート、どれくらい曲がっていますか?」と尋ねられた捕手の古田敦也は、「こんなもんだよ」と親指と人さし指をわずかに広げてみせたものだ。ほんの数センチ曲げるだけで、打者の嫌がる球になりえる、ということだ。

打者が最も羞恥心を感じるのは、どんなときか。見逃した。手が出なかった。振り遅れた。空振りした……。いずれもノーだ。実は、内角球に詰まらされることを、最も恥と考えるのだ。

川崎のシュートはまさに、打者に羞恥心を覚えさせる球種だった。打者にその球を意識させれば、相手は早めに体が開くなどして、打撃の型を崩す。投手が平均レベル以上の球種や技術を一つは持つことの効用は、ここにある。

その上で打者心理、打者の特徴、弱点などを加味して臨めば、打ち取れる幅は格段に広がる。

癖はつくるな

どんなによい投手でも、相手に球種がバレていたら打たれる。天賦の才も身につけた技術も、価値が薄まってしまう。投手に必要な条件の❹**打撃論を勉強し、研究する** ❺**癖は絶対につくるな**——は表裏一体の関係にある。

1958年の日本シリーズでチーム3連敗後に4連投4連勝。61年にはプロ野球記録のシーズン42勝。「鉄腕」「神様、仏様、稲尾様」と形容された西鉄・稲尾和久でさえ、わずかな癖によって、攻略できた。

南海入団5年目で、プロの壁にぶち当たっていた58年。対戦打率・188と封じ込まれた私は、59年のシーズン中、中学時代のチームメートをこっそり球場に呼び、ネット裏から稲尾の投球フォームを16ミリフィルムで撮影してもらった。

その年も対戦打率・240と抑えられ、迎えたシーズンオフ。毎日、録画した映像をすりきれるほど見て、気が付いた。スライダーや外角への直球を投げるときと、シュートを投げるときとで、わずかな差があるではないか。

当時の投手は、ボールの握りをグラブで隠さず、利き手を腰の横から頭上に持っていくまでが丸見え。セットポジションに入る前も、利き手を背中に乗せていた。

稲尾の場合はその際に、ボールの白い部分が大きく見えると、シュート。それよりやや小さいと、外角球だったのだ。

稲尾はスピード、コントロール、切れとも抜群。スライダーが代名詞だったが、実はシュートが、打者にとっては邪魔な球だった。

そのシュートを投げるときの癖がわかったのだから、60年の対戦打率が・294と急上昇したのも、当然である。

ある試合で、シュートを左翼に快打した。会心の球を打ち返され、稲尾はマウンド上で、しきりに首をかしげていた。もっとも、さすがに大投手

1960年の西鉄・稲尾和久の投球フォーム。
野村は豪快な投げっぷりに潜む「癖」を探した

だ。翌61年には、もう巻き返された。

オールスター戦で、私と、同僚の杉浦忠、そして稲尾がベンチに並んでいたとき。杉浦が「サイちゃん（稲尾の愛称）、野村はよく研究しとるで」と口走った。たった一言で、稲尾の顔色が変わった。球宴明けの最初の対戦。ボールの白い部分が大きく見えて、シュートだと思ったところ、スライダー。稲尾はニヤリ。あの顔もまた忘れられない。

私も稲尾を研究したが、稲尾も私を研究していた。「投手のつもりで打席に立て」と選手に説いたが、マウンド上では逆のことがいえる。常に首脳陣や味方の打者に、癖が出ていないかをチェックしてもらい、自らの才能と技術を守ることだ。

投手は常に見られている

なくて七癖。人間、誰しも癖はある。

大リーグの「最後の4割打者」テッド・ウィリアムズはこう述べている。

「相手の打つ手は、事前にキャッチできるはずだし、また、その努力をしなければならない」

「投手は、捕手とサインを交換した上で投げる。だから、投球モーションに入るときには、すでに投げる球が決まっている。そこに、わずかな変化が生まれる。必ずどこかに、癖が出る」

実は、この言葉を知って、私は対戦相手の癖を探すようになった。

前述した稲尾ほどの投手でさえ、16ミリカメラによる映像で研究されれば、握りのほんのわずかな違いでシュートか外角球かがバレて、打たれるのだ。

そこまで細かく見る必要もないほど、球種が丸わかりの場合もある。

南海での現役時代、特にフォークボールを決め球にする投手は大歓迎だった。ボールをグラブの中に隠していながら、ボールを握るとき、人さし指と中指を広げるため、グラブも一緒になって広がる。

それを見破られまいとすると、今度は手をグラブに収める前に一瞬、間が空く。癖が出ないようにと、意識すればするほど、変化が表れる。

阪急戦で打席に入ると、捕手の岡村浩二がよくボヤいていた。

「ノムさんにはフォークのサインは出せません。わかっているんでしょう？　それでもピッチャーは不器用だから、直せないんですよねえ……」

不器用とは、言い得て妙だと思う。アマチュア時代から、投手はチームのスターでお山の大将。プロに進む選手はなおのこと、プライドが高い。それまで通してきた投げ方は、なかなか直せないものだ。

現代の情報野球では、プロ入りと同時に敵味方なく癖の発見に全力を注ぎ、投手は癖を直すことが最初の仕事になっている。癖を放置していては、天賦の才も、磨いてきた技術も、価値が薄くなる。

球種だけではない。直球と変化球を投げるときでは、投球フォームや腕の振り方が変わる投手がいる。「変化球……です……よっ」と、あからさまなリズムになってはいけない。フォームや腕の振りを鈍らせたら、打者に瞬時に察知される。

逆に、ゆったりしたフォームからスパッとした直球を、強い腕の振りで緩い変化球を投げることができれば、打者を幻惑させられる。腕の振りと威力にギャップがある球ほど、打ちにくいものだ。

打者の目には、フォームと腕の振りが無意識のうちに映り、それが残像となって脳裏に張り付いていると認識すべし。

何より投手は、常に見られていることを、自覚しなければならない。

牽制とクイックモーションの技術を持て

投手は常に見られている。見ているのは打者だけではない。走者にも見られている。牽制するのか捕手に投げるのか、セットポジションにおける癖もなくすべきだ。投手に必要な条件❻**水準以上の牽制とクイックモーションの技術**を持たなければならない。

阪神の監督時代、外野守備走塁コーチに福本豊がいた。阪急で1972年に当時の米大リーグ記録をも破るシーズン106盗塁をマークし、通算1065個を積み重ねた「世界の盗塁王」に「盗塁術を選手に教えてやってくれ」と頼んだ。

「投球するのか、牽制球なのか。それは、ピッチャーの背中が教えてくれているやろ」

名言だ、と感心した。パッと聞いただけでは、天才だけが言い得るセリフにしか思えない。しかし、ウィリアムズの「投球モーションに入るときには、すでに投げる球が決まっている」に通じるものがある。

確かに、どの投手もセットポジションに入る前には、投球するか、牽制するか、どちらかに決めている。そこに変化が生まれ、癖が出る。

例えば、投手の軸足（右投手なら右足）がほんの数センチ動いたら、投球。あるいは、投手の顔が一度も一塁走者の方を向かなかったら、牽制球……など。

走者にこれらの癖を見破られると、必然的にいいスタートを切られて、盗塁を許す。

①牽制球の癖をなくす　これがセットポジションにおける必須科目となる。

②クイックモーションを身につけよ　モーションを起こしてから、ボールが捕手のミットに収まるまで、1・1～1・2秒。このタイムを超えると、たとえ捕手が強肩でも、まず盗塁を刺せない。実は、このクイック投法とタイム設定は、福本の盗塁を阻止しようと考え、私がはじき出したものだった。

③クイック投法をしても、なるべく球威や制球に影響が出ないこと

④一塁への牽制球は2種類以上、二塁への牽制のサインプレーも2種類以上マスターせよ

⑤走者に気持ちよくスタートさせないために、長くセットするなど時間差をつけよ

クイックモーションと牽制の技術は、これら5項目を習得して初めてプロのレベル。試合では投球の80％以上がセットポジションからとなることを、心得ておくべきだ。

守備能力を高めよ

投げるだけでは「投手」とはいわない。

ここまで挙げた6条件は、「投げること」に関する必須科目ばかりだった。

❼守備能力を高めることも重要だ。

投手に関わる守備は、ピンチを招くか、招かずにすむかの、大きな分かれ道になる。グラブの届かない打球にまで飛びつけ、とはいわない。ピッチャー返しの打球処理を、的確に、もらさずやること。中前打を、投ゴロや投直にとどめることである。

そのために重要なのが「備え」と「反応」である。

１４０キロの直球は、バットにはじき返されると、１６０キロ、１７０キロの猛スピードとなって、向かってくる。記憶に残っている衝撃的なシーンがある。

ヤクルト時代の教え子だった石井一久が、米大リーグ・ドジャースに所属していた2002年。打球がライナーで前頭部に直撃し、救急車で運ばれた。医師からは「当たり所が1、2ミリずれていたら、どうなっていたかわからない」といわれたそうだ。

石井の場合は夕日がマウンドに差し込み、打球が見えなかったというが、どうも最近の投手は、備えと反応が鈍くなっているように思えてならない。バット自体の反発力が増し、選手のパワーもトレーニングの進歩によって向上しているにもかかわらず、危険極まりない。

原因の一つに考えられるのは、現役投手が打撃投手を務めるケースが減っていることだろう。2月のキャンプでは、こぞってフリー打撃に登板するが、平均すれば1〜2回だけ。1970年代まではシーズン中の試合前練習でも、1軍投手が打撃投手を務めることが多かった。これが大いに、守備での備えと反応の強化に役立っていた。

東映と南海でその経験が豊富だった江本孟紀は、振り返っている。

「球種、コース、球速によって、打球がどこに飛ぶのか体感できる。自分の場合、右打者でも左打者でも、外角に半速球がいった瞬間、あ、ピッチャー返しが来る！　という具合でした。すぐに身構えたものです」

チームのピンチどころか、選手生命、いや人生そのものの危機まで迎えるのが、ピッチャー返しの打球。守備能力を軽視しては、いけない。

ライナーだけではない。ゴロやバント処理を、間違いなくこなすこと。ベースカバー、バックアップを上達させること。送球は、早く、小さく、正確に。以上が守備の心得である。

打撃と走塁をおろそかにするな

思わぬところにプロとしての資質を見いだすことがある。条件❽**打撃と走塁をおろそかにしないことだ**。これも守備と並び、忘れてはならない。

南海監督時代の1973年、巨人から移籍してきた松原明夫（のち福士敬章）は、巨人で4年間未勝利だった。「気が弱いから、使い方を考慮してあげた方がいい」とトレードの時に巨人側から耳打ちされたため、「中継ぎにでも」という程度にしか考えていなかった。

思い込みは、たったワンプレーで吹き飛んだ。

大洋とのオープン戦。松原は三塁走者として、内野ゴロで本塁に突入。野手顔負けの、猛烈なスライディングを見せた。オープン戦だというのに、負傷も恐れない。すぐ先発ローテーションに組み込んだ。投手に欠かせない、闘争心のかたまりだったからだ。

何より走塁には「フォア・ザ・チームの精神」が如実に表れる。

野手にさえ、出塁したとき、一塁手と「お手々つないで」でもしているのかと見まがうほど、ベースから離れない者がいる。

たとえ盗塁はせずとも、少しでもリードの幅を広げ、スタートを切るしぐさを見せれば、バッテリーと内野陣は余分な神経を使う。それが、打者に少しでも打ちやすくしてあげることにつながる。

一つでも先の塁へ進もうという意欲は、チームの得点に直結する。打者の打点を増やしてあげることにもなる。

チーム、同僚への思いが、行動となって出る。それが走塁なのだ。

投手の打撃に関しては最近、評論していて目にしたケースを紹介する。

巨人・高木勇人が、2016年5月15日のヤクルト戦で打席に入る前、重いマスコットバットをビュンビュン振っていた。

極力、エネルギー消費を嫌う投手が多い中、見上げた心がけである。投手といえども9人目の打者であることを、自覚している。

しかも二回の先頭打者として打席に立つと、初球、4球目とセーフティーバントの構えで、相手投手を揺さぶった。フルカウントになるまで、一度もバットを振らなかった。結局投ゴロに終わったが、先頭打者がなすべきことは出塁だと、よくわかっている。

私も監督時代、投手に「打席で5球は投げさせろ」と口を酸っぱくして言った。3打席あれば15球、相手投手に投げさせることになる。それこそが、フォア・ザ・チームの精神。勝敗の鍵を握っている責任、使命を負う投手は、いかなる場面でも挑戦的でなければならない。それは投げるだけでなく、守備、打撃、走塁にも当てはまる。

正しい投球フォームとは

いよいよ、具体的な技術論に入る。野球をプレーする人、野球を見るのが好きな人は、自然と投球フォームが頭に入り、身についているはずだ。

投げる、という行為も、日常茶飯事だろう。会社や家庭で、ゴミ箱を目がけて、えいやっ！と投げ入れる。そんなとき、誰しも無意識に、勝手に体が動いている。頭をかすめるのはせいぜい、「ゴミ箱を外したら、また取りに行かないと……」くらい。フォームがどうとか、腕の振りがどうとか、いちいち考える人はいまい。

しかし、こと投手を職業とする者、専門とする者にとっては、フォームこそが、基本中の基本。「崩してはならないこと、忘れてはならないこと」が、山ほどある。

フォームには、相反する体の部位、相反する動作が混在している。

①上半身と下半身
②右半身と左半身
③「力を入れるタイミング」と「力を抜いている時間」

この3組を、一挙の動作の中でまとめて行うのだから、難しいのは当然だ。

そもそも、投げるという行為自体、地球の重力に逆らっている。足を上げる。腕を上げる。ボールを遠くへ、しかも、スピードをつけて、自力だけで飛ばす。あまねく重力との戦いといえる。

こうした一連の動作をするのは、人類だけだ。生き物に本来、与えられた動きの範囲から、大きく逸脱している。つまり投げるという行為には、もともと無理があり、負担がかかるものだ。

それを理解した上で、私なりの「正しい投球フォーム」を考えたい。正しいフォームとは、できる限り利き腕（右投手なら右腕）に負担のかからない投げ方をイメージしながら、「順序よく」投げることである。

❶下半身を中心に ❷腹筋、背筋を使い ❸力を肩、肘、手首へと伝え ❹最後のリリースポイントで爆発させる。

2016年、日本ハム・大谷翔平の投球フォームを例に

1. 下半身を中心に

2. 力を肩、肘、手首へ伝え

3. リリースポイントで爆発

この順序で、正しく体を動かしていく。一連の動作が、投球フォームの柱であり、幹となる。投球とは、「静」から「動」に移る作業でもある。

正しいフォームを身につけることに、まずは全神経を集中させよう。安定した、バランスのよいフォームづくりに励むことだ。

バランスとリズム

バランスのよいフォームは、球威とコントロールをつけることに欠かせない基本である。よいバランスで投げるためには、自分自身のリズムを作り上げることが求められる。バランスとリズムは、ピッチングにおいて最も重要だといっても過言ではない。

バランスよく投げるために留意すべき点は、以下の8つだ。

❶前足を上げたときの軸足（右投手なら右足）が強靭である

❷やわらかく膝、腰をひねる

❸利き腕の力を抜いて、手の甲を捕手側に向けておく

❹ボールは、落ちない程度に、強すぎないように握っておく

❺肘の高さと位置を一定に。オーバースローでは、肩の高さより下がってはいけない

❻頭の上下動、頭の突っ込みを避ける

❼視線は、最初から最後まで目標（捕手のミット）に向けている必要はない。リラックスの妨げになる。前足を上げるときは、目標から目を離してよい。ステップしたときに、目標を捉えていればよい

❽ステップの広さと方向性を一定にする。その際、膝が開かぬように

これらを意識し、キャッチボールからおろそかにせず、投げ込んで覚えていくことだ。

また❽のステップは、体重移動に直結するため、ピッチングに大きな影響を及ぼす。自分に適したステップの位置を、身につけねばならない。

プロ野球では、よく投手が投球前に、マウンドから本塁方向へ小刻みに歩く。スパイク6足分なら6足分と、ステップ幅を確認している。その幅は「身体の柔軟性」と「軸足の強さ」で決まる。一般的に、速球派は「広め」。技巧派は「狭め」になる。

ステップの方向は3つに分けられる。

①**クロスステップ**　右投手なら左足を足の横幅分くらい、三塁側の方に踏み出すもの。プロ入り当初の阪神・藤浪晋太郎が顕著な例だ。右打者には内角球への恐怖心を与え、外角へ投げる場合には球道がクロスになる——などの利点がある。半面、腰のひねり、体重移動に負担がかかり、スタミナ、制球、バランスに悪影響を及ぼしかねない。故障の原因にもなりやすい。

②**ストレートステップ**　文字通り、打者に向けて真っすぐ踏み出す、ノーマルなステップ。

クロスよりはましながら、前述の負担は多少残る。

③ オープンステップ　クロスとは逆に、右投手なら一塁側の方に踏み出す。腰をひねりやすく、体重移動しやすくなり、制球もつけやすい。ただし、打者にはボールが見やすく〝嫌らしさ〟がなくなる。

ステップするときには、親指を中心としたつま先がしっかり目標を向いていること。着地順は「かかと→つま先」が、スムーズであろう。

「の」の間合いがタイミングのズレを誘う

投手は、ステップを正しく終えると同時に、リリースまでの投球体勢に入る。ここでリズムが必要になる。そこに「一瞬の間合い」を入れる必要がある。

モーションの始動から数えて『1、2の、3』といった具合で、この『の』が間合いだ。

打者は、投手のフォームと腕の振りによってタイミングを計る。つまりフォームと腕の振りは、残像となって打者の脳裏に張り付いている。

速いモーションから、速い球がくれば、残像の通りで想定の範囲内。単純な『1、2、3』のリズムでは、いくら速い球でも、いずれタイミングが合うようになる。

逆に、ゆったりしたフォームから、ズバッとした直球がくると、幻惑される。

『の』の間合いを入れることによって、打者のタイミングに、ほんのわずかなズレを誘うことができるのだ。

ロッテ時代の伊良部秀輝を例に挙げる。

香川・尽誠学園高からプロに入って2年目の1989年に、156キロをマークするなど、当時随一の剛球投手だった。それでも、プロ5年目までは計13勝どまり。

『1、2、3』で投げ続けたため、打者にタイミングを合わされていたからに、ほかならない。

そんなとき、先輩の投手から、ヒントをもらったという。

「俺は、右腕がトップの位置にいったあと、水平移動するように、グーッとワンテンポ、打者の方に踏み込んでから、投げているよ」

まさに『1、2の、3』の『の』である。この一言で、わずかな間合いを会得した伊良部は、ロッテのエースとなり、米大リーグに渡り、阪神ではリーグ優勝に貢献した。

私はよく選手に言う。

「『の』がない投手は、『能なし』『脳なし』投手なり」――。

リリースですべての力を爆発させる

リズムに『の』を入れたあとは、腰のひねりを加える。そして、いよいよ仕上げに入る。リリースである。

まず、リリースポイントを、一定に保たねばならない。リリース時には、指先の力をうまく伝えなければならない。

リリースポイントでは、バランス、リズム、方向性に加えて、心身の充実、鍛えた筋力、持っている能力のすべてを、一点に集約する。その瞬間に、爆発を起こすような感覚である。

「腕を強く振る」と意識しすぎるより、「ボールにスピンをかける」という意識の方がよい。また、速球を投げようとするより、切れのよい球を投げようとする方がよい。

それは瞬発力にも作用する。フォーム全体から力みを消し、バランスを安定させ、制球力も向上する。結果、球速も球威も増すと考える。

投球フォームを、しっかり完結させよう。リリース時に意識すべきことは2点だ。

❶腕を強く振ろうとするよりも、ボールにスピンをかけようとすること

❷速い球を投げようとするよりも、切れのいい球を投げようとすること

それには、利き腕の正しい動きが前提となる。ボールを握る手は、打者に最後まで見せない。竹刀やムチを振るように、腕をしならせ、手首を利かせて投げることだ。

そして、正しい投球フォームには、2つの「案内役」がいる。指導するコーチや、リードする捕手のことではない。自身の体である。

まず「下半身」。すでに触れたことだが、できるだけ利き腕に負担のかからない投げ方をイメージするには、上半身の力は抜き、下半身を案内役とするように、念頭に置くべきだ。つまり「下半身主導」である。

軸足をしっかり保った上で体重移動し、腰のひねりを利かせる。

「腰」は本来、力仕事のエネルギー源、起点になる。「腰」という字は体を表す部首「にくづき」に「要《かなめ》」と書く。日本古来の武道でも、「臍下丹田《せいかたんでん》」(へその下、約5~10センチのあたり)を中心として、力を集中させることが原理とされる。

柔道の一本背負いで相手を投げ飛ばすときの、腰を中心とした下半身の使い方をイメージすると、わかりやすいかもしれない。臍下丹田に意識を集中し、しっかり体重移動して、力を上半身に伝えることだ。

もう一つの案内役は「利き腕とは反対側の半身」である。

右投手なら左半身になる。左腕、左肩が早く開かぬよう注意し、左足のステップで方向性を定める。ボールを操る右腕の側より、むしろ左半身にすべての意識を持っていくぐらいでいい。すると右肩と右腕の力も自然と抜けて、バランスが取れる。

一連の理想のフォームを自分でイメージし、頭の中に描いて投げ続ける。その理想のフォームを身につけるには、いずれにせよ、投げ込むしか手はない。バランスを保つコツは、感覚、つまり感じて覚える。体で覚えろ、ということだ。

また、投げ方や球種のマスターは、ブルペンではなく、キャッチボールの段階から始まっている。キャッチボールで体の使い方を意識し、体に覚えさせることができなければ、ブルペンでコツをつかむことなどできるはずがない。

キャッチボールをおろそかにする者に、昔も今も好投手はいない。キャッチボールなくして、投球フォームの完成もないと心得るべきだ。

投球フォームのまとめ

投球フォームの心得と留意点をまとめる。

❶利き腕に負担をかけない投げ方で。下半身→腹背筋→肩→肘→手首と力を伝え、リリースポイントで爆発させる

❷バランス、リズム、タイミングを最重視

❸軸足は強靭に保つ。膝と腰はやわらかくひねる

❹利き腕とボールを握る手の力を抜く

❺肘の高さを一定に

❻頭の上下動、突っ込みをなくす

❼ステップの広さ、方向性を定める
❽リズムは『1、2の、3』で、一瞬の間合いを入れる
❾腕はムチのように振り、ボールにはスピンをかける
❿下半身と、利き腕と反対側の半身が案内役

このうち、どれが欠けても、正しいフォーム、安定したフォームは、完結しない。

1980年、私が現役最終年を過ごした西武に、運動神経抜群の若手投手がいた。複数の練習メニューを連続して組み合わせ、かつ、繰り返し行うサーキットトレーニングでは、フラフラになる他の選手を横目に、涼しい顔でクリアしていく。下半身のバネと、上半身の筋力に秀でて、スタミナもあった。45歳になる私は、あの運動神経を持っていれば、もっと活躍できたのに……と思ったものだ。

ところが彼がいざブルペンに入ると、スピードが出ない、コントロールもない。試合でも使われず、やがて消えていった。そんな投手は数え切れないほどいる。

せっかくのバネも筋力も、正しく連動させなければ、無に帰する。それほど投球フォームは重要である。

次に取り上げたいのは、投手の生命線、コントロールである。私はよく「コントロールのない者は、投手とは呼ばない」と話して聞かせた。その言葉の前提になる『打者が持つ共通認識』を

挙げてみたい。

①打者は「読み」を入れる　球種、コース、ストライクかボールか、などを予測して対応しなければならない。

②打者がバットの芯で捉えられる球種、コースには限りがある　苦手なコースや球種を投げられたら？　難しい球やボール球に手を出さないようにするには？　と、常に不安を抱いている。

③打者は2つの「羞恥心」を持っている　一つは詰まらされて凡打すること。もう一つはタイミングを大きく外され、ボール球に手を出して空振りすること。

正確なコントロールがあれば、以上の共通認識を逆手に取ることができる。打者にとってコントロールは「脅威」であり、「邪魔」なものだからだ。

投手の生命線、コントロールを磨くには

ピッチングは、コントロール、球速、球の切れ、変化――が必須条件。このうち最も重要なのが「コントロール」である。コントロールこそ、投手の生命線。コントロールのない者は「投手」とは呼ばない。

打者はみな、弱点と不安を抱いている。次の球のコースを読まねばならないし、ストライクか

ボールかも判断せねばならない。バットの芯で捉えられるコースには限りがある。だから打率3割以上をマークする好打者でも、7割近く凡打する。

制球力は、味方の守備にも大きく影響する。特に、バッテリーのサイン交換と構えが見える二遊間と中堅手。予定通りに制球されれば、打球への反応がよくなる。バックや捕手との呼吸、信頼感は、投手自身を助けてくれるものになる。

コントロールを磨くには、どうしたらよいか。

「バランスの取れたフォーム」と「一定のリリースポイント」から生まれる。これが大前提。同時に、感覚的な要素が多分にある。したがって毎日毎日、一球一球、テーマと目標を定め、反復練習していくことだ。

速い球を投げられるのは、天賦の才であって、練習しても限界がある。目標設定にはなりえない。対して制球力は、練習をすればするほど、経験を積めば積むほど、向上する。つまり、どんな投手にも身につけられる可能性がある、ということだ。

私は監督時代、2月のキャンプで、投手陣に「的当

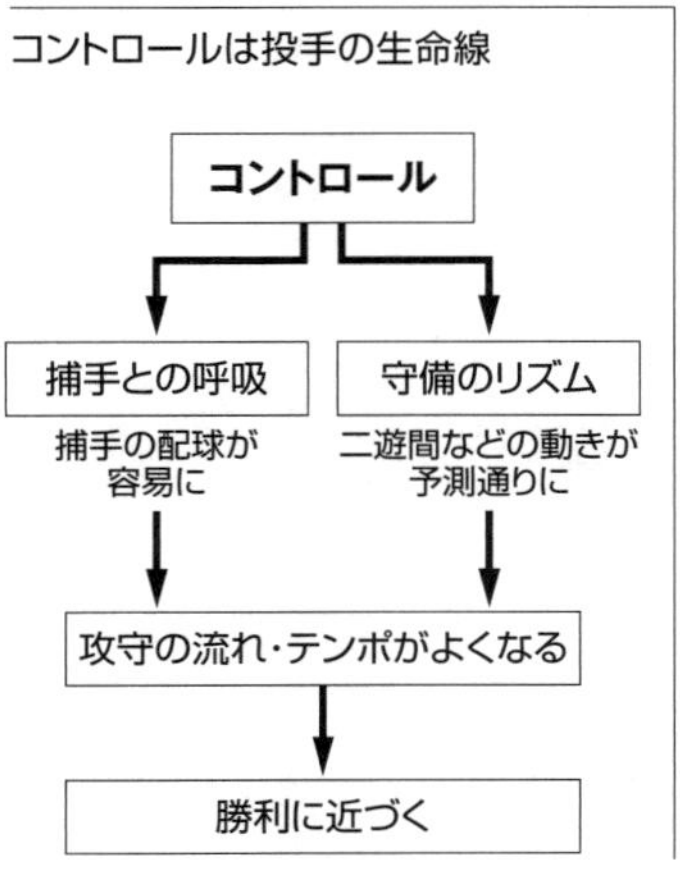

て競争」をよくやらせたものだ。

外角低めなら外角低め、内角高めなら内角高めにじっと構えて、ミットを動かさない。「ラスト10球！　連続で10球、コーナーに決められたら、きょうは上がりだ！」

練習を終わらせようと、みな、張り切る。1球、2球と涼しい顔で決める。3、4、5、6球と、引き続き安定して投げる。たいていは、7、8球目まではスイスイとクリアしていく。

ところがここで、「ラストだ」「上がりだ」と、欲が頭をもたげる。欲は力みを生み、力みが制球を乱す。最後の2、3球が、どうしても決まらない。

結局、何度も振り出しに戻る。50～60球で終えるつもりが、150球以上も投げ続ける者がいる。同じコースを狙って、真剣に、しゃかりきになって投げる。相当、内容の濃い練習になったと思っている。

「原点」の外角低め。そして釣り球、誘い球となる内角高め。配球を組み立てる土台になる、この2つのコースへの直球のコントロールが、すべての基本になる。

制球力の5段階

的当て競争で失敗する「8～9球の壁」が、実はその投手のコントロール能力を測る段階のスタート地点にもなっている。

［第1段階＝ストライク能力］

80％以上のレベルで、2種類の球種で、ストライクゾーンに投げられる。

［第2段階＝原点能力］

「困った」「迷った」「意表をつけ」などの状況で、外角低めのストレートを、最低60％以上のレベルで決められる。

何度も述べてきた通り、投球の原点は外角低めのストレートである。ストライクゾーンの中で、打者から最も遠く、長打にされにくい。

その原点に決まって初めて、❶外角↕内角 ❷低め↕高め ❸急↕緩（直球↕変化球） ❹ストライク↕ボール——と、ピッチングの幅が広がっていく。

まずは外角低めのコントロールをつけよ。

［第3段階＝誘い球能力］

「誘い球」とは、完全にボールゾーンに外す球ではない。バットが到底届かない、選球眼の必要がないボールは、何の意味も持たない。それなら小学生でも投げられる。

高めの速球で誘う。変化球のボール球で誘う。「誘い球能力」とは、投手有利のカウントや、選球眼の悪い打者に対して、ボール球を振らせて空振りやファウル、凡打にさせる能力である。

【第4段階＝内角球能力】

打者は共通して、内角球を嫌がる。速い球や、シュートやカットボールのように少しだけ変化する球は、特に嫌がる。最も羞恥心を覚えるのは、バットの根っこで詰まらされた凡退だからだ。

投手は外角低めに集めて打ち取ることが多いから、余計、内角球の使い方はポイントとなる。

内角球を使う主な目的は①外角を広く生かしたい②併殺をとりたい③打者が苦手にしている——など、いくつかある。

ただし、内角は、原則的にストライクを投げるコースではない。ぶつけず、厳しくボールにする制球力が問われる。詳しくは別の項で述べたい。

【第5段階＝変幻自在能力】

コースいっぱい、コーナーぎりぎりの出し入れをする力だ。

原点と3つのゾーンへの制球力を磨け

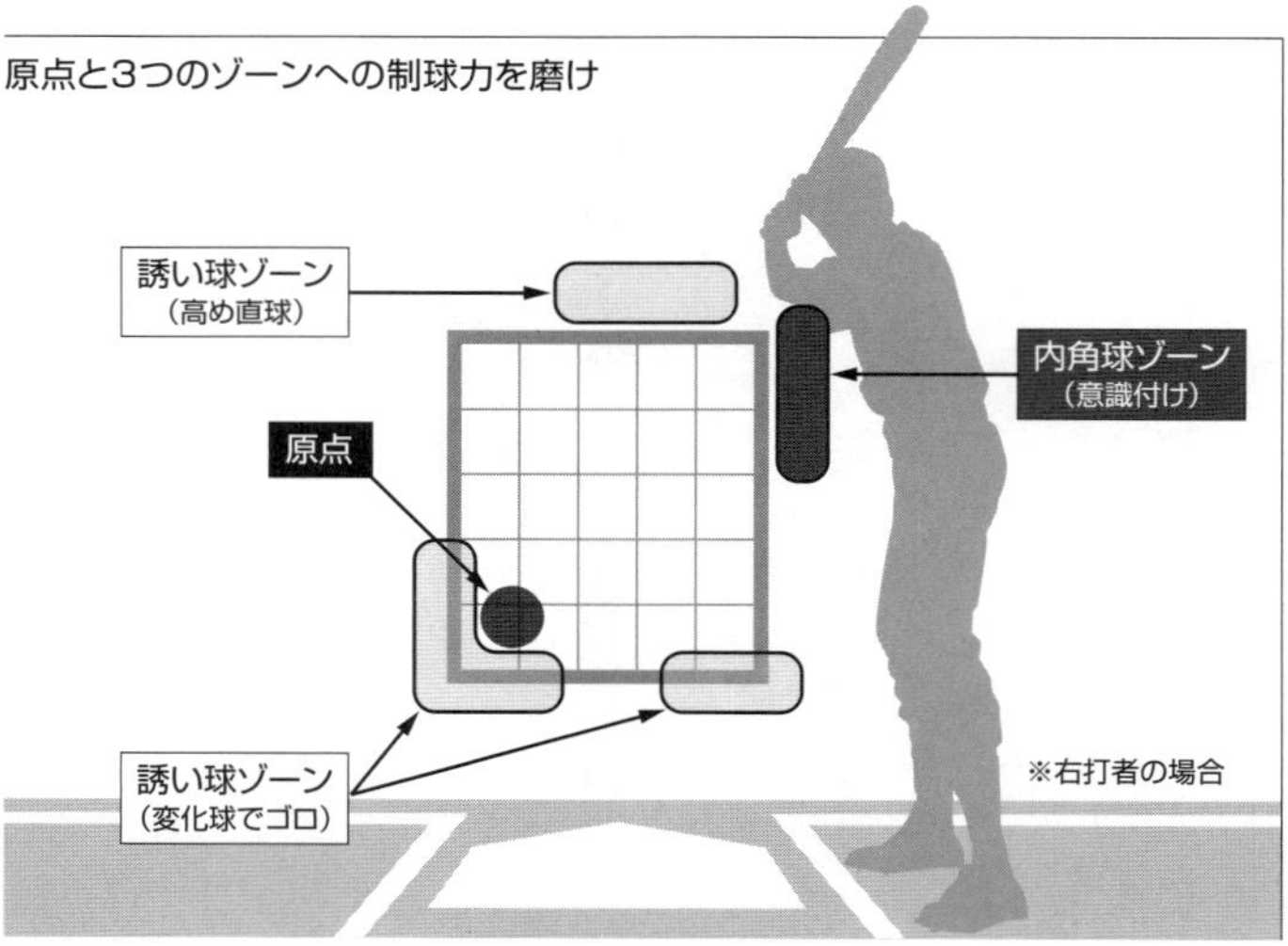

ストライクかボールか、判別しにくいところへの投げ分けが、できるかどうか。打者心理や、ボールカウントを利用した打ち取り方が、できるかどうか。ピンチ脱出への有効な手段を持ち、それを自在に操れるかどうか。

第5段階までくれば、一流投手の証し。執念を持って、この領域まで挑んでもらいたい。

変幻自在だった村山実と池永正明

打者心理やボールカウントを利用して、打ち取れる。ピンチ脱出への有効な手段を持ち、それを自在に操れる。第5段階の「変幻自在能力」に到達した、忘れられない2人の投手がいる。

まず、阪神・村山実だ。1960年代のプロ野球「伝統の一戦」における、巨人・長嶋茂雄の好敵手。天才的、動物的な長嶋の打ち取り方はあるのか、と質問すると、

「ありますよ。ポンポンと2球、ボールにしておくんです」

カウントを不利にしたら、長嶋の餌食では?

「そこなんです。打ち気になるカウントに仕立てたところで、真ん中にフォークボールです」

おいおい、低めのボールゾーンではないのか?

「ええ、あくまで真ん中の周辺に、フォークを落とすんです。絶好球が来たぁ! という感じで、引っ掛けて内野ゴロです」

わざと打者有利のカウントを作り、打ち気満々にさせる。そこで一見、甘めの球。打者は食いつく。落ちる球を引っかける……。まさに、打者心理とカウントを利用した打ち取り方ではないか。

村山が語った投球術を、実際に見せてくれたのが西鉄・池永正明だ。

オールスター戦。私と事前に球種、サインの確認を終えた池永が、ふとつぶやいた。

「ノーアウトでもワンアウトでも、ランナーが一塁に出たら、絶対にゲッツーを取りますから」

すごいことを言うな、と感心した。67年の第1戦。池永は一回一死一、三塁で、打席に巨人・王貞治を迎えた。すると本当に、シンカー気味のシュートで二ゴロ併殺に仕留めた。

初球はボール。2球目、真ん中から外角の中間あたりに、ポトンと球を落とした。心理とカウントを利用した、ピンチ脱出への有効手段を、目の当たりにしたのだ。

池永は2年後、69年の第3戦でも、王を一ゴロ併殺に仕留めた。この年まで5年連続でオールスターに先発し、王を2度、長嶋を1度内野ゴロ併殺に斬り、ONに1本の安打も許していない。

当時、併殺を取る方法は、内角球で詰まらせ、三塁や遊撃にゴロを打たせるのが主流（右打者の場合）。村山から話を聞き、実際に池永に見せられるまで、真ん中あたりに少し落とすなど、思いもよらなかった。

確かに打者は、内角と外角の選球眼には、神経を使う。内外のコースに投げ分けると、見送られる。真ん中付近なら、意識が薄れる。しかもどんな大打者でも、高低の見極めは、内外角より難しい。

危険ゾーンの真ん中周辺も、使い道と制球力によって、絶妙なスポットになる。まさに変幻自在能力、といえる。

制球を乱す原因を知る

あの400勝投手、金田正一さんですら、こう語っている。

「投手の神経というものは、ガラス玉やで」

マウンドという、文字通り「お山の大将」であると同時に、常に孤独感を抱き、ほんのささいなことで自信が揺らぎ、練習で磨き、経験で身につけたものが出せなくなる。それほどデリケートなポジションだというのだ。

繊細さは、コントロールに表れる。コントロールを乱す主な原因は、以下のようなものだ。

❶緊張 人間の緊張は「唇」と「指先」に出る。唇が乾き、指先が震える。投手がこの現象を示したら、危険信号だ。投球が高めに抜けるのは、ボールが指先にかかっていない証拠。

❷恐怖 打者に対する恐怖心と、自分への不安が浮かんだら、狙い通りに投げられまい。

阪神監督時代の2001年。ブルペンでは素晴らしい球を投げるのに、試合になると四球で崩れる投手がいた。井川慶だ。ストライク、ボールがカウントされると、結果を、それも悪い方を先に考え、制球がおぼつかなくなってしまう。

彼はダーツが趣味だった。だから当時打線が活発だった横浜戦の前に「鈴木尚典が打席にいるとき、視界から打者を外せ。捕手のミットだけを見て投げろ」と、〝的当て〟に徹するように指示したら、スイスイとプロ入り初めての完投勝利を挙げたことがある。

❸気負い 緊張と恐怖は拭えても、逆に気負いが生まれると、力みにつながり、手首や指先が硬くなる。こういうとき、直球ではなく、変化球を投げることも対処法となる。自然と力が抜けるからだ。

❹バランスの崩れ

❺ステップが広すぎる

❻肘の位置が下がる

❼疲労

❽ボールの握り方が悪い

❾プレートを踏む位置がフォームに合っていない

これらのテクニカルな問題も、コントロールを乱す大きな要因である。

逆にいえば❶から❾は、コントロールが乱れたときのチェックポイントになる。留意しておき、いち早く原因を究明し、修正できる能力を身につけることだ。

また、自分だけに頼らず、捕手の力を借りるという方法がある。

① 大げさに構えてもらう 体全体を、沈ませたり、浮かせたりと、オーバーなまでにコースに寄せてもらう。その上でミットは体の中心に置いてもらう。外角低めや内角高めなどの難しいコースも、〝真ん中〟のように意識することができて、小手先で投げることを防げる。

② ど真ん中に構えてもらう ミットの位置はど真ん中。だがストライクゾーンの四隅を狙う目印はある。右打者の場合なら、捕手の左肩が内角高め、右膝が外角低め。どうやっても小手先で投げてしまう投手には、有効だ。

ボール球の効用

コントロールがよい――。それは、ストライク能力はもちろんのことだが、「打者がバットを振りたくなるような球を投げられる」ということでもある。

コントロール能力の段階、その第3〜第5段階の「誘い球能力」「内角球能力」「変幻自在能力」が、まさにこれに当たる。

1979年にパ・リーグの新人王になった西武・松沼博久は、アンダースローから浮き上がってくる直球に威力があり、よいシンカーも持っていた。

シーズン当初は、なかなか勝てなかった。当時、西武で現役だった私は、その原因を「ストライクを投げすぎる、そろえすぎるため」とみた。

一球一球、待ち構えているプロの打者を相手に、攻めるだけで引くことを知らなければ、失敗するのは当然であろう。

そこで私は、試合前の打ち合わせで「ボールにする」というサインを示した。松沼は「そんなサイン、ありですか!?」と目を白黒させた。

ボールに手を出させて凡打させる。ファウルや空振りでカウントを稼ぐ。また「2ストライクまでは大きなスイングをするタイプ」には特に有効。追い込むまで、正直にストライクゾーンへ投げる必要はない……。

これらの「ボール球の効用」を説いた。それを理解した松沼は結局、最下位チームにあって16勝をマークした。

重要なのは「意図的に」ボールにすること。

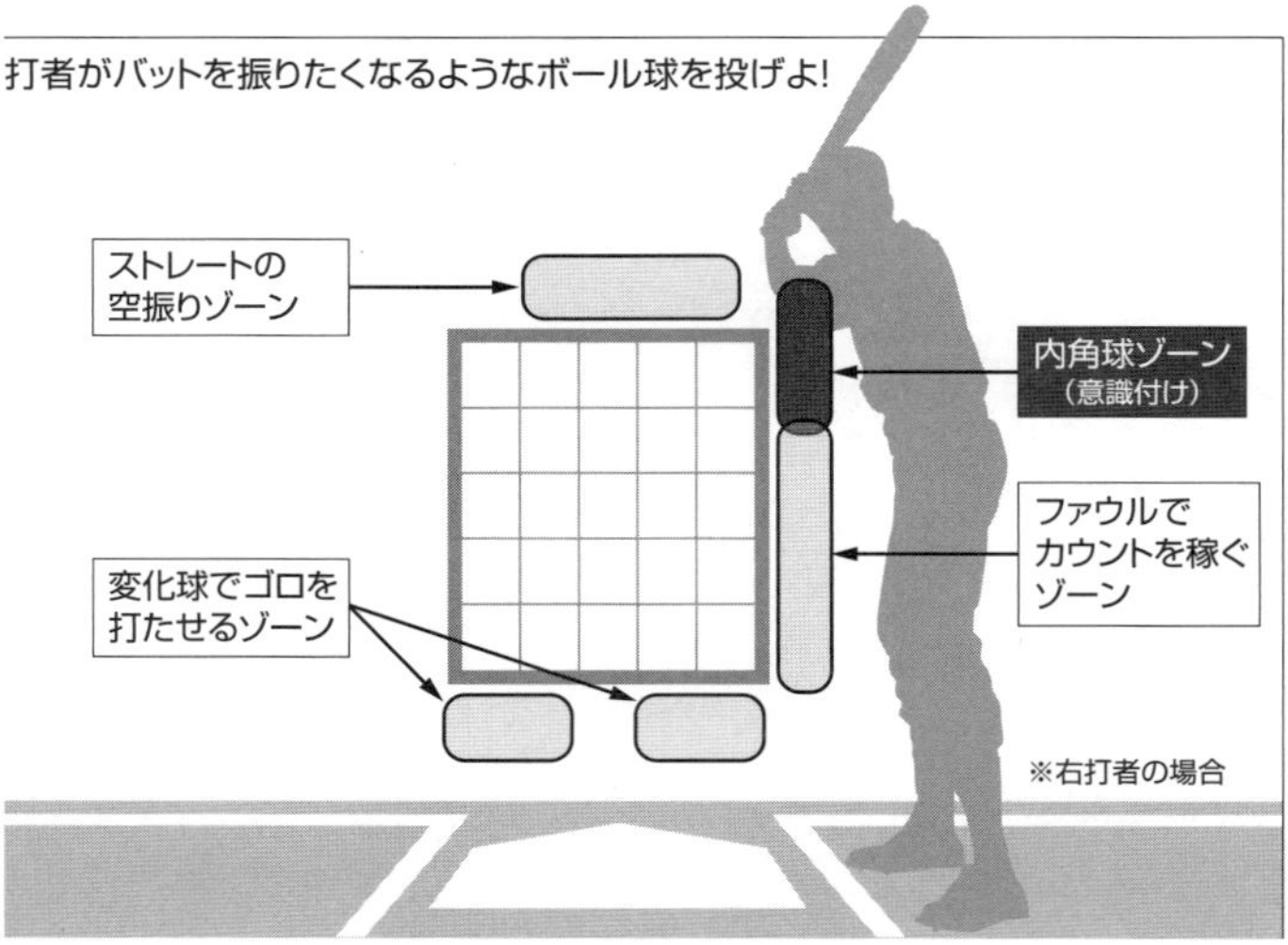

「ボールでいいや」という軽い考えでは、フォームが緩み、腕の振りも鈍くなり、打者に察知されて、見送られる。高めの釣り球を投げるときは、少しでも低くいけば、長打にされる。

したがって「全力で狙ったボールゾーンに投げる」ことが、求められるわけだ。

補足として、「ピッチドアウト能力」も身につけること。バットの届かない高めへ外す。一塁走者、三塁走者を幻惑させるため、外角へ外す。

プロにとっては、「コントロール」のひと言では片付けられないほど、さまざまな要素がある。肝に銘じてもらいたい。

改めて基本に戻る。

コントロールを生むのは、正しいフォーム。キャッチボールから、おろそかにしてはいけない。練習を重ね、経験を生かし、精神安定を図り、自信を持って投げる。

ストレートは慎重に。変化球は低めに。

高めは釣り球、誘い球にして、低めで打ち取る考えに徹すること。信念と執念を持って、低めに球を集めておけば、大きな被害は避けられる。

配球の予備知識

「配球」といえば、捕手が組み立てるもの、捕手がイニシアチブを取るものと、思いがちになる。

私も捕手出身であるがゆえに、解説、評論では捕手目線で配球を語ることが多い。

しかし、打者を打ち取るのは、投手と捕手の共同作業である。投手もまた、常に配球を考えねばならない。投げやりに、他人任せになってはいけない。捕手とサイン交換をして、投げる球を決めた以上、一球の根拠と意図をくみ取り、ボールに意思を込めること。自信のないまま、迷ったまま、投げてはいけない。

では、主導権は投手と捕手のどちらが握るのか。サイン交換に食い違いが生じた場合、原則的には、投手の投げたい球を優先させるとよい。どうしても根拠と自信がある場合は、捕手側が押してよい。

いずれにしても、バッテリー間に信頼関係があるか。相互理解がなされているか。そこが「配球」の大前提となる。

詳しくは捕手論の章で述べるとして、ここでは、投手が頭に入れておくべき配球の予備知識を挙げておきたい。

まず、配球のパターンには3つある。

❶投手中心　ⓐオーソドックスに、投手自身のペース、持ち味を中心に考える。すなわち、原点である外角低めを中心に、どんな打者にも共通して使える球種、コースを交ぜて、得意球で打ち取る。ⓑ打者の弱点や状況を考えず、投手自身のピッチングに徹する考え方で配球して

いく。

❷**打者中心** ⓐ打者が大きな弱点を持っている、反応や動作で何を狙っているか読み取りやすい、などが明らかな場合。ⓑボールカウントによる打者心理、データによる攻略法、前打席までの結果との関連性などをもとに、打者の弱点、心理を突く配球。

❸**状況中心** ピンチを迎えた。犠飛を打たせたくない。併殺に取りたい。三振に取りたい。右方向に打たせたくない。次打者との比較で四球を視野に入れて勝負する。これらの目的が生じたときの配球。

以上の3パターンを基本として、はっきりと、どのパターンでいくかを決断し、使い分ける。せめて❶を使えないと、プロの1軍では厳しい。また❸はコントロールのよさや力のある速球などを持たなければ難しいかもしれないが、ぜひ目標にしてほしい。

配球に絶対はなく、臨機応変が基本である。「稼ぐ」「追い込む」「まとめる」の繰り返し。その間には「誘う」も必要になる。「まとめる」までに必要なものが、情報収集力、情報活用力、洞察力、野球知識といったものだ。

情報の収集と活用

収集した情報を分析し、的確な打者の攻略法を確立してから、「きょうは何点勝負になるか」

という展開の予測を立てておくこと。これを私は『準備野球』と呼んでいる。

よく、バッテリーを集めて、シミュレーションをさせた。試合に臨むにあたり、プレーボールからゲームセットまで、まるまる1試合、どうやって相手打線を抑えていくか、突き詰めるのだ。

南海で兼任監督だった1970年代。パ・リーグ最強を誇った阪急3連戦を例に挙げれば、こうだ。

「第1戦の先発・江本孟紀。阪急の先頭打者・福本豊。初球、何を投げるか」

「福本はデータ上、初球からは打ってこないので、外角の真っすぐでストライクを取ります」

「2球目は?」

「低めのカーブです」

「ふむ。エモト、初球がボールになっていたら、どうする?」

「そのときは……」

こういう具合に、細かく想定していく。何千、何万通りの配球から、打ち取る道筋を探り出す。

江本に6イニング分をやらせた後は、第2、3戦の先発、山内新一、西岡三四郎に引き継がせ、残る3回をシミュレーション。完全試合達成で終了となる。

「完全試合」と言うと笑われるかもしれない。

試合における投手の目標は、まず走者を出さないこと。完全試合から入り、次はノーヒットノーラン。それがついえたときは完封、完投、最低でも勝利投手……と段階的に下げていくのが、理想ではないか。高い目標から入らずに、大きな成果など望むべくもない。

プロ野球では、1試合につき3試合分、こなす必要があると考える。

❶準備野球 ❷実践野球 ❸反省野球──である。

試合前のシミュレーションで『準備』し、試合で『実践』し、そこで得た『反省』を次に生かす。大事な試合になればなるほど、3試合分の野球がモノをいう。

準備という点では、天候を考慮することも忘れてはいけない。風の向きと強弱によって、投球に影響が出る。

400勝投手の金田正一さんいわく、「ワシみたいにボールにスピンをかけるタイプは、ホームからマウンドまで向かい風が吹いていると、真っすぐがビュンッとひと伸びしたもんや」。直球が伸びるかどうか。変化球が曲がるかどうか。配球にも工夫が必要になるわけだ。

ドーム球場であっても、グラウンドコンディション、グラウンドの広さ、マウンド付近の状態などのチェックは、欠かしてはならない。

初球の入り方

準備野球を終え、いざ実戦で打者を迎える。ここでは「初球の入り方」について述べたい。

初球は難しい。

打者はまだ、反応つまり手の内を見せていない。2球目ならば、打者の反応を見て、観察、洞察を駆使して投げる球を決めていける。

したがって、事前のデータから根拠を見つけ、打者の「共通事項」から投げる球を選択し、慎重かつ大胆に入るべきだ。

「共通事項」の一つは、打者はたいてい、まず内角の甘いストレートを狙っているというものだ。なぜなら、初球から変化球を狙うには、相当な根拠と勇気が必要になるからだ。

そのため、低めの緩いカーブでストライクを取れることが多い。私は「意外に見逃す初球のカーブ」と呼んでいた。

初球のストライクを見逃す打者は案外多い。これには理由がある。

❶初球から難しい球に手を出したくない

❷相手の手の内を見てから決めたい

❸初球から打つのは、もったいない

❹初球を凡打すると、ムードを悪くする

さらに先頭打者であれば……、

❺後続の打者や首脳陣に何か言われそう

❻次打者が若いカウントから打ちにくくなる
❼出塁目的の短打者であれば、特に初球からは打ちづらい

初球には、こうした消極的思考が働きがちだ。もっとも、点差や状況など一切お構いなしで、積極的に打って出る打者もいる。特に最近、そのケースが増えている。

いずれにしても投手は、打者のタイプをデータから割り出しておくことが必要だ。積極性を勘違いし、初球から難しい球に手を出す打者であれば、原点や凡打ゾーンを使い、一球で打ち取りにかかれば、無駄な消耗を避けられる。

打者に共通する特徴

投手には、打者におおむね通用する知識を備えておくことが求められる。各打者のタイプをデータから割り出す前に、以下のような共通事項を頭に入れておくことだ。

既に述べた通り、打者が最も羞恥心を覚えるのは、バットの根っこで詰まらされて、凡打することである。

その他には、タイミングが合わずに大きく空振りする、完全なボール球を空振りする。変化球狙いを見破られた、裏をかかれた、ストレートを見逃して三振した――などもある。

バットの芯で捉えられるコース、球種には限りがあるため、常に不安を抱いているのだ。

それゆえ、打者に「何かを意識させる」と、配球しやすく、料理しやすくなる。速球、鋭い変化球、内角球、荒れ球、変則モーションなど、生かせるものは多い。

また、初球に見逃した球種は、頭の中に強く残るものだ。追い込まれる過程で大きく空振りした球種も同様である。

内角球を早めに見せられたときも、かなり意識過剰になる。ほぼ8割がたの打者が「胸元速球↔外角低め」の対角線を攻められることに、弱点を持っているからだ。胸元を意識させ、「原点」である外角低めにストレート。そこからさらに低い「凡打ゾーン」に、変化球を集めることが基本となる。

逆に、外角高めへの甘めのストレートは、要警戒である。私はそれを『子供ゾーン』と呼んでいる。

ヤクルト監督就任前、リトルシニアの「港東ムース」を指導したとき、非力な子供たちでも①

外角 ②高め ③ストレートの3点がそろうと、彼らのバットは快音を発していた。

特に、右投手が左打者と対するとき、共通して『子供ゾーン』は餌食になりやすい。

まず、左打者からは右投手の球の出どころが見やすい。

加えて、左打席からは一塁が近いため、本能的に、一歩でも早くベースに到達しようと、「走り打ち」になる傾向がある。打つ瞬間から一塁へ走り出すから、体も早く開き、強振せず、楽にバットが出る。必然的に、打球は左方向、三遊間に飛んでいくわけだ。

そもそも、子供でも打てるということは、プロでは、投手が打席に立っているときでも危険な球になる。意外と気づかない、共通の要注意事項といえよう。

配球は一球一球が、応用問題である。

それを念頭に置いて、各打者の分析を進めてもらいたい。

打者の4タイプ

私は打者を、変化球への対応をもとにして、4タイプに分類している。
【A型＝理想型】天才的で、反射神経、動体視力に優れ、変化球への対応がうまい。基本的にストレートに合わせながら、変化球にも対応しようとする。大半の打者がこのタイプを理想としているが、好成績を残せるのはごく一部だ。

【B型＝無難型】　外角球か内角球、ストレートか変化球と、大まかな狙いをつける。

【C型＝駆け引き型】　方向の決め打ちをする。流し打ちに出てファウルになると、今度は引っ張るなどして、自分のペースに巻き込もうとする。カウントバッティングを得意とする。2－0、3－1といった打者有利のカウントで、内角には投げてこないとみるや、流し打ちに徹する。

【D型＝不器用型】　細かく球種にヤマを張らないと対応できない。その中にも、何の根拠もなく、ヤマ勘に頼るタイプと、己をよく知り、研究熱心で、ビデオやデータなどを参考にして狙いを絞るタイプに分かれる。

現役時代の私は、D型の、さらに後者だった。

周囲からは「ヤマ張りバッター」と揶揄《やゆ》されたこともあるが、打つため、勝つため、なんら恥じることはなかった。

これらはもちろん、あくまで基本的な分類だ。打者によっては試合状況、カウント、相手投手などでタイプを変えてくる。

したがってそこが、相手打者への研究課題となる。データ収集における、目の付けどころを、いくつか挙げる。
❶打者が高確率でバットの芯で捉えて打つコースと球種。その逆も。
❷選球眼のよしあし。手を出すコースと、見送るコース。

❸結果球との関連性。前の打席で変化球を打ったら、次はストレート狙い。またはその逆など。
❹積極的か否か。消極的なタイプなら、見逃すカウントと球種。
❺追い込まれてからと、追い込まれるまでの打率の違い。
❻内角攻めが効果的な打者か、内角に強い打者か。
❼打たれるカウント、抑えるカウント。
❽カウントに関係なく打たれるコースと球種。
❾いい当たりのファウルの後、狙い球や方向を変えてくるか。
❿打者の性格、チームでの信頼度。野球に対する考え方、取り組み方。
もちろんデータは絶対ではなく、参考資料にすぎない。それでも、相手の情報はできるだけ多く集めておいて、決して損はない。

「一」を重視せよ

さて、ここからは実践編だ。

ピッチングに役立つ事柄、さまざまなケースでの対処法などを述べていく。すべての試合における投手の鉄則はこうだ。

【先頭打者を打ち取る】

四球で歩かせることは、最悪だ。以前耳にした米大リーグの統計によれば、先頭打者に四死球を与えたときの失点率は「7割以上」、安打でも「6割以上」という。

投手が一定のレベルにあり、通常の調子であれば、常識的にいって、3本、4本と続けて安打されることは少ない。四死球、犠打、犠飛、足を絡めた作戦など、安打以外の要素が挟まることで、失点に結びつく。だから、先頭打者を打ち取り、安打以外の失点確率を高める要素が挟まる余地を狭める。相手の作戦の選択肢を一つ一つ、つぶしていく。

どんなによい投手でも、1イニング平均で、1本の安打は打たれるものだ（5回で5安打、7回で7安打）。先頭打者を四死球で出すと、その時点で、走者2人を背負うことになると覚悟するべきだ。

【カウント0（ボール）－1（ストライク）にする】

初球ストライクを取ることで「試合の90％を支配する」。これも米大リーグの考えである。打者を打ち取る作業は、「稼ぐ」「追い込む」「まとめる」の繰り返しで、その間に「誘う（遊ぶ、探る、脅す）」も必要になる。0－1のカウントから、ピッチングの幅を広げていく。常に自分に有利なカウントで投げられるよう、心がけることだ。

0－1にする工夫と方法を学ぶ。配球の基本となる外角低めへの「原点投球」。さらに「意外と見逃す初球の大きなカーブ」など、ストライクを稼げる球種を複数持つことが求められる。さらに、打者が初球から打ってくるタイプか否かも知っておく。それらを駆使し、組み合わせる。

初球は投手の「実力測定球」と心得よ。


【「一」の哲学を重視する】

「一」と書いて「はじめ」と読む。1がなければ、2、3……と続かない。この「一」の哲学、「一」の価値観を置き去りにして、当たり前のことを当たり前にできるはずがない。

一回。先頭打者。初球。ファーストストライク。ワンアウト。第1打席。先取点。守備や走塁での一歩目。野球は九回まであるが、「一」が結果を左右するといっても過言ではない。

幅を広げる

投球の幅を広げる、とはよく聞くが、実際にはなかなかできない。「まず0－1というカウントを作れ」と述べた。ストライクを稼ぎ、そこから追い込み、誘い、時には遊び、まとめていく。現実に、ストライクゾーンだけで打ち取るのは困難。ボール球を有効に使うことが、求められる。


【ストライクゾーンを広げて考える】

実際のホームベースから、内角いっぱいなら約15～20センチ、外角なら約10センチ、ボールゾーンへと広げた範囲で、ストライクゾーンを想定する。特に投手有利のカウントでは、拡大したゾーンを利用するといい。通常のストライクゾーンだけで勝負する必要はない。

なぜ、こう考えるべきかといえば、打者はほとんどの場合、難しいコースを打つのではなく、「失投＝コントロールミス」を打っているだけだからだ。

王貞治は「失投は必ず来る。そう信じて待つ」とシンプルに考え、じっと狙っていたという。

失投とそうでない球との差は、せいぜい10～15センチ。したがって、内角ぎりぎりにボールにできるコントロールも、身につけておくこと。安全に、無難に、という考えだけでは打ち取れない。リスクを背負う勇気を持つために、広げたゾーンいっぱいに投げる練習をするのだ。

また、打者は意外に、「小さく変化する球」に神経質になる。シュート（ツーシーム）、カット

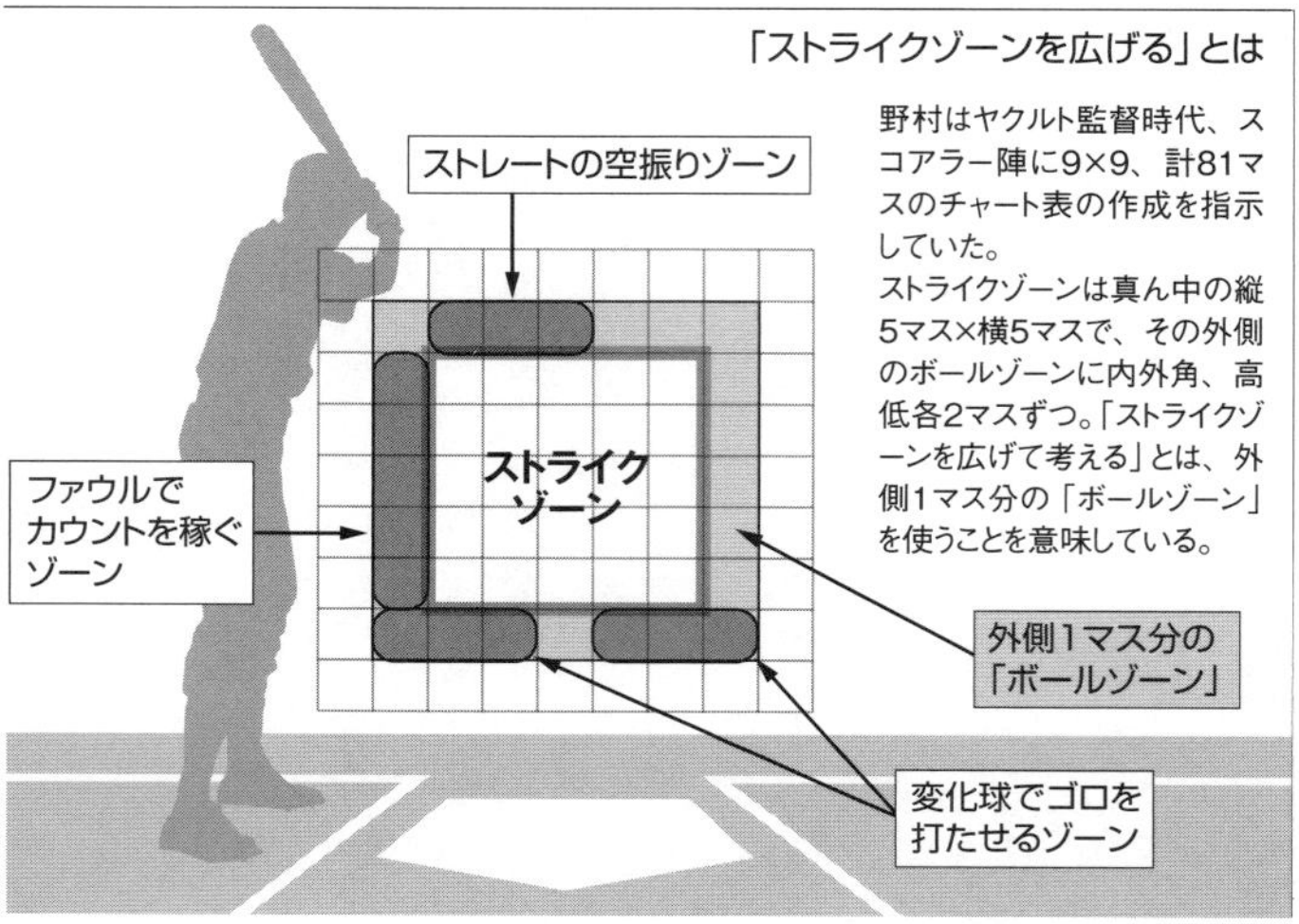

「ストライクゾーンを広げる」とは
野村はヤクルト監督時代、スコアラー陣に9×9、計81マスのチャート表の作成を指示していた。
ストライクゾーンは真ん中の縦5マス×横5マスで、その外側のボールゾーンに内外角、高低各2マスずつ。「ストライクゾーンを広げて考える」とは、外側1マス分の「ボールゾーン」を使うことを意味している。

ボール、スクリューボールやシンカー、チェンジアップこそ、拡大ゾーンを活用して投げるとよい。

【狙い球を投げる】

打者が狙っている球を、あえて投げてやることも、打ち取る近道になりえる。

もちろん、狙っている通りに投げるのではない。打つのが得意な球種を、打つのが苦手なコースに投げるのだ。あるいは得意なコースからぎりぎりボールにすること。

打者の〝ツボ〟の近くには、弱点が潜んでいる。大胆かつ繊細に。ここでも、勇気とコントロールが求められることは、いうまでもない。

【高低でも揺さぶる】

実は、打者は「内外角」より「高低」の揺さぶりを苦手とする。私が見てきた中で、最も選球眼がよかったのは榎本喜八（毎日＝現ロッテなど）で、王がそれに次ぐ。そんな彼らでも、「横」のボールの見極めには神経が研ぎ澄まされていたが、「縦」に関してはやや緩んだ。

特に、ホームベースの真ん中あたりを通過する球。ストライクかボールかを判断する必要がない分、選球の意識が薄くなり、高低のボール球に手を出しがちになる。これを利用したのが、既に述べた「真ん中にフォークボールを投げる」村山実だった。

観察力・洞察力・分析力

田中将大が楽天で24連勝をマークした2013年。数試合、その投球を解説、評論した。強く印象に残っているのは、相手打者を見る目の確かさ、鋭さだった。

打ってこないとみるや平然と、ど真ん中のストレートでストライクを取る。勢い込んでいるとみるや、真ん中から少しスプリット・フィンガード・ファストボールを落とし、内野ゴロに取る。マー君も打者を見下ろして投げられるようになった、と感心した。

【観察力】

西武での現役時代、東尾修から聞いたことがある。ボールをリリースする寸前、ほんの0コンマ何秒の話である。

「あ、この球はバッターに狙われている……。タイミングが合っている……。そう感じたら、ひょいと曲げて、ボール球にするんです」

あの「神様仏様」稲尾和久もリリースの寸前、打者のわずかな動きを見逃さなかった。打ち気満々か、見送る構えか。瞬時に察知して、投球を変えていた。

右打者の場合、左肩が外角の方向へクッと入ると、打ち気満々。抜いたボールを投げてタイミングを外す。左肩がやや開いていたら、見送る構え。悠然とストライクを取りにいく。

カウントを稼ぐのも、打ち取るのも自由自在。これほどの高等テクニックを習得するのは難しくても、打者が何を考えているのか、事前に把握する手立てはある。

【洞察力】

打者の考えは、打席での投球への反応として、出てくるものだ。

例えば、変化球に比重を置いていると、変化球が来たとき、右打者なら左肩がグッと止まる。ストレート待ちのときに変化球が来ると、泳がされまいと「ため」を作ろうとする。ファウルの仕方、空振りの仕方、ステップの方向や位置、タイミングなどからも読み取れる。

不思議なもので打者は、ボールを見送っている間は考え方を変えないことが多い。「まだバットを振っていないから、自分の狙いはバレていないだろう」という思い込みも逆手に取れる。

【分析力】

データの分析・活用術も、大きな武器となる。

前の打席で凡打させた球種・コース、安打された球種・コースを記憶しておくこと。打者はそれを基準に、次の打席で同じ球を狙うか、その逆かを考える。裏をかける打者かどうかもチェックしておくこと。

「理想型」を貫くタイプ（A型）が相手だと「前打席で直球を打たれたから変化球を待っているだろう」と、「裏」をかいたつもりのストレートが、どこまでいっても「表」になる。

データは絶対ではない。それでも観察力、洞察力と合わせて、打者を分析する努力は、惜しんではならない。

崩す・誘う

打者は共通して、2つの大きなテーマを持って、打席に立っている。

「タイミングをどう合わせるか」

「ボール球に手を出してはいけない」

したがって投手は、この2つを成就させないようにすればいい。

タイミングを崩す、ボール球で誘う。この2つの技術が、求められる。

ボールゾーンへの誘い球は、既に述べた。①高め②低め③ストライクゾーンからボールゾーンに外す——の3種類。ストライクゾーンを内外角、高低に実際より拡大して想定する。また打者は、ホームベース上を通過する球の「高低」は、見極めにくい、などだ。

では「タイミングを崩す」技術は、どういうものか。あらゆる方法で「変化」を持たせることだ。

❶ 投球モーションに変化をつける　特に同じ球を3球以上続けるときは、少しでも変化をつける。

❷**投げ方そのものを変える**　オーバースローを基本にして、ときにはサイドスローを入れる、など。これには、その能力があることが前提になる。

❸**洞察力を発揮する**　特にヤマ張り打者（D型）に対しては、狙いを外すことが、タイミングを狂わせることに直結する。配球に変化を持たせることも不可欠だ。

❹**時間差をつける**　セットポジション時に、球を持つ時間に長短をつける。投球までの時間を一定にしなければ、打者も走者もタイミングが合わせにくくなる。

❺**緩急をつける**　速い球、緩い球。これが最もオーソドックスな方法だと、考えられていることだろう。

確かに、速い球、緩い球の変化は、打者にとって厄介である。

ただし、緩い球を投げるとき、投球フォームも緩んで腕の振りが鈍くなると、打者に察知され、対応されてしまう。

また、先天的にミートポイントが近く、緩い球を打つのが得意な打者もいるので、事前に把握しておくことだ。

もう一つ、意外な要注意事項がある。

例えば、走者を背負ったピンチで、打席に投手や、非力な打者、ミート中心の打者を迎える。ボールカウントも追い込んだとしよう。

ここでの外角への緩い球は、危険である。

彼らは「なんとかバットに当てよう」と思っている。その場合、腕が伸びる外角への緩い球は、最も当てやすい。

こういうケースでは、近めの直球など、腕をたたまないとバットが振れないような球を、勝負球にした方がいい。

臨機応変。これもまた「ピッチングの幅」である。

捕手のサインに首を振る

ピッチングに役立つ、やや意外な方法も紹介しておこう。

捕手のサインに首を振る。通常、投手が首を横に振るのは、自分が投げたい球と、捕手の要求に食い違いが出た場合。捕手に別の球種を促す。

ここで言うのは「わざと」首を振ること。たとえ首を振ったとしても、その時に出たサインの球種を、変えないこと。

特に「読み」を重視する打者に対しては、相当有効な手段となるのだ。

配球的に「ほぼ間違いなくストレートだ」という状況、雰囲気になることはよくある。例えば2－0、3－1というストライクが欲しいカウント。あるいは、変化球でストライクがまったく入らない状況……。

投手が首を振ると、打者は「なぜだろう?」と一瞬でも考える。迷わずストレートを狙うのと、少しでも「?」が入るのとでは、絞り方の比率が異なってくる。

仮に「7対3の割合でストレートだろう」と構えている場合、首を振って「6対4」に変化させられれば、打者の集中力も反応も違ってくる。ほんのかすかな迷いが、スイングと打球に表れる。打ち取る可能性も増すというものだ。

巨人が強くなった2000年代後半から、バッテリーは「首を振る」サインを多用するようになった。今季も菅野智之と小林誠司のバッテリーが「首を振る」サインを取り入れている、と耳にした。他にはわからないことをしているという優位感、優越感は、バッテリーの信頼関係を高め、好成績の一端を担っていたと、私は思う。

捕手は、投手が感じられないような小さな動きを察知できる。その上で常に「投手を援助しよう」「どうやって打ち取ろうか」と考えている。

細かい打ち合わせ、取り決めを繰り返すことで、「あうんの呼吸」が生まれる。

ここまで投球の実践における注意事項を述べてきた。

❶「一」を重視する ❷内外角、高低、緩急と幅を広げる ❸打者を観察、洞察し、分析する ❹打者を崩す、誘う ❺打者を迷わせる——。最後に、もう一つ加えておく。❻チェックする、だ。

球種の癖、サインがばれていないか。配球がパターン化していないか。打たれるカウントが傾向化していないか。自分がよく打たれる相手を細かくチェックし、対策を講じることも、忘れてはいけない。

ピンチでの対処法

投手は、ピンチを迎えたときの対処法を、体得しておく必要がある。

もちろん、ピンチはできるかぎり迎えたくはない。投手も守備陣も、全員が願っている。だが投球の80％は、走者を背負った場面になるともいわれる。複数の走者を出すケース、得点圏に走者を置くケースも、考えている以上に多いことを、覚悟しておくべきだ。

毎回先頭打者を必死で打ち取る。先頭打者を出塁させてしまったら、次打者は絶対に抑える。信念と執念をもってかかることが前提になる。その上で――。

【精神面を整える】

時間を取って気持ちと頭を整理し、動揺をしずめてから、打者に立ち向かうこと。どんな状況でも、自分を見失ってはいけない。冷静に、全知全能を振り絞る。

思い切って投げても、こわごわ投げても、打たれることに変わりはない。ピンチを迎えてしまったからには、自分のすべてを出し切ることを考える。最終的には捕手に依存し、自分は開き直るくらいでも構わない。

精神面のコントロールに努めれば、ピンチを楽しむ余裕が生まれることもあるのだ。

【プラス思考とマイナス思考】

気持ちを落ち着かせれば、いろいろなことが見えてくる。打者との力量比較。相手の弱点。自分が優位になる事柄を思い浮かべ、自信を取り戻すのだ。内角高めと外角低めの「対角線投法」や、低めの凡打ゾーンなど、打者に共通して通用する攻め方、配球を思い出すのもいい。

「こうすれば、打たれない」という道筋をはじき出し、プラス思考でいくこと。チャンスを迎えた打者も、案外、慎重になり、失敗を恐れ、手堅くなることもある。プラス思考とマイナス思考が逆になることも少なくない。

【5球を費やす】

重大なピンチになればなるほど、打者一人に対して、最低でも5球を費やす慎重さと細心さが求められる。

可能なかぎり、初球にストライクを取ることが第1条件。そのためには「初球」という考えは捨て、「2ストライク」と追い込んだつもりで、いきなり勝負球を投げる感覚で入ること。

カウント0－1にすれば、3－2のフルカウントから勝負する6球目まで、5球を使える。ストライクゾーンを内外角に15センチずつ広げ、「誘う」「じらす」「ずらす」。打者がバットを出したくなるようなコースも、攻めてみる。それが難しかったら、丹念に低めに集める。5球をかけて、ゾーンを広げれば、配球の幅も広がる。
ピンチでは、快速球投手以外は、ストライクをそろえないこと。勝負を焦ってはいけない。

ストライクの稼ぎ方

ピンチでこそ、投手はカウントを有利にして進めたい。では、どうやってストライク（空振り、見逃し、ファウル）を稼いでいくのか。その方法は、以下の5つだ。

【コースで稼ぐ】

外角低めへの「原点能力」がポイント。外角低めの周囲なら、打たれても単打でとどまる公算も立つ。コントロールがよければ、内外角、高低、ストレートと変化球と、幅広く稼げる。

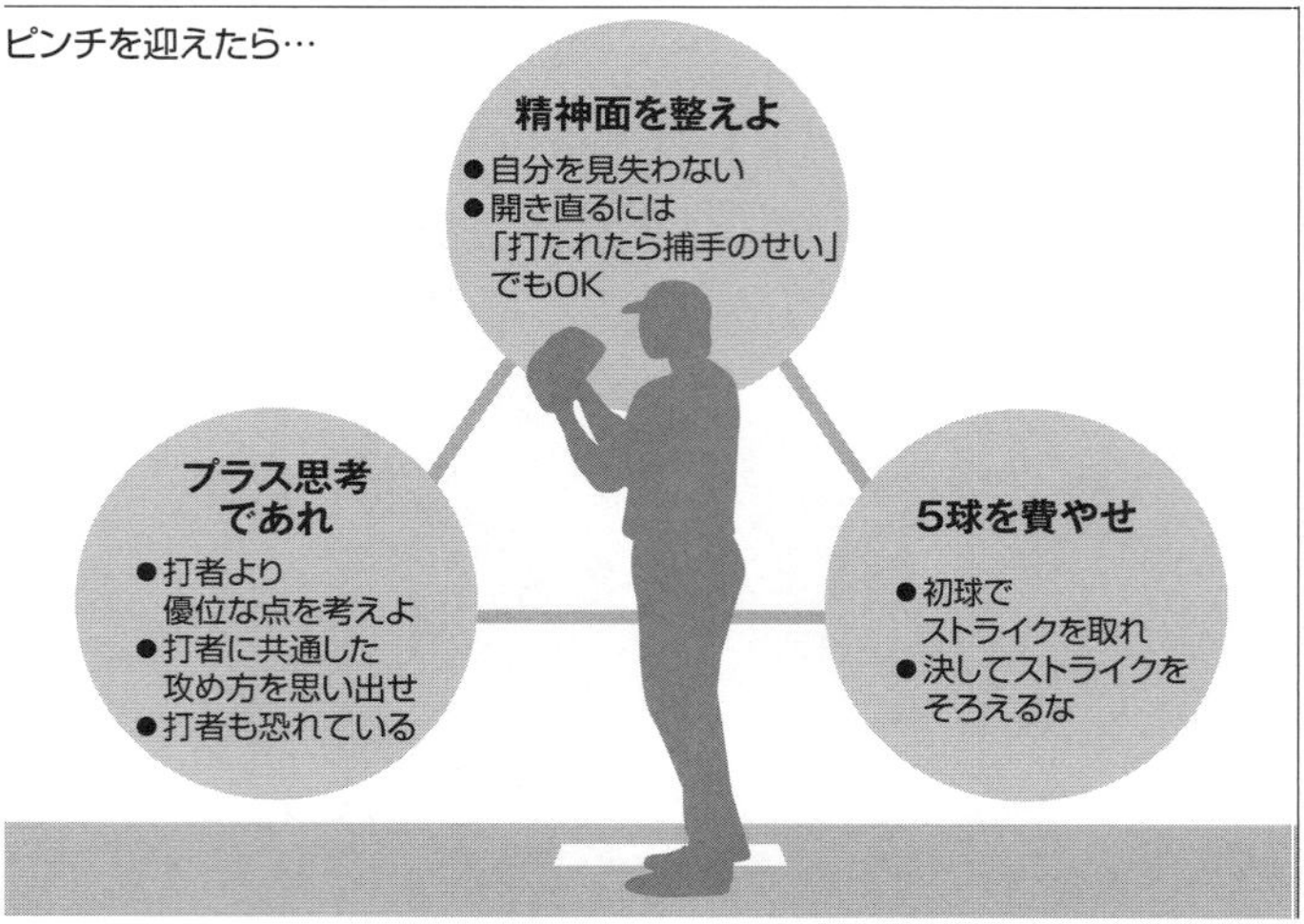
ピンチを迎えたら…
精神面を整えよ
●自分を見失わない
●開き直るには「打たれたら捕手のせい」でもOK
プラス思考であれ
●打者より優位な点を考えよ
●打者に共通した攻め方を思い出せ
●打者も恐れている
5球を費やせ
●初球でストライクを取れ
●決してストライクをそろえるな

【見逃しで稼ぐ】

打者のタイプ、得点差、ボールカウントなどによって、「ここは見逃してくる」と読み、ストライクを取る。阪神・鳥谷敬のように、初球をほとんど振らない打者もいる。

長距離打者は特に初球の「原点」を見逃すことが多い。最初は甘いストレートや、自分の好きなコースを待つ習性があるからだ。「意外と見逃す初球のカーブ」も有効。初球からタイミングを外された球に手を出すことはしないし、初球から変化球を待つには、勇気と根拠がいるからだ。

走者を塁にためたいという状況での短距離打者も、あまり初球は打ってこない。四球を選んででも出塁しようと考えている。ただし、状況や役割などお構いなしで、手を出してくるタイプも増えている。データから打者のタイプ、傾向を割り出しておくこと。

【ファウルで稼ぐ】

打ち方に欠点があるため、内角球がほとんどファウルになる、という打者がいる。それでなくても、際どいコースをフェアグラウンドに入れるには、高度な打撃技術を要するものだ。

球威で勝っていると判断したときは、切れのある高めの速球をファウルさせて稼ぐ方法もあるが、一つ間違えば……というリスクも伴う。

【狙い球を外して稼ぐ】

コース（外角か内角か）や球種（直球か変化球か）に大まかな狙いをつける「B型」、バッテリーと駆け引きして打つ方向を決めてかかる「C型」、細かく球種にヤマを張る「D型」と、打者のタイプを前提に裏をかく、意表を突く。

打者の反応や心理を洞察することが不可欠で、捕手の助け（打者の視界に入る動きを見せることやささやきなど）を借りる手もある。

【勝負を兼ねて稼ぐ】

打者の打ち気と、打者有利のカウントを利用する。真ん中周辺の低めにポトンと落とす、小さな変化球が有効。苦手ゾーン、空振りゾーンも攻める。ここでも打者の研究が必要になる。

勝負を兼ねて稼ぐ行為であるから、あくまで比重は「勝負」に置く。中途半端な攻めでは痛い目に遭う。手を出してくれなかった後のことも、考えておくことだ。

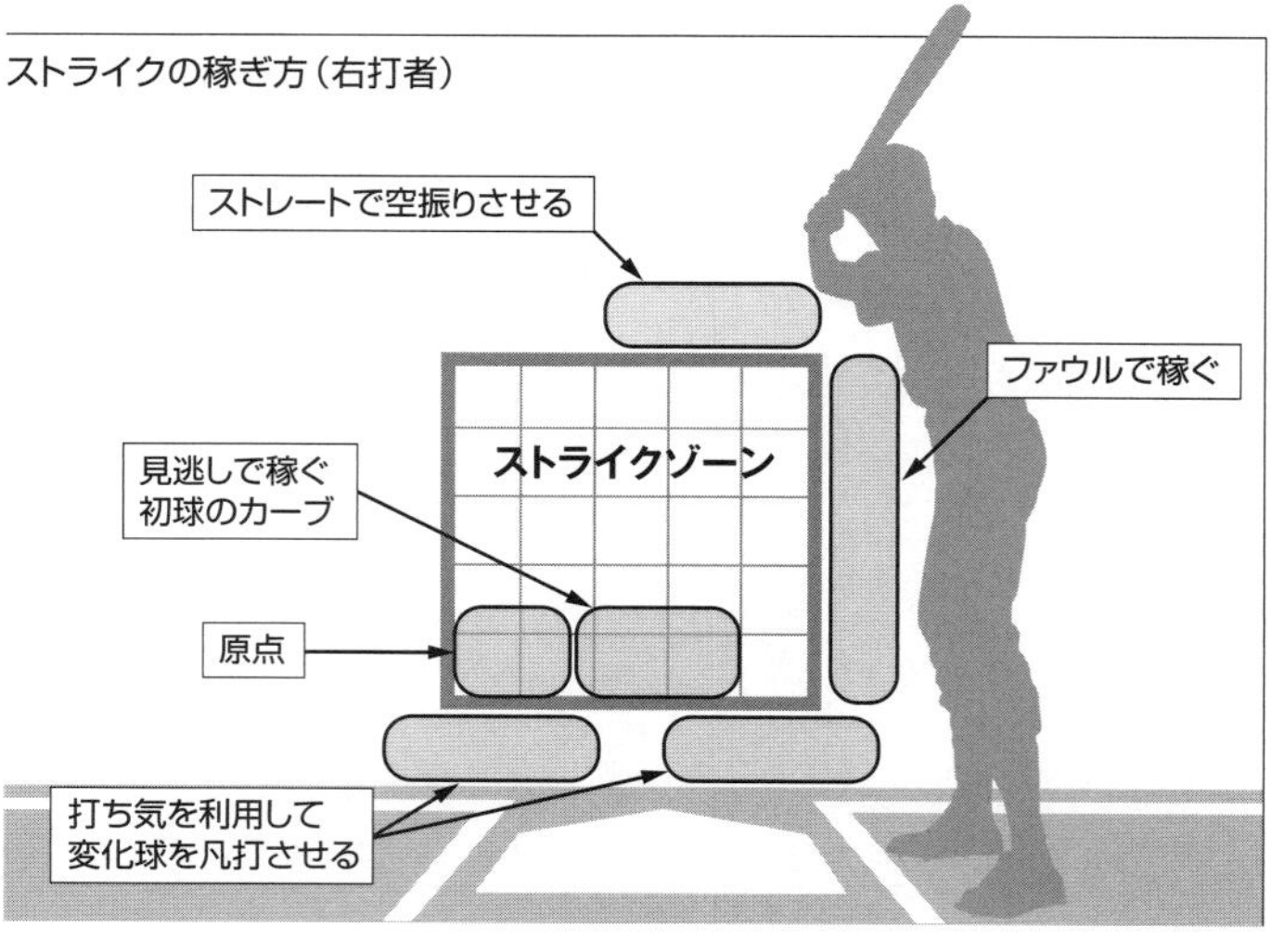

状況の見極め方

ピンチで投手不利のカウントにしてしまったら、長打だけは防ぐことを念頭に置く。その後は、こう頭を整理していくとよい。

[状況を考える]

①序盤（一～三回）か、中盤（四～六回）か、終盤（七回以降）か　大まかに分けると、序盤は、1点を惜しむあまりに走者をためられて大量失点することを避けたい。中盤には得点差や自軍と相手の継投策なども考慮して判断することが必要。終盤になれば、1点を防ぐことに集中する。当然、相手投手のレベルや、味方打線の状態などによっては、序盤から1点勝負、中盤でも3点差以内ならOK……など、許容範囲も変わる。

②目の前の打者との勝負にとらわれる必要があるかどうか　空いている塁がある、次打者の方が処しやすい、といったケースもある。得点差、アウトカウント、走者、打順、右打者か左打者か、代打との兼ね合いなどを計算する。

[カウントを考える]

どうしてもこの打者を歩かせるわけにはいかない状況で、ボールが先行したケースでは——。

①2－0なら「原点」の外角低めか、やや低めのカーブ。2－1ならファウルゾーン、ある

いは3－1になることも覚悟して勝負球。3－1になったら、最も自信のある球種。すなわち、ストライクゾーンで勝負できる球を選ぶ。

②2－0、3－0、3－1といったカウントでは、超積極的な打者は別として、次の一球で「四球」が頭をかすめ、意外と消極的になるものだ。

③0－0、0－1、1－1、2－1では、打者はまだ追い込まれていないため、力んだり、荒くなったり、逆に隙を見せることがある。

【ゾーンを考える】

打者に共通する「打ち取りゾーン」は、かなり高い確率で通用する。

① **空振りゾーン**　高めのボール球で、かつ、内外角ぎりぎりではないコースに、切れのいい速球。低めで、かつ、コース全般および内外角にかけて、ボール1個分外す。ストライクからボールになる変化球、ホームベース上のフォークボールが有効。

② **凡打ゾーン**　内角からボールになるコースで、かつ、ストライクゾーンの下半分。また、真ん中から外角にかけての低め。変化球をひっかけさせ、内野ゴロに取る。

③ **苦手ゾーン**　内角高めからストライクゾーンの上半分へ、ぎりぎりボールになる球。右打者なら速球、または右投手のシュート。これは打者の8割方に共通するといってよい。外角低めとの「対角線投法」が基本になる。

ピッチドアウト

捕手に向かって投げるだけが、ピンチ脱出法ではない。投手が9回を投げきるには、合計27個のアウトを取らなければならない。そのすべてを、ピッチングで積み重ねるのは苦しいものだ。そのうち一つでも打者以外から稼げれば、自分自身を助け、ピンチを脱することができる。

そう、走者からアウトを取ることだ。

そのために有効なのが、わざとボールにする「ピッチドアウト」。相手の作戦を見抜き、阻止する目的で投げる。また、相手が「何かやってくる」と感じたとき、投げる球である。捕手が走者を刺すため、野手とのサインプレーを行うため、ピッチドアウトのサインが出される。注意事項を挙げる。

2008年、巨人・西村健太朗はヤクルト戦で田中浩康のスクイズを外した。ピッチドアウトは、ピンチで投手自身を助ける技術だ

【慌てるな】

サインを受けると、落ち着かない投手がいる。外すことを相手に察知されれば、その一球は作戦的に無意味で、ただボールカウントを不利にするだけ。「慌てず」「急がず」「焦らず」。まず走者をしっかり目でおさえる。次にルーティン、モーション、フォームを崩してはならない。その上で、捕手が投げやすい球、投げやすい所に、投球してやること。

【盗まれるな】

盗塁やヒットエンドランを防ぐケースでは、くれぐれもモーションを盗まれないよう注意する。走者によいスタートを切られたら、ピッチドアウトしたかいがなくなる。

【当てられるな】

エンドラン、スクイズを見抜いたときは、打者のバットが届かないところへ投げること。「走者一塁、送りバント」という状況では、高さもコースも、ストライクゾーンの外側へはずす。先の塁へと気持ちがはやる走者が、ベースから飛び出すこともある。右投手対右打者のケースでは、スライダーで外へはずすのもよい。特にサインプレーのときには効果的。

【二重に守れ】

スクイズの状況では、相手がスクイズをしてこなかったときのことも考える。投球と同時に三塁手が前進し、後ろから遊撃手が三塁ベースに入り、捕手から遊撃手へピックオフ。リードしてきた三走を刺す——という2段構えで備える。

［一球でも見せろ］

牽制球だけでは、十分な防御とはいえない。一球でもピッチドアウトしないと、相手の策、動きは止められない。逆に、ピッチドアウトを見せられた相手は、作戦の練り直しを迫られ、その後の戦いでも動きにくくなる。

ピッチドアウトを成功させれば、「自分たちは相手より一歩進んでいる」と優越感を持てる。相手は劣等感を抱き、ムードが悪くなる。首脳陣と選手の信頼関係にひびが入ることがあるかもしれない。

有形無形の力が働くからこそ、投手はピッチドアウトを軽視せず、練習を重ねておくべきだ。

実は怖い変化球

誰もが当然のように投げる「変化球」についても述べておく。

［変化球の必要性］

❶ストレートのスピード不足、コントロール不足を補う

❷配球の複雑化、多様化。打者に狙い球を絞りにくくさせる

❸先天的、能力的に、他人より器用に鋭い変化球が投げられる

本来、150キロ以上のストレートを、コントロールよく決められれば、変化球は不要のはずである。①スピードをやや殺す ②スピードを大きく殺す ③コースへ投げ分ける ④ボール球で誘う――と、直球だけでも投球に変化をつけられる。

打者も、最も打ちづらいのは快速球。日本ハム・大谷翔平が165キロの直球をコースに決めれば、理論も理屈も原理原則も、すべてを吹き飛ばす。したがって、本格派も技巧派も、基本はストレート。この前提を理解した上で、変化球を覚え、使い分けることだ。

理想としては、あまり多くの変化球は覚えない方がよい。変化球は確かに配球の幅を広げるが、球種が多いゆえに、配球の選択に迷い、誤ることもある。打者から見て、よりすぐれた球種がない場合のみ、「数で勝負」の発想でもよい。

【影響】

南海の大エースだった杉浦忠は、晩年、同じアンダースローでもシンカー一球で凡打に仕留めてアウトを取る皆川睦男（睦雄）が、うらやましくなったのだろう。同じシンカーを習得した。するど、ホップして伸び上がるようなストレートが影を潜めた。シンカーは手首のひねりが逆回転になるため、ストレートの切れ、伸びが死んでしまったのだ。

最近では、シュート系の球種であるツーシームを覚えた投手が、体の開きも早くなったことに気づかず、スライダーの曲がりの鋭さが失われた……という悩みを聞いた。シュートは体を開きながら投げると変化をつけやすいためだ。投手自身の特徴、球種の特徴を理解しておかなければ、他の球種や自分の持ち味を消してしまいかねない。

【危険性】

私はよく「スライダーに頼る者は、スライダーに泣く」と諭す。この球は「便利は弱い」を証明する球種だ。

スライダーは、打者がストレートと思い込んでいるとき、ストライクゾーンからボールになるとき、にその価値が生きる。

逆に球速が落ち、曲がり方も少ない分、打者は反応しやすい。特に左投手対右打者（または右投手vs左打者）は、打者にとって体の方へ向かってくるため、コンパクトにたたけば必然的に、左方向（左打者は右方向）へ鋭い打球が飛び、長打になりやすい。

【幻想】

ストンと落ちるフォークボールには、幻想を抱きやすい。「空振りが取れる」「打たれない」と思い込み、勝負球に使うが、高めに抜ければ半速球の棒球。ストライクゾーンからボールにするという原則を忘れてはいけない。

ボールカウントの性質

ボールカウントには、初球（0－0）からフルカウント（3－2）まで12種類ある。これをはっきり意識していない選手は、結構いる。

私もそうだった。南海で若手だったころ、遠征先で尾張久次スコアラーの部屋に立ち寄った。尾張さんは契約更改交渉用に選手の「考課表」を作っていて、これが実に丁寧できめ細かい。ふと思いつき、お願いした。

「相手ピッチャーが私に投げてくる球種やコースを、記録してくれませんか？」

試合後、資料を家に持ち帰り、チェックすると「初球は」「1－0では」「0－1からは」……と、ずいぶん項目が多い。数えてみて、改めてカウントには12種類あると認識したのだった。

それが配球の傾向、投手の癖探しに始まり、南海兼任監督時代の「シンキングベースボール」、ヤクルトでの「ID野球」（インポートデータ＝データを活用する、インポータントデータ＝データを重視する）へとつながった。

カウントごとに、投手と打者の心理は、まるでシーソーのように変化する。投手有利、打者有利、五分五分。カウントにはそれぞれ性質がある。投手はその性質を深く理解しておかなければならない。試合状況を前提にして、カウントによる打者心理を読み取り、ピッチングに生かすのだ。

ピンチや強打者を迎えたとき、簡単に打たれてはいけないカウントは、0－0、0－1、0－2、1－1、1－2。相手が策を打ってくると考えられるとき、動きやすくさせる『作戦カウント』にしないように努めることだ。それぞれのカウントについて、詳しく説明する。

【0－0 投手不利】

初球は五分五分と思われがちだが、実は違う。打者はまだ何の反応も動きも見せていない。どう考え、どう打ってくるかもわからない。だから投手にとって不利だ。

投手の「実力測定球」といえるほど、初球の入り方は難しい。また、「初球のストライクは、試合の90％を支配する」との考え方もある。

勇気とテクニックをもって、初球でストライクを稼ぐ。そこからピッチングの幅を広げ、優位に運びたい。

ほとんどの打者はストレート狙いとみてよい。変化球を狙うには相当の根拠と勇気がいるからだ。ただし、打者のタイプや長所短所、前の打席までの結果球との関連なども考慮する。超積極的なタイプには、初球から勝負球を使ってよい。

コントロールに自信のある投手は、ワンボールになることを覚悟の上で、「様子をうかがう」「次の球を生かす」目的で、初球の入り方を決めてもよい。

攻撃側が作戦を仕掛けてくるカウントでもある。特に、直前の打者を四球で歩かせた後の初球は、要警戒。

【1―0　投手不利】

何とかストライクを取らねばならない。まずはオーソドックスに、投手の持ち味を優先する「投手中心型」の配球で、外角低め直球の原点能力などをもとにして見逃し、空振り、ファウルで稼ぎたい。

すでに一球を投じているわけだから、打者のボールの見送り方、タイミングの取り方、ステップの方向と位置など、小さな動きを見落とさず、洞察力も働かせること。

ピンチのとき、強打者に対するときは、2―0になる覚悟をして、勝負球、凡打ゾーンで打ち取る考え方をしてもよい。

相手の作戦カウントである。要注意。

【2―0　投手不利】

本来なら、してはいけないカウントである。2種類以上の稼ぎ球を駆使して、コントロールよく、データも生かし、とにかくストライクを稼がねばならない。

次打者、得点差、イニング、状況を頭に入れ、決断材料とする。

ピンチのときや、強打者を迎えたとき、アウトカウントによっては、間を入れて考えるべし。

「歩かせるか」「勝負球か」「カウント稼ぎか」「ノースリー覚悟か」のいずれか、気持ちを整理して臨むことだ。

いうまでもなく作戦カウント。特に走者三塁では、スクイズに要警戒。相手に自在な策をとられ、味方は余分な神経を使うことになる。

一方で、超積極的なタイプは別として、打者は意外と油断を見せるカウントでもある。「好きなコース、球種に絞る」「難しい球には手を出さないように」などの考えが起き、ちらりと「四球」も頭をよぎり、見逃しがちになる。原点投球と、やや低めのカーブも有効。

短打者には「待て」のサインも出やすい。

【3－0 投手不利】

稼ぎ球、勝負球、技術力、精神力をフル稼働して、打ち取るしか手はない。日頃から、ストライクを続けて投げられる能力を養っておくことだ。

「待て」か「打て」か、相手の作戦を読むことも重要になる。サインは案外、簡単に出す傾向がある。

打者の頭には、ますます「四球」がよぎる。「打ち損じたらもったいない」「凡打したら批判されるだろう」とのマイナス思考に傾き、消極的になるケースも多い。

気持ちだけは、打者に負けてはいけない。苦しい状況をいかにして、しのぐか。これは一流と二流の分かれ道で、苦しい経験は進歩のもととなる。修羅場の経験として後に生きる。

【0―1　投手有利】

完全に追い込んだ0―2と似た、親戚のようなカウント。3球、4球と使って料理でき、ゾーンを内外角とも15センチずつ広げていける。

一気に0―2へ持ち込めれば最高である。打者の力量や状況が許す限り、追い込んでしまえ。逆に、強打者やピンチを迎えたときは、誘い球、凡打ゾーンを利用して、慎重かつ大胆に攻めること。

内角にも思い切って攻められるカウント。打たれても悔いが残らない投球を心がけよ。守備側のサインプレー、ピッチドアウトなどを使うチャンスでもある。

【1―1　投手有利】

打者は「追い込まれたくない」という心理が強い。そのため幅広く手を出してくる。一方で、まだ追い込まれていない分、スイングに力が入りすぎることもある。ボールになる低めの「ゴロゾーン」が最も有効。

高めへの快速球、低めへのフォークボールの「空振りゾーン」、各打者の「苦手ゾーン」も効果的。タイミングを変えた投法も生きる。

相手の作戦カウントでもあるため、牽制球も入れて、時間をかける。コントロールがよい技巧派は、特に警戒すべき。相手は「バットが届く範囲に投げてくる」と思うため、ヒットエンドランなどの作戦を仕掛けたくなるものだ。

走者一塁でエンドランがありうるときは、一気に1－2と追い込みたい。その際は、カウントを「稼ぐ」より、「勝負をして追い込む」こと。「稼ぐ」イコール「バットに届く」となる。

つまり、このカウントは危険と隣り合わせということだ。「追い込まれたくない」という打者心理に、「ボールになって、不利なカウントにはしたくない」という投手心理がはまってしまう恐れがあるからだ。

決して球を置きにいかず、フォームと腕の振りを緩めず、しっかりコーナーを突くことを、忘れてはいけない。

【2－1　五分五分】

カウントを有利にするか、不利にするかの分かれ道。全力で勝負する。攻撃側は「打者有利」と思い込みがちだ。走者がいれば、大きな作戦カウントでもある。

打者は「待て」のサインが出されることもない。2－2と追い込まれる前に仕留めたいから、打ち気満々。四球が頭をよぎるカウント3－1より、気持ちの踏ん切りもつけやすい。思い切って狙い球を絞り、思い切ってスイングしてくる。

そんな打ち気を利用する手もある。1－1と同じく追い込まれていない分、打者に隙も出る。

また、選球眼の極端に悪い打者には、3－1になることを覚悟して「空振りゾーン」「ゴロゾーン」「苦手ゾーン」を使ってもよい。

【3－1　投手不利】

弱気は禁物。勇気を持って立ち向かうしかない。

超積極的な打者は別として、たいていは四球が頭をよぎる。強打者になると「まともには攻めてこないのでは？」などと消極的になることもある。

ストレート一本狙いの打者が多いが、甘いコースに目付けをして、難しい球には手を出さないように気を付けようという、慎重さも残る。

したがって、原点能力か変化球のコントロールがあれば、3－2に持ち込みやすい。打者には慎重さと、追い込まれていない気楽さが交錯して、ファウルや打ち損じが多いカウントでもある。

自動的ランエンドヒット（一塁走者がスタートを切り、打者は好球なら打つ）、スクイズの作戦カウント。

【0－2　投手有利】

自在なピッチングができる。打者は絶対的に不利。無難に、あらゆる球種とコースに対応しなくてはならず、フルスイングしにくい。一気に勝負をして、片付けるべし。

このカウントで「とりあえず一つ外す」ケースを、たびたび見かける。外角への明らかなボール球や、力のこもっていない高めの球が多い。無意味な一球である。

その元祖は1965年から9連覇した巨人。当時の正捕手・森昌彦（祇晶）から聞いた。

0－2から打たれると、首脳陣に「なぜあれほど有利なカウントで打たれたのか」と叱責され、罰金まで徴収されたそうだ。どのカウントでも、打たれることはあるのに、1－2からだと何も言われない。だからまず外して……。それだけの理由なのだ。

打者を抑える手順は、❶ストライクを稼ぐ❷追い込む❸まとめる——。そのどれにも属さない球を投げるのは、理にかなわない。

どうしてもボールを投げたいのなら、ワンバウンドしそうな低めの変化球で、誘い、打ち取りにかかるべきだ。高めの速球で釣るときは、手加減をせず、「空振りさせよう」と、球に意思をこめることだ。

安易に1－2にしてしまうと、打者も気持ちの整理がつき、打ち気と集中力を高めさせてしまうことにもなる。もう40年以上も前から続く固定観念など、捨てた方がよい。

このカウントでの作戦は、まずない。ただし、走者に無警戒になり、モーションを盗まれたり、0－2だから牽制球はないとヤマを張られ、スタートを切られることもある。

【1－2 投手有利】

打者は「A型」で対応せざるをえなくなる。対応には2通り考えられる。❶直球に合わせて変化球についていく❷変化球をマークしながら、直球をカットするか、直球についていく――。

❷の場合、球がミットに入ってからバットを振り遅れたように見える、いわゆる「着払い」のスイングもよく見かける。

ただ、追い込まれたかどうかに関係なく、常にA型で対応する打者には、一概に「投手有利」とはいいがたい。

最も自信のある球か2番目に自信がある球を使い、かつ打者の弱点を突き、読みを外して、料理せよ。

相手はまず作戦を仕掛けてこないカウントだが、投手の油断と癖を突かれるスチール（自動的ランエンドヒット）には注意すること。

【2－2　投手有利】

フルカウント（3－2）には、原則的にしたくない。特に走者一塁のケースではそうだ。一、二塁の場合、3－2にすると自動的に走られる。分かれ道のカウントでもある。

勝負球で決めるか。弱点、意表、裏を突くのか。いずれかの選択になる。誘い球を使うときは、打者の選球眼のよしあしを基準にする。

相手は「高い確率でストライクが来る」と思っており、大いなる作戦カウント。ヒットエンドランが最も多い。

したがって「3－2にしても構わない」というケースも出てくるだろう。

1－2、2－2という投手有利のカウントで、興味深い例があった。2015年の日本シリーズ第4戦。ソフトバンクの攝津正－細川亨のバッテリーの配球だ。

三回一死一、二塁で、ヤクルト・山田哲人を1－2から見逃し三振。五回無死一塁でも、山田を2－2から、畠山和洋を1－2から、連続で見逃し三振。この3球はいずれも直球だった。

お世辞にも球が速いとはいえない技巧派、攝津の直球で、なぜ見逃し三振が取れたのか。そこに、このカウントの特性が隠されている。

追い込まれると打者のマークは、どうしても変化球の比重が増す。「勝負球の使いどころ」と考えるからだ。フォークボールなどの落ちる球、チェンジアップ、シンカーなどの沈む球が全盛の現代ではなおさらである。

まして技巧派となれば、それらの球種へのマーク度は、いやでも増す。直球に「着払い」どころか、手が出なかったのは、これが理由だ。

この2つのカウントに関しては、「意外と見逃す技巧派のストレート」という言葉も、覚えておくとよい。

【3－2　五分五分】

フルカウントを、私は「醍醐味カウント」と呼ぶ。グラウンドと客席、すべての者が、固唾を呑んで見守っているからだ。

問われるのは、投手の能力と配球の妙である。フルカウントになる過程で、「打者のタイミングが合っていない球」「苦しそうに対処しているコース」「投手が最も安定して調子よく投げられる球」を観察しておくこと。それらの情報に、打者の弱点も考慮に入れて、球種、コースを決定する。

ボールカウントによる
投手と打者の心理

カウント	投手	打者
0－0	不利	有利
0－1	有利	不利
0－2	有利	不利
1－0	不利	有利
1－1	有利	不利
1－2	有利	不利
2－0	不利	有利
2－1	五分	五分
2－2	有利	不利
3－0	不利	有利
3－1	不利	有利
3－2	五分	五分

相手がランエンドヒットで動いてくるのは、覚悟の上だ。バックを守る味方野手にとっては「迷惑カウント」ともいえるが、仕方がない。

当然「歩かせてもよいかどうか」の判断も、忘れてはいけない。次打者との兼ね合い、得点差、イニング、アウトカウントを整理して臨む。

ただ、ストライクで勝負する必要のないケースがあることも、頭に入れておくとよい。

西武でマスクをかぶっていた現役時代。ロッテ戦でのこと。僅差のリードで迎えた終盤、一死一、二塁のピンチで、打席にレロン・リー。投手の松沼博久にフルカウントから「真ん中高めの直球、ボールの釣り球」を要求した。松沼は首をひねり、スコアボードを確認している。私がカウントを勘違いしていると思ったからだ。

「ストライクを投げたら打たれる。ボール球で勝負だ。絶対に振ってくる」と言い含め、その通りに空振りさせた。走者もスタートを切っており、三振ゲッツーで切り抜けることができた。

フルカウントになると、打者は本能的に「必ずストライクがくる。わざとボールを投げてはこない」と思い込む。さらに「あらゆる球種、コースに対応しなくては」と考え、絞りきれない。

そこへ「真ん中」「直球」「高め」——。この3点セットが効くのだ。

内角か外角か、ストライクかボールか、どちらも見極める必要のない真ん中。さらに、変化球ではなく直球。コースと球種のマーク度が薄れる分、選球眼も鈍る。

チャンスであればあるほど、ポイントゲッターになればなるほど、ボール球に手を出すわけだ。

これは「フルカウントの魔力」にほかならない。

目の前の一球は、決して同じではない。流れがこちらに来たり、相手に行ったり……。シーソーのように変化しているのである。

走者を置いた場面での対処

ピッチングは、その8割方が走者を背負ってのものになる、と既にふれた。相手は、走者がいれば何か作戦を仕掛けてくる。その対処も忘れてはならない。

［送りバントを防ぐ］

❶**走者一塁（右打者）**　胸元または真ん中高めの速球でフライを狙う。手先だけで当てようとするバントが下手な打者には、変化球が有効。

❷**走者一塁（左打者）**　外角速球。一塁側に転がしにくい球種やコースだ。

❸**走者二塁（右打者）**　外角低め。三塁側に転がしにくい球種やコース。右投手ならスライダーが有効。

❹**走者二塁（左打者）**　内角速球が基本。カウントに余裕があるときは、高めの速球でフライを狙う。特に打者が投手のときは有効。

［進塁打を防ぐ］

右打者が進塁打を打とうとしているとき、右投手なら内角シュートと内角へのスライダーの配球で。外角の甘い高めの直球は禁物。流し打ちされ

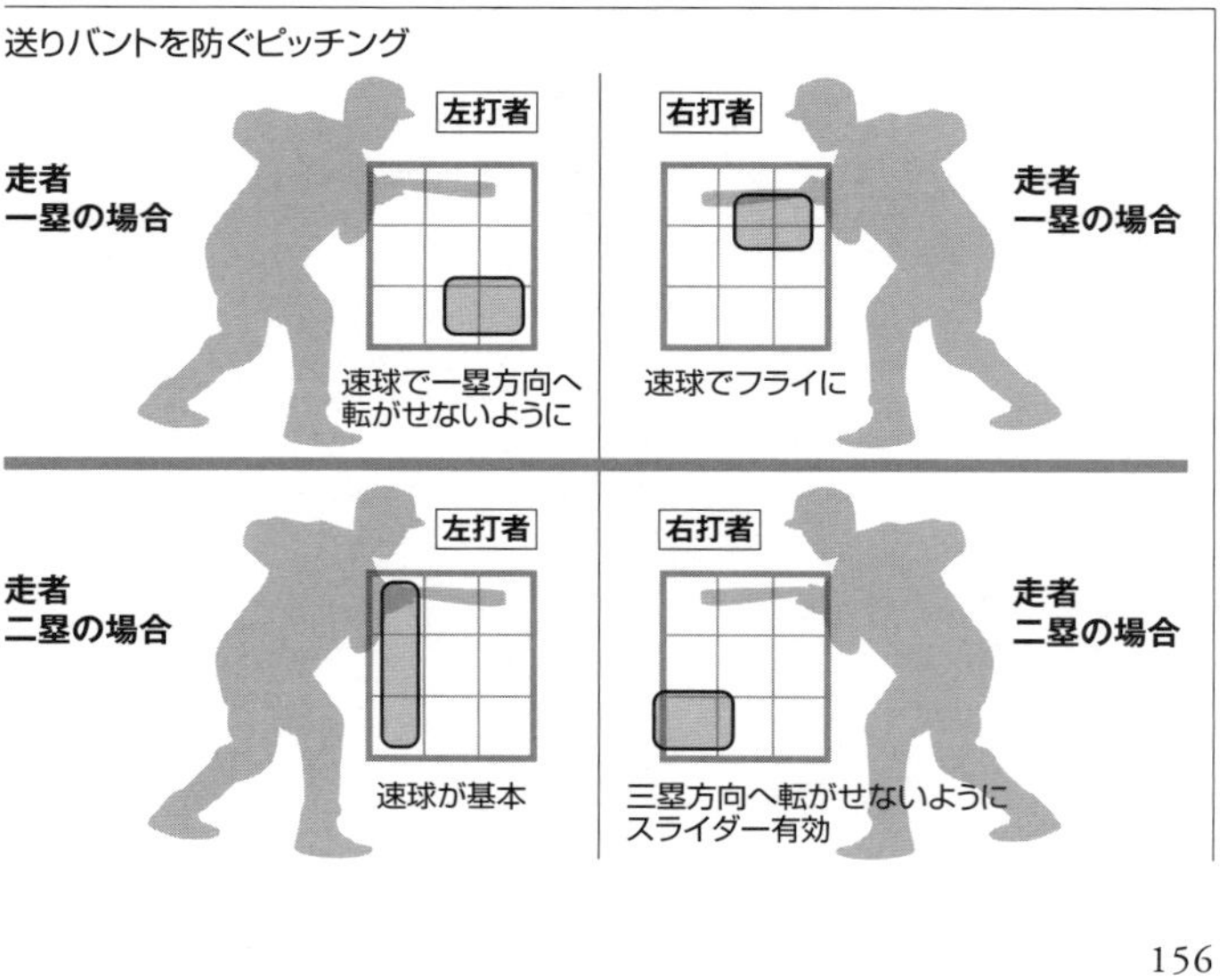

やすい。

左打者には、緩い球を内角に投げないこと。引っ張られやすくなる。内角速球を捨て球に使い、真ん中周辺に落ちる球が有効だ。

【犠牲フライを防ぐ】

ゴロか、三振か、ポップフライで打ち取る。

優先順位はまずゴロを狙う。ゴロゾーンへの配球とボールカウント、相手の打ち気を利用して、ゴロを打たせる努力をせよ。追い込んだら、次に三振を狙う。速球投手なら、ポップフライと三振を同時に狙う。

走者二、三塁または満塁では、右翼や右中間方向に大飛球を打たれないように心がける。1点を取られた上、二走に三塁を奪われてしまう。

【スクイズを防ぐ】

相手のサインを見破るか、雰囲気を察知するかして、ピッチドアウトするしかない。その際、必ずバットが届かないところに投げること。

三塁手とサインプレーを決めて、牽制球で様子を探る努力も必要。

スクイズが考えられる状況では、低めにボールを集め、ゴロゾーンを狙う投球をすること。

走者二、三塁または満塁で前進守備をとっていて、スクイズを決められた場合には、バント処理後の一塁送球をのんびりやらないこと。2ランスクイズを決められる。

【エンドランを防ぐ】

警戒心を相手にアピールせよ。日頃から「このチームはピッチドアウトをよくしている」と思わせておく。牽制球も随所に挟むことだ。

逆に「相手の作戦はすっかりわかっている」「このカウントで仕掛けてくる」など、確信があるときには、無警戒を装っていきなりピッチドアウトをして、防ぐ手もある。

以上のどの場合でも重要なのは、チームを挙げて作戦の見破り方を訓練しておくことだ。カウントによる作戦実施の傾向、選手のそぶりや反応、コーチのサインの出しかたや傾向など、研究を怠ってはいけない。

牽制球

投手が、打者に投げることなくアウトを取れる唯一の方法が、牽制球。投手自身とチームを助ける技術であるから、軽視してはいけない。

まず、癖を作らないことが絶対条件だ。①足幅 ②足の位置 ③肩の高さ ④首の動き ⑤グラブの位置——などに傾向が出ていないか、常にチェックが必要になる。

【一塁牽制】

最低でも2種類、タイミングや投げ方を持っているべきだ。テンポもリズムもかける時間がいつも同じでは、走者の餌食となる。
さらに相手は、牽制の回数をデータ化し、「2球続いたら3回目はない」などとヤマを張ってスタートしてくる。特に左投手は要注意だ。

【二塁牽制】

できる限り首を動かさず、走者を目でおさえる。三盗を決められる原因のほとんどが、首の動きだ。

【三塁牽制】

重要な目的は、スクイズを見破ること。打者の小さな動き、走者の動きを観察する。その際、本当に投球するようなモーションで、三塁へ投げなければ、意味がない。
では、いつ牽制球を投げるか。以下の6つのタイミングがある。

❶捕手のサインを見ている最中
❷セットに入ってからタイミングを計る
❸サインを見終わりセットに入るのと同時
❹捕手をじっと見ている間に捕手のサインで行う
❺二塁に投げておいて、マウンドを降り、野手からボールを受け、プレート板に帰る途中

❻ 遊撃手が三塁方向へ走り、二塁手が二塁に入る

つまり、捕手や野手とのサインプレー、呼吸にかかってくる。

走者の心理を利用した牽制球も大きな武器になる。近年で私が見た中では、２０１３年8月29日の巨人－阪神が好例だ。

阪神の一回の攻撃。一死一、二塁で、一走・鳥谷敬が澤村拓一の牽制球に刺された。ベースから離れた位置で、完全に虚を衝かれた。

牽制球は通常、本塁に近い塁へ投げるものだと思われている。このケースでは二塁。投手が二塁だけを注視して、一度も一塁を見なければ、ますます一走は油断する。

これは、満塁のピンチでも使える。

特に二死満塁、フルカウント。走者が自動的にスタートを切るケース。このとき、最も油断して

2013年8月29日、阪神・鳥谷敬は牽制球で楽々アウト（一塁手は巨人・ロペス）。走者一、二塁の一走で、油断があった

いるのは、やはり一走。そして、最も張り切っているのが、一気に生還しようと前がかりになっている、二走だ。

三塁ではなく、二塁、一塁からアウトを取る。痛快ではないか。

こうしたプレーを成功させると、自分たちは優越感を持てる。相手は劣等感を抱き、ムードを悪くする。牽制も投手の必須科目。「ボークすれすれ」の技術を身につけたい。

投手の守備と打撃

投手の必須科目で、最後の2つは、守備と打撃。「9人目の守備者」「9人目の打者」であるという強い自覚を持たねばならない。

[守備の心得]

投手のエラーは、大ピンチを招き、大量失点の原因となる。

まず、右方向へのゴロ処理には、本能的に、反射的に動けるよう、投手と内野手の「投内連係」で以下の4つの動きを習慣づけておくこと。

❶投手が捕り→一塁手へ
❷一塁手が捕り→投手がベースカバー
❸二塁手が捕り→投手がベースカバー

❹ 一塁手が捕り→遊撃手へ送球して二塁封殺→投手が一塁をベースカバーして併殺

また投手→捕手の、スクイズに対するグラブトス。失点を防ぐ直接的なプレーとなる。

三塁線の緩いゴロ処理は、無理な体勢になりやすい上に、「早く」「強く」が求められる。

一塁線に転がり、走者と重なると、悪送球になりやすい。

バックアップの動きでは、本塁カバーか、三塁カバーかの判断力と、野手と遠すぎず、近すぎずという距離感覚を、同時に養うこと。打たれたショックでマウンドから動けず……という失態は、許されない。

［攻撃の心得］

何をおいても『バント名人』を目指せ。バントの成否は勝敗に結びつく。バントができない投手は、先発から外されても文句は言えない。その覚悟で練習せよ。

スイングはミート主義に徹し、右方向へライナーやゴロを打てるようにしておくこと。投手がバントの構えをすると、相手は厳重な守備を敷いてくる。ヒッティングに切り替えるバスターも作戦上、極めて有効になる。

そして、最後に次のことを強調しておく。

［精神面の心得］

勝敗の鍵は、7割以上を投手が握っている。その責任と使命を果たすため、心身ともベストの状態を保たねばならない。

味方のエラーで足を引っ張られても、態度に出すな。落胆を投球に影響させてはいけない。いつも守備陣や打線に助けてもらっていることを思い出し、早く平常心を取り戻すことだ。

プライベートのゴタゴタもご法度。仕事にマイナスになる要素は速やかに排除し、解決せよ。私生活を大切にして、リラックスする時間、体や頭を鍛える時間を日課に組み込むこと。十分な食事と睡眠も当然だ。風呂上がりの柔軟体操なども、怠ってはいけない。

野球だけ、グラウンドだけ――ではいけない。人生観、社会性、人間学などの方向から、野球を捉えるべきである。投手は特に、人間的成長なくして、真のプロフェッショナルには、なれないと心得てほしい。

エースはチームの鑑

さて、ここからは私なりの「エース論」を述べる。それぞれのチームには「エース」と呼ばれる大黒柱の投手がいる。彼らを語ることで、投手とはどんな存在であるべきかを説明していきたい。

２０１７年現在、巨人のエースは菅野智之だ。彼が16年4月6日の阪神戦で、エースの鑑といえるピッチングを見せた。6安打完封勝利。特筆すべきは制球力。無四死球どころか、打者33人野安打）だった。

と対して、カウント2－0（2ボール0ストライク）にしたことすら一度もなかった。しかも、許したヒット6本はすべて単打。先頭打者を出塁させたのも2度だけ（うち1度はボテボテの内野安打）だった。

常に投手有利のカウントを作り、そこから幅を広げ、見せて、誘った。投手と打者の対決は、つまるところ主導権の握り合い。この日の菅野は、あまねく、得点を許さないための定石を踏んでいた。そのセオリーとは、以下の3カ条である。

❶先頭打者を出さない ❷無駄な四死球は出さない ❸二死からは長打警戒——の3カ条。中でも、先頭への四死球は失点確率7割以上というデータがあるだけに、それを防ぐことが最重要となる。

内野ゴロも12個と多かった。これは明確な努力目標の証しだ。「凡退」には三振、フライ、ゴロがある。フライは狙って取れるものではない。あくまで結果……の類。ゴロは、低めに、コーナーに……などと、打ち取ろうと努力した成果だからだ。

こうした投球は、制球力のよさ、カットボールやツーシームなど信頼できる変化球の存在、そして球速、球威と、3拍子も4拍子もそろっていないと、実行できまい。

菅野は完投数の増加を目指し、指先強化、握力強化に取り組んでいたそうだ。それ以前に私は、ランニングを苦にしないタイプだろうとみる。制球力も球威も、下半身の安定からくるバランスのよさなくして、望めないからだ。

実際、この年の菅野は1月の自主トレから、ランニングとダッシュの量を倍増させ、遠投も増やしていたのだという。

特に先発投手は、「マラソン選手と短距離選手の素養を兼ね備えておく」ことが必要で、常に下半身をよい状態にしておく努力が不可欠になる。投球フォームとは、下腿から腹筋・背筋を通じて肩へ、肩から腕へと力を伝え、ボールに威力を生み出すもの。したがって、下腿こそエネルギー源。下半身の強さとバネは、肩に好影響を与え、スタミナ増進にもつながる。

こうした練習への取り組み方を、他の投手が見ている。これこそエースの存在感である。記録だけではエースと呼べない。チームの鑑になるべきだ。監督が「アイツを見習え」と言えば、全員が右向け右になる。「彼があれだけやっているんだ。俺たちも」と動いてくれれば、細かな号令も必要なくなる。チームの鑑となる選手が一人でもいれば、監督はしめたものである。

エースは「負けない投手」であれ

チームの鑑というだけでなく、「負けない投手」というのも、重要な条件である。私が球を受けた中では、右のアンダースロー、南海・杉浦忠が筆頭だった。

1959年に38勝4敗をマーク。勝ち星もすごいが、4敗しかしていない（勝率・905）ところが驚異的だ。

持ち球はストレートとカーブだけ。ゆったりとしたモーションから、ピシッとリリースする。打者はモーションに合わせて構えているから、差し込まれる。

打者の目には投球フォームが無意識のうちに映り、それが残像となって脳裏に張り付いている。まさにその極致である。

ストレートは狙われていても、まず前に飛ばされない。空振りか、後方へのファウルになった。第1ストライク、第2ストライクと、段階を経てスピードをアップさせる芸当も、持っていた。ストレートで難なく追い込み、あとはカーブ。これがまた大きく鋭い。ボールゾーンからググッと急ブレーキがかかり、ホームベース上に曲がってくる。

右打者は、背中の方から球がくるから、思わずよけて、見逃し三振。

左打者だと、もっと珍しい現象にお目にかかれた。曲がりが大きすぎて打者のどてっ腹にぶつかり、「しまった、死球だ」と思った瞬間、球審が「ストライク！」。打者はバットを振っていて、空振り三振。

正直、私は杉浦の球を受けていて、面白みは感じなかった。コースや球種を駆使し、打者の狙いや反応を考慮し……などと、リードを工夫する必要がなかった。「打たれない」のだから、負けない投手であるのも当然であろう。

「負けない」と「勝つ」は、似て非なるものだ。厳しい試合を乗り切っての1－0での勝利。チームが苦境のときの1－0での勝利。「トータルの20勝よりチームを救う1勝」。これをもたらしてくれるのが、エースだ。

改めて59年の杉浦の成績を振り返る。134試合中69試合に登板して371回1／3を投げ、38勝4敗、防御率1・41、336奪三振。19完投9完封。無四死球試合9。最多勝、最高勝率、最優秀防御率、最多奪三振、そしてMVP。

登板の半分近くはリリーフでフル回転。現在のルールなら、20セーブは挙げていたはずだ。巨人との日本シリーズでは4連投4連勝で、日本一の立役者になった。まさに、滅私奉公。個人の欲、個人の成績にとらわれず、チームの勝利のために投げる。これもまた、エースの絶対条件である。

チームのために投げるエースとは出会うもの

個人の欲と成績にとらわれず、チームのために投げる。現代では、これが難しい。投手の分業制が進み、先発投手はクオリティースタート（6回を投げて自責点3以下）であればよしとされる時代だ。もっとも大リーグでも、ここぞのプレーオフ、ワールドシリーズとなれば登板間隔を狭めて、連投、リリーフもいとわないケースもある。

思い出したのは、南海での現役時代。近鉄・鈴木啓示のエピソードだ。ある年、近鉄は優勝争いをしていた阪急との直接対決で、九回に得点を許して、競り負けた。翌日の南海戦。私は試合前、近鉄監督の西本幸雄さんに歩み寄り、「なぜきのう、最後に鈴木を出さなかったんですか？」と尋ねた。

「それはわかっているけど、アイツ、リリーフしたがらないんだよ。お前、ちょっと言ってやってくれよ」

球界の大御所に頼まれては、ユニホームの違いなど関係ない。「鈴木よ、エースならエースらしく自分から『いきましょうか？』くらいの気持ちはないのか」と問いただした。

「無理をして、肩を壊したら、誰が面倒をみてくれるんですか？」

これは話にならんわいと、あきらめた。どこまでも個人優先で、チームを考えないのであれば、あくまでエース〝格〟であって、エースではない。個人の欲と成績にとらわれるな、トータルの20勝よりチームを救う1勝をもたらせ、チームの鑑であれという条件から、ことごとく外れている。

野球は団体スポーツであり、チームが勝ってこそ自分も生きる。中心なき組織は機能しない。「無理をしたら損をする」という発想では、中心選手にすら据えられまい。

このチーム優先主義は、教え込んで備わるかといえば、そう断言できないのがもどかしい。だから「エースは、作れるものでも育てられるものでもない。出会うものだ」というのも、一面の真理である。楽天で出会った田中将大は、チームのために投げることができる現代では稀有な存在だった。

伝説のエース・稲尾和久の原点

2013年、田中はレギュラーシーズンで24勝無敗、1セーブをマークした。巨人との日本シリーズでも、第6戦で160球で4失点完投。この年、初の黒星がついたが、3勝3敗で迎えた翌日の第7戦で志願のベンチ入り。九回にリリーフして胴上げ投手になった。

エースの条件である負けない投手、チーム優先を貫いた。

私と田中の出会いは07年。スライダーを一目見て、1年目から先発で使った。「鉄腕」「神様仏様」と呼ばれた西鉄・稲尾和久以来のスライダーだと感嘆したからだ。フォークボールも決め球。外角低めに伸びる速球も、稲尾に劣らなかった。

ただ、コントロールを含めた投球術全般でいえば、稲尾の右に出る者はいない。私にとっても癖を見破ったり、その裏をかかれたり、切磋琢磨してきた最大のライバル。その、半ば笑い話のような伝説を披露したい。

針の穴を通すようなコントロールで、打者だけでなく、球審も自分のペースに巻き込んだ。特にストライクゾーンが外角に広めの球審と当たると、お手上げだった。

「これ、ストライクでしょ？」「じゃ、これは？」「ここは!?」という具合に、一球ごとにボール半個分、外へズラしていく。わずかな差の連続だから、最終的にバットが届かない所にきても、球審はつい「ストライク」と判定してしまう。

2ストライク後に、捕手が外角へ構えた段階で、球審は右手の親指を立てて待っている。どうせコーナーにきっちり来るからと、「ストライク」の準備をしていた。

ピンチで珍しく、ど真ん中に投げた。打者が見逃すと、「ボール！」。稲尾が「なぜですか。ど真ん中じゃないですか！」と抗議すると――。

「ど真ん中だから、いけないんだ！」。稲尾はすぐ引き下がったそうだ。「お前ほどのコントロールの持ち主が、ピンチでど真ん中に投げたらいかん」。そういう戒めと受け止めたらしい。嘘かまことか……。いずれにしても、それほど制球力があったわけだ。

実家の家業は漁業。幼いころから船の櫓をこがされ、自然と下半身も上半身も鍛えられ、バランス感覚を身につけた。板子一枚下《いたごいちまいした》はなんとやら……で、度胸もついたに違いない。

大分・別府緑丘高時代、中央球界では無名。プロ入り当初はもっぱら打撃投手。そこでもコントロールとスタミナが磨かれた。中西太、豊田泰光ら西鉄の強打者が「アイツの球、打ちにくいですよ」と三原脩監督に進言。先発に抜擢された。経験や経歴も、今の投手とは大違いであった。

エースから「リリーフエース」になった江夏豊

私が球を受け、対戦した中では、南海・杉浦忠、西鉄・稲尾和久が2大エースだった。実は、2人のプロ野球人生は、杉浦が通算13年（１８７勝）、稲尾が14年（２７６勝）。決して長くはない。先発完投型でかつ、リリーフにも回る。「太く短い」典型だった。

対照的に、先発完投型から、リリーフ専門に転身し、「優勝請負人」とまで呼ばれたのが、江夏豊だ。

「伝説のエース」を語るうち、「伝説のリリーフエース」に話が及ぶことになるが、彼の成功例は、組織に必要な「適材適所」の代表格でもあるので、取り上げたい。

江夏は私が南海の監督だった１９７６年、阪神からトレードで移籍してきた。阪神での9年間で通算１５９勝。71年のオールスターで9者連続奪三振を記録した豪腕も、移籍時には左肩痛、左肘痛に加え、左腕の血行障害も抱えていた。

全力で60球も投げると、握力が極端に低下する。腕立て伏せをやらせてみると、巨漢であることも影響し、なんと1回しかできない。絶頂期の球速、球威、スタミナは消え、先発完投型としては多くは望めない。

一方で、すぐれた武器は健在だった。

❶キャリア❷コントロール❸打者との駆け引き❹集中力❺勝負度胸――これらを生かすには、リリーフエース！　そう考え、転向を説得した。

本人にすれば、人気のセ・リーグから、当時斜陽のパ・リーグに移っただけで〝都落ち〟の感がある。先発からリリーフ専門になるのは、二重の都落ち。「ワシは太く、短くでええ」。頑として首をタテに振らない。主に先発で起用しつつ、説得すること10カ月。

「華々しい先発も悪くないが、お前なら本当のリリーフ投手として、新しい分野を開拓できる。専門職確立の草分けになれる。野球に革命を起こそうや」

「革命……か」

何気なく出たフレーズに、目を輝かせた江夏は「監督がそこまで言うなら、ひとつ、やってみるか」。翌77年、リリーフ専門に転向した。

そして、広島移籍後の79年、リリーフ専門職として初のＭＶＰを獲得。まさに革命である。

同年、近鉄との日本シリーズでは、第7戦で無死満塁のピンチを切り抜けた。稼ぐ、誘う、捨てる、まとめる。持てるボールのすべてを出して打ち取り、ベンチの気配、打者の構え、走者の動きをいち早く察知して、スクイズを外した。芸術的な投球の極致は、今も語り継がれている。

第4章 捕手論

捕手の時代

実は、私のノートの中では、捕手編は投手編の半分もページを割いていない。私は捕手出身だから、監督になってからも、チームの捕手たちには直接指導することが多かったためだ。

ヤクルトでは、古田敦也をベンチで自分の前に座らせていた。楽天では、嶋基宏が私の横に立って〝説教〟されるシーンを、よくカメラマンに撮られたものだ。

試合は生きている。展開は刻一刻と変わっていき、捕手の指一本で大きく勝敗が左右されてしまう。「あの場面、もう一度やらせてくれ」とほぞをかむことが、どれだけ多いか。だから試合中でも「なぜストレートだったのか？」など、配球の根拠を問いかけ、別の道はなかったのかどうかを考えさせた。

プロ野球は、大監督の時代、大投手の時代、そして捕手の時代へと進化を続けてきた。

大監督の時代は、戦後の混乱期からプロ野球が再興していく過程。１９５０年代以降、水原茂（巨人）、三原脩（巨人、西鉄など）、鶴岡一人（南海）は絶対的な父権主義で選手を導いた。川上哲治（巨人）、西本幸雄（阪急、近鉄）もこの流れをくむ。

大投手の時代は60年代。金田正一（国鉄、巨人）、杉下茂（中日）、稲尾和久（西鉄）、杉浦忠（南海）ら各球団の「大エース」が先発に、リリーフにとフル稼働。剛腕、鉄腕と呼ばれた彼らは、一人の力でチームを優勝へ、日本一へと導いていた。

その後、巨人のV9(65〜73年)に時期が重なるように、野球は進歩してきた。シンキングベースボール、データ野球が、阪急、南海、巨人を先駆けにして12球団へと広まった。守備シフト、多彩なサインプレー、さらに相手のサインを盗む(解読する)技術まで……。

また、投手の分業制が進んだ。巨人では「8時半の男」宮田征典が、南海でも佐藤道郎が抑え投手(当時は2〜3イニング投げるのは当たり前)を務めた。

野球の進歩の結果、捕手の重要性が認識されるようになった。データを駆使して次の一球、ワンプレーを選択する。分業化された投手の個性を把握した「リード」で文字通り勝利へと導く。まさに「扇の要」として、捕手の存在価値は高まってきた。いつしか、「優勝チームに名捕手あり」と言われるようになった。

野球は日々、刻々と進歩している。変化球の主流は、ツーシーム、カットボールなど、球速があって小さく動くものに変わってきた。投手論の章ではボールゾーンの効用を説明したが、近年ではストライクゾーンの中で球を動かし、球数を減らす方向に進んでいる。進歩にいち早く対応していくのが、捕手の務めだ。

捕手は守りにおける監督

生涯一捕手――。

私にとって、座右の銘の一つになっている。

1977年秋、南海の兼任監督を解任された。幸運にも、ロッテなどから、選手としての獲得オファーがあった。一方で「監督まで務めた男が……」と、潔い引き際を求める外野からの声も聞こえてきていた。

迷いに迷っていた私は、妻（沙知代）を通じて親交があった、評論家の草柳大蔵さんに相談した。

「もう少し、捕手をきわめてみたいと思っているんです」

素直に明かした私に、草柳さんは教えてくださった。

「『生涯一書生』という言葉もありますからね」

生涯勉強を重ね、一つの道をきわめる。「生涯一書生」は、作家の吉川英治も好んで使った言葉だという。なるほどと思った。

「それなら私は『生涯一捕手』ですね」

なぜ、〝生涯一打者〟ではいけなかったのだろう。南海を去った77年までに、通算で2813

本のヒットと、645本の本塁打を記録していた。〝一打者〟であれば代打も、DHもある。一方、「一捕手」は苦しいだけだ。42歳ともなれば肩だけでなく、足腰も衰えを隠せなくなっていた。

それでも、「生涯一捕手」と口にしたのは、捕手が「守りにおける監督の分身である」ことに気づいていたからだ。

9人の守備プレーヤーのうち、捕手だけがフェアゾーンの外側にいる。残る8人と向かい合っている。そして、ベンチに一番近い。

野球は、こと守備においては、捕手が指示を出さなければ始まらないようにできている。捕手が投手に球種のサインを出す。走者を出せば、ベンチの指示を受けて、守備のシフト、トリックプレーなどのブロックサインを出す。捕手の指先の動き一つで、勝敗が決してしまうことは、多々ある。野球は「筋書きのないドラマ」といわれるが、捕手は指で脚本を書く。書き誤れば、筋書きが変わり、筋書きがなくなることもある。

捕手、中でも正捕手は、自軍が守備につくたびに、監督からの「全権委任状」を受け取っている。だから捕手は「自分は、守っている間は監督なのだ」という意識と誇りを持ち、それこそが捕手の醍醐味と思うべきだ。

何より必要なものは責任感と使命感、そしてチーム愛である。個人成績など二の次。責任感は知恵を生むエネルギーになり、チーム愛は非利己的な研究心を呼び覚ます。

チームの野球博士、研究熱心な勉強家でありたい。投球論、打撃論、投手心理、打者心理などの知識に長じてくれれば、野球に対する目の付け所が必ず変わる。

これが、「生涯一捕手」を目指した理由であった。

捕手は「補手」「修理工場」

1995年、西武とのオープン戦だったと記憶している。ヤクルトの6年目捕手だった野口寿浩が、岡林洋一とバッテリーを組んだとき、こんなことを言った。

「リードは難しいけど、岡林さんはコントロールがいいので、考えるのが楽しい」

このコメントを翌日の新聞紙上で目にして、思わずにんまりしたのを覚えている。正捕手に古田敦也がいたため、野口の出番は限られていた。それでも必死に考え、リードをしているのだなと知ったからだ。

野口はその後、出番を求めてトレードを志願し、やがて球団はその希望に応えた。98年に日本ハムに移籍してから正捕手となり、阪神ではいぶし銀の活躍を見せて2003、05年のリーグ優勝を縁の下で支えた。

「捕手」は「捕り手」と書くが、私は『補手であれ』と説く。

投手の「補い手」でなければならない。既に述べた通り、投手は「打てるものなら打ってみろ」と、最高の球を投げ込むことに徹し、その球を打たれたら仕方がないというプラス思考。捕手は「打たれないためにどうすべきか」「打たれたらどうすべきか」を常に考え、投手を前向きに導くマイナス思考。だからプラスとマイナスで、バッテリー（電池）になる。

「補手」になるためには、投手を思いやり、目配り、気配りを随所に発揮することだ。

また、捕手は「投手の修理工場」になることができる。

投手が、制球を乱したり、本来の調子と比べ今ひとつであったりしたときには、捕手が素早く立ち直る方向へと導くのだ。構える位置を変えて、制球難に対処する。その日使える球種、使えない球種を判断し、配球の組み立てを変える。弱気になれば「思い切って来いよ！」と声をかける……。投手はガラス玉、というほど繊細だが、捕手の磨き方一つで、ダイヤモンドの輝きを放つ。

こうして信頼が生まれる。捕手がピンチでストレートのサインを出したとする。投手が「こんなところでストレート？ 大丈夫かな……」と思うか、「アイツが『ストレートで来い！』と言っているのだから、思い切っていこう」と思うかで、球威そのものが変わってくる。おのずと結果も違ってくる。

黒子に徹し、陰の力となって、理想主義や完璧主義を貫く。謙虚の中にガッツがあり、功は人に譲る姿勢で臨む。どんなピンチでも冷静沈着、配球の妙を感じさせる。そんな完全な人間など、いないよ。その通りだが、こうした条件を備えた捕手を理想として、日々努力してもらいたい。

捕手に必要な5つの力

「右目で投球を見て、左目で打者を見ろ」――。私は、捕手を指導するときに、こう要求する。剣豪といわれた宮本武蔵は、「五輪書」の中で、『観見《かんけん》の二眼《にがん》あり』と説いている。肉眼で「見る」ことと、心の眼で「観《み》る」こと。姿や形だけでなく、その奥にある考えまで見通すことの重要性を説く。

捕手には、絶対に必要な5つの力があると私は考えている。それは以下のようなものだ。

【分析力】 相手打者をある基準のもとに分析すること。投手論で述べたが、打者の変化球への対応をまとめたA型からD型の分類も一つの基準だ。

【観察力】 打者がボールを見逃したときのステップのしかた。タイミングに合っているかどうか。打席の中で見せるしぐさ。トップの形の崩れ……。これら打者の反応は、すべてが次の球を決めるヒントになる。

【洞察力】 反応を観察した上で、打者が打席でどんな考え方をしているのかを見抜け。相手チームのサインの解読に努めよ。相手ベンチにいる選手の表情、ムードから作戦を読め。他人の頭の中、心の中を完全に見抜くことなど不可能で、間違えることもあるが、気にするな。自分の目を信じて洞察を重ねれば、やがて間違いは減る。

【記憶力】 一試合すべての球を記憶しておくのは難しい。まず、各打者に対して、初球をどんな球種から入ったかを記憶しておけ。次に、各打席の最後の球（結果球）を凡打、痛打を問わず記憶せよ。どんな打者でも、初球と結果球は頭の中にあり、前打席の初球、結果球から狙いを絞っていくものだ。

【判断力】 試合の状況をしっかり把握した上で、打者の攻略法を組み立てること。状況には得点差、イニング、走者、勝ち越し機か同点機か、アウトカウント、ボールカウント、投手の能力や疲労度……などがある。一球一球、投手と打者の心理が変化することはP144の「ボールカウントの性質」で述べた通りだ。

2011年8月24日、東京ドームでの巨人－阪神。1－1の八回に阪神・金本知憲が巨人・内海哲也から決勝本塁打を放った。当時43歳だった金本の打率はこの時点で・205。衰えは隠せず、打順も7番に下がっていた。

そんな金本が本塁打した要因は2点。カウント0－1と追い込まれておらず、思い切ってスイングできた。また、左の強打者が左投手と対する場合には、体が開いて、力を爆発させるための「支点」となる投手側の肩や尻や膝などの壁を崩されないように、遠くへ逃げる外角へのスライダーに目を付けておく傾向がある。だから不振でも、本塁打にできた。

当時の捕手、阿部慎之助が5つの力を駆使して慎重に吟味していれば、本塁打を防げた可能性もあったはずである。

名捕手への3段階

捕手ほど損な役回りはない。大向こうをうならせるような爽快、痛快なプレーなどない。好リードをしたところで、歓声を浴びないどころか、お客さんの目に入らないことも多い。第一、マスクをかぶっているから、素顔も見えない。

近年のプロ野球では、複数ポジションをこなす選手が増え、方針に掲げるチームもある。外野には3つの枠があり、外野手ながら二遊間の内野手としても、水準以上の守備ができる者もいる。

だが、捕手の座は一つしかない。2014、15年と日本シリーズを連覇したソフトバンクは、日本一の舞台を経験した実績のあるベテラン捕手が複数いたが、これは例外。できるだけ捕手を固定することが望ましい。

正捕手、名捕手になるためには、以下の3段階がある。

【第1段階＝原理原則を知る】 打撃論の勉強と、相手打者の観察と分析をし、配球の原理原則の知識を得た上で、投手をリードする。

【第2段階＝投手を知り、投手を生かす】 味方投手をどう生かし、どう好投させるかを考え、黒子に徹して試合に臨む。その日の中心になる球種を軸に組み立てる。投手の心理状態、精神状態を把握し、さらに当日のコントロールの精度や疲労度を察知しながらリードする。

【第3段階＝打者を知り、打者を見抜く】 何よりも洞察力を駆使し、打者の考えを見抜く。打者をよく観察し、分析をした上で、その打席での反応や心の動揺を察知して、試合の状況を頭に入れながら、次の一球を選択していく。

少なくとも第1段階を知っておかなければ、1軍にいることはできない。正捕手としては第2段階が必要。第3段階まで進めば、もはや名捕手のレベルである。

捕球術

捕手に必要な技術を具体的に説明していきたい。

捕手の仕事の第一は、やはりキャッチングである。ただ捕るだけでなく、次の動作に備えたものでなければならない。

捕手は99％以上が右投げなので、以下すべて、右投げを例に説明する。

【構え】

両足は肩幅よりやや広め。左足のかかとの線に、右足のつま先を合わせる、そのつま先は一塁方向へ向け、右サイドの守備範囲を広げておく。

【ミット】

ミットは常に体の真ん中に置く。決して反動をとったりせず、静止したまま受ける。右手は、走者が動かないかぎり体の後ろに置き、けが防止に努める。

一度ミットを構えた後、一瞬だけ下向きに閉じ、投球に合わせて開いて捕る者が多い。この癖はなくすべきだ。

閉じて、開いて、というリズムを作ると、もし、ワンバウンドやコースを外れた球が来たら、このリズムのせいでミットを閉じる呼吸が入り、反応がコンマ何秒か遅れる。

また、下向きに閉じてから開くため、力が上方向に加わる。そこに球威がある低めの球が来れば、ミットを下方向に持っていかれ、ボールと判定されかねない。

【捕球まで】

構えに癖をつくるな。コースには寄らない方がいい。投手によってどうしても寄らなければならない場合には、投球モーションに合わせ、遅めに構えよ。最近の捕手では、巨人・小林誠司は寄るのが早すぎるようで、打者に見られないかとハラハラする。

際どいコースにも横着せず体を動かし、できるだけ正面近くで捕れば、球審を味方にできることがある。捕球直後にミットをわずかに動かす「カンニング」をしないこと。かえって球審に

「だまされてたまるか」という心理が働き、不利な判定になる恐れがある。

【パスボールへの備え】

サインを出し終えて捕球体勢に入ったら、常にパスボールに注意しつつ構える習慣をつける。守備範囲を広げるのはもちろん、いい送球をするために、欠かせないのがフットワーク。日頃から下半身強化、フットワーク練習を積むこと。

ワンバウンド処理に精を出せ。フォークボール全盛の時代である。ランナー三塁でも、自信を持ってフォークのサインを出せるまで上達せよ。

ヤクルト監督時代の1995年8月22日、広島戦。6－2の七回一死一、三塁。広島の4番・江藤智に対するヤクルト・石井一久の初球、内角球がワンバウンドとなり、捕手・古田敦也は後方にそらした。三走が突っ込んできたが、バックネットからはね返った球が古田の足元に真っすぐ戻り、飛びついてタッチアウトにした。

強運に見えるが、古田には備えがあった。一走の盗塁に備え、やや半身に構え、つま先立ちで座っていた。しかも低めへの要求が多く、ワンバウンドも予測済みだった。捕球できなかったが、次に「三走の生還は許しても、一走に三塁までは行かせない」と素早く対応。そこに球がはね返ってきた。準備が運を呼び込んだ典型である。

サインの出し方

捕手は、指先で試合を動かす。サインは、味方にはわかりやすく、相手には読み取りにくくしなければならない。

球種のサインは、右太ももの股間近くに手を置いて出す。手の位置は股の間から見えてしまってはいけないので、股の下から指が出ないようにすること。三塁ベースコーチに見られないように、左膝あたりにミットを置き、サインを隠せ。

構える位置にも神経を使う。できるだけ投手に近い方がよいが、打者のバットスイングでミットをたたかれない位置に構える。走者一塁で左打者を迎えたときには、走者が死角に入らないよう、見える位置まで下がったほうがよい。わざと打者の視界に入る場所で構え、迷わせて配球に生かすのもいい。

さて、ここからは昔話として読んでほしい。

現在では、捕手のサインを盗み、球種、コースを伝達することは禁じられている。高校野球で、二塁走者がヘルメットに不用意に触れるなどして、審判団から注意を受けていることがある。たとえサインの伝達をしていなくても、紛らわしい動作をとらないように、というわけだ。

現在はデータだけでなく、全球団の全試合のプレー映像がやすやすと手に入る時代だ。得られる情報が増えたため、〝スパイ行為〟は無駄で不要なものになった。昔は違う。相手を上回る情報を得られれば、優位に立てた。そのため〝スパイ合戦〟が横行した。

私が現役だった1960年代以降、相手捕手や三塁ベースコーチが出すサインの解読法、打者への伝達法の革新は、技術、作戦の一部だった。先進的だったのは西鉄、巨人、阪急などで、南海もそこに加わった。

捕手は「サインが盗まれているかもしれない」という前提から戦いが始まるから、必死だった。73年、巨人との日本シリーズ。普通のサインでは駄目だと思い、2段階に分けることを思いついた。股間から出す前に、しゃがみこんで巨人ベンチの様子をうかがう瞬間に、第1段階のサインを出すようにした。

中腰で、顔は巨人ベンチに向き、両手は膝に置く。右手の親指を手の中に隠したらカーブ系、出したままなら直球系。その上で第2段階として、股間からカーブかスライダー、直球かシュート、のサインを出すといった具合だ。

それでも後になって、森昌彦（祇晶）に「ノムさん、膝の上の手の動きがぎごちなかったから、わかりましたよ」と言われた。プレーオフからテストを繰り返していたからか。もっとも、それがシリーズの敗因ではないが……。

その後、乱数表を用いたサイン伝達も行われたが、試合時間は長くなる、機密保持のためトレードもできなくなる――とプラス面は皆無。何より、次に来る球がわかって打つのでは、打者の技術は向上しない。野球の楽しさを守るためにも、スパイ行為禁止が必要なことは言うまでもない。

だがそれとは別に、捕手は正しい構え方、サインの出し方を知っておかなければならない。

送球動作

捕球動作と送球動作は連動している。したがって捕球が上達しないと、送球も上達しない。

❶ミットの芯で捕る

❷捕ってから送球体勢に入るのではなく、ミットに収まるほんの少し前から始動する

❸始動は足の運びから

❹下半身を十分使い、右腕に力を入れない。力まない。慌てない

以上の4点を動作の基本にし、「早く→正確に→強く」の優先順位を徹底して守ることだ。

送球は、各自に適した投げ方でよい。肩の強弱によって投げ方、足の運び方は変わってくるものだ。

だが、やってはいけないことは共通している。膝が伸びること、上体が伸びきってしまうこと――の2点。これらは、下半身を使えていない証拠。膝にゆとりを持ち、力まず、リリースポイントを前の方に置くことで、正確な送球ができる。足が動けばすべてうまく動くのであり、だからこそフットワーク練習は欠かせない。

二塁への送球で最も難しいのは、右打者の内角低めのコースの球を受けたとき。捕球直後に①左足に右足を近づけ ②左足を二塁方向に踏み出すが、右打者の内角球では、打者が邪魔になり①が難しい。打者の体近くへの投球に対してのフットワークを体に覚え込ませておかなければいけない。

私は無名の公立校（京都・峰山高校）出身で、高校時代には夏の京都大会で通算1勝しかできなかった。そのため、打撃に自信はあっても、守備の知識はまるでなく、ボールの握り方さえ知らなかった。

1954年の南海入り直後、先輩とキャッチボールをしていると「お前、コントロールが悪いなあ。どんな握り方をしているんだ？」と聞かれた。握りを見せると叱られた。人さし指と中指を2本の縫い目に沿うようにしていた。今でいうツーシームの握りで、軌道が安定しないのも当然。縫い目に対して直角に指をかけるフォーシームの握りに直された。

1年目の終わりに解雇されかけ、頼み込んで残留できたと思ったら、2年目には一塁手転向を命じられた。当時の南海には、飯田徳治さんという不動の一塁手がいて、このままではお先真っ暗である。なんとか捕手として認められなければと、守備練習に必死に取り組むようになった。

居残りで、同じテスト生出身の仲間と遠投を繰り返した。3カ月ほど続けて、ようやく送球の軌道が安定し、コツをつかんだ。肩の強化は、砂を詰めた一升瓶を使ってトレーニング。その後、捕手出身だった2軍監督の松本勇さんに「捕手に戻してください」と頭を下げ、フットワークなどの基本を教えてもらった。

現在では、プロ入りしてから基本を一から学ぶような者はいないだろう。それでも、基本を忘れてしまう者はいる。捕球、送球、フットワークと、各自でチェックポイントをつくり、練習に取り組んでほしい。

フライの捕り方とバント処理

捕手の守備は難しい。なぜなら、投手を含む他の8人の場合は基本的に前から打球が飛んでくるが、捕手の場合は逃げていく打球を処理することになるからだ。

守備陣の中で一人だけ、フェアゾーンの外側にいて、しかも座っている。バントを処理しようとすれば、打者が邪魔になる。フライは頭上高くに舞い上がり、スピンがかかればバックネット方向まで後退して追わなければならない。

［バント処理］

打者がバントの構えをしたと同時に右足を引き、打球を処理するためにいいスタートを切る準備をする。大事なのは、まず捕手自身が処理するつもりでスタートを切ることだ。

バントされたと同時に打球に近づき、大きな声で送球する塁を野手に伝える。

動いている打球は必ず両手で処理すること。ミットでゴロの勢いを止めておいて、右手でつかむイメージで、両手で対処する。止まっているボールは上から、少し動いているボールは下からつかむように。

三塁線に転がったゴロを一塁へ送球する場合は、背中を一塁方向に向け、1回転して一塁へ送球する。三塁に送球する場合には、横手か下手で投げるとよい。逆に一塁線へ転がった場合には、右回りしながら処理する。

その他のゴロの場合には、送球する塁と一直線のコースを取ること。

【フライの捕り方】

風の強弱と方向、太陽の位置、グラウンドとファウルゾーンの広さを頭に入れておくのは、試合前の基本作業である。また、打球の回転によりどの方向へと切れていくのか、飛球の性質をよく覚えておくこと。青空や風の強い日は、特に捕球が難しい。事前の練習は不可欠である。

基本的に、野手が捕れる打球であれば、すべて優先して任せること。打った瞬間から打球を目で追えているのは、野手の方だからである。

フライが上がった瞬間にマスクを外す者がいるが、必ずしもよくない。一瞬でも打球に対して目を切ることになりかねない。小フライや足元のゴロであれば、マスクを付けたままでよい。高いフライが上がって余裕があるときは、落下点を確認した後で、マスクを遠くへ投げ捨てる。近くに捨てると送球時につまずく恐れがある。

落下点に迫ったら、ボールが落ちてくるまでは両手は下ろしておく。捕球動作に入ったら、目と打球を結んだ線上で捕球する。

正直に打ち明けるが、私はフライの処理が大の苦手だった。一塁手、三塁手はそれを頭に入れて、広く守ってくれていた。捕球ミスが多い捕手がいれば、個人の問題とせず、チームとして声かけなどの連係の練習を積み重ねておくべきだ。

クロスプレー

本塁でクロスプレーに備え、捕手が野手からの返球を待つ際には、体重をやや前にかけ、楽な姿勢でいること。捕球と同時に左へ向き、右膝を地面につけ、両手でボールをしっかり握ってタッチする。間一髪のときは、シングルキャッチで素早くタッチした方がコンマ何秒か早くなる。

送球がそれたらベースから離れ、一塁方向の場合には走者に走り寄ってタッチ。三塁方向なら、走者が滑り込んでこなければ背中に、滑り込んできたら腰を落として足元にタッチする。

送球のバウンドが強かったり、難しいバウンドになったりしたときは、後方に下がらず、できるだけ前に出て捕球すること。アウトにできるならタッチする。アウトにできない場合は、後方にボールをそらさないことが先決になる。打者走者や他の塁に走者がいるときは、すぐ次のプレーに入る。

右の「アウトにできるならタッチする」という消極的な表現が、まさか捕手の「基本プレー」になるとは、思いもよらなかった。コリジョン（衝突）ルールの、2016年からの導入である。私のノートには、当然ながら「ブロックの方法」も書き残している。だが、捕手がホームベースの前に位置しなければならない現行ルールでは、ブロックはほとんど無用のものになった。野球に限らず、危険回避が何より優先される昨今のスポーツの流れではやむを得ないのかもしれない。

捕手は、守備における監督と書いてきたが、本塁を守る最後の砦でもあった。走路を空けて待っていなければならないのでは、砦にはなりえない。アウトかセーフか、というぎりぎりの攻防が、野球の醍醐味の一つであるのも事実だ。

コリジョンルール導入時には、「返球がホームベースから三塁方向にそれた場合には、ベースの後方に下がってから捕球するようにしてほしい」との説明もあったという。送球がそれることが事前にわかることなどありえないのだから、無理な相談だ。シーズン中に運用基準が変更されたが、準備不足だったといわざるをえない。

また、中継プレーでのカットマンへの指示も、捕手の大事な仕事だ。外野手からの返球に対する、カットマンへの指示は難しい。だが決して迷わず、自信をもって大きな声ではっきり「カット、ホーム！」「カット、セカンド！」などの言葉を伝える。大声で3度連呼することを心がけるべきだ。

八回、九回の終盤、1点勝負の展開では、外野手からのバックホームは、よほど送球がそれないかぎり、カットさせないこと。いくら返球が緩くても、カットすれば時間をロスしてしまうからだ。

ダブルスチール（重盗）の阻止など

走者一、三塁での防御は、捕手にとって難しい状況である。ダブルスチール（重盗）、ディレードスチール、フォースボークなどがあり、神経を使う。

フォースボークとは、主に左投手を相手にした場面で用いられる作戦で、走者一、三塁で、一走が偽装スタートを切る。投手が一塁に牽制球を投げた瞬間、三走がスタートし、本塁を突く。プレートを踏んでいる投手は偽投するとボークになるため一塁へ投げなければならず、三走がセーフになる確率が高まる。また、投手が三走の動きに気づき、牽制の動きを中断すればボークになり、労せず生還できることから、「フォース（強制的に）ボーク（にする）」と呼ばれるようになった。

いずれの作戦阻止の場合でも、捕手と投手、二塁手、遊撃手との連係、送球の素早さと正確さ、本塁でのタッチプレー……と、守備側の総合力の高さが求められる。作戦を仕掛ける攻撃側の心理、判断基準を理解し、守備に生かす努力をしておくべきだ。その判断基準を最も知っておくべきなのは、捕手である。

【一、三塁の防御に必要な状況判断】

そもそもこれらの作戦は、さまざまな条件を加味して決行される。重盗の場合は❶どちらがリードしている場合でも小差❷下位打線❸二死でカウントが追い込まれた――など。フォースボークは❶攻撃側が小差でリード❷二死❸左投手❹下位打線――などだ。

捕手は、常に目の前のアウトカウント、イニング、得点差などの状況が、相手が作戦を決行してくる条件に合致しているかを考えておかなければならない。判断力、洞察力が問われる。もちろん、過去に似た状況で同じ作戦を仕掛けられたかどうか、という記憶力も必要だ。

攻撃側はそれに加えて、三走の脚力とセンス、目の前の打者と次打者との比較、捕手自身の肩の強さ、二塁手と遊撃手の守備力（送球、挟殺プレーの巧みさ、視野の広さ）なども含めて、作戦を決断している。捕手が攻撃側の心理、意図を読み取るべく努めて、初めて作戦を阻止することができる。

【作戦阻止の方法】

守備側が1点か2点リードで、一、三塁のケース。つまり一走が勝ち越しまたは同点の走者である場合には、二塁で刺すことを優先する。

ただし、捕手は必ず目で三走をおさえた後で二塁へ送球する。三走のリードが大きいとき、送球と同時にスタートしてきそうだと直感したときは、二塁へ偽投して三塁へ送球するような余裕がほしい。

三走が同点または勝ち越しの走者の場合には、投手へ返球、三塁へ送球、偽投かのいずれかになる。近年では、捕手の指からボールが離れた瞬間、三走がスタートする「ギャンブルスタート」で本塁を陥れるプレーも多い。相手が過去に決行しているか、練習を重ねているか、事前に情報を入手しておき、いざという場面に備えておく。

「重盗があるかも」と思うのは、誰でもやっている。大切なのは「いつ仕掛けてくるか」の判断と、「どの走者を刺すのか」の意思統一だ。これらは、チームが反復練習で習熟度を高めておくべきもの。習熟度が低ければ、何度でも同じ作戦にしてやられる。

ピックオフプレー

牽制球で走者をおびき出す「ピックオフプレー」や、わざとボール球を投げて盗塁やヒットエンドラン、スクイズを阻止する「ピッチドアウト」は、多用しないことが原則である。投手にとってはボールカウントを悪くするデメリットがある上に、悪送球や、挟殺プレーで走者の体に送球が当たることもある。捕手が肩に自信がある場合には、わざわざ外さずとも、打者が見送った球を、素早く各塁へ送球してアウトにできれば、その方が望ましい。

ピッチドアウトは、少なくとも、チームが比較的楽に試合を進めている場合には、しない方がよい。また、打者を追い込んだとき、投手がコントロールを乱しているときには、多用してはならない。このサインプレーは、ピンチのときや、かなり高い確率で走者が動いてくると判断したときに限る。

ところで、「ピッチドアウト」と「ウエストボール」の言葉は、よく混同される。ピッチドアウトは機動力を使った作戦を阻止するため、意図的に外す球。ウエストボールは打者にボールを振らせるようにストライクゾーンを外す釣り球を指す。

1979年11月4日。近鉄－広島の日本シリーズ第7戦。九回裏の近鉄の攻撃。一死満塁で広島・江夏豊は近鉄・石渡茂のスクイズを外した。無死満塁の絶体絶命のピンチを脱した「江夏の21球」の、19球目だった。江夏は直前の佐々木恭介を空振り三振に仕留め、息を吹き返した。近鉄・西本幸雄監督は「ストライクを3つ振ってこい」と石渡を送り出したが、初球のカーブを見逃したため、不利なカウントを承知で2球目にスクイズのサインを出した。

江夏のカーブは外角高めへ。石渡は空振りし、三走は挟殺。直後に石渡は三振、ゲームセット。

この一球を、江夏が意図的に投げたのかどうかが、しばらく話題になった。もちろん江夏も「いつスクイズをしてくるか」と考えていた。それでも、カーブは、ボールをしっかり握るため、とっさにコースを外すことは難しい球だ。

なぜ外せたのか。石渡がバントの構えを取るのが、一瞬早かった。江夏の頭の中にスクイズがあったから、意図的にピッチドアウトしたのではなくても、無意識に体が動き、カーブはバットが届かない外角高めに抜けていった。

こうした一瞬の反応は、一流投手特有の感性のなせる業ともいえる。マリナーズの岩隈久志は楽天時代から、スクイズを外すのがうまかった。状況に応じ、捕手に「スクイズをやってきたら、ワンバウンドで投げるから」と伝え、実際にやってみせた。

ピックオフプレー、ピッチドアウトの練習は欠かさず、反復により投手、捕手、内野手とも、動きを体に覚えさせる。これとは別に、相手の意図を察知する感性も磨いておく。捕手には、投手の感性に鋭く対応する力が必要になる。

配球論❶　捕手の習性と本能

いよいよ捕手の最大の仕事、配球について述べていく。配球には、捕手の性格、思考、経験、技量のすべてが表れる。一方で捕手というポジションが持つ、本能的な要素、習性というものも存在する。本能には性格が、習性には経験が、それぞれ大きく影響して形づくられるものもある。

捕手が持つ本能的な要素は、以下のようなものだ。

❶当たり前の配球は嫌　カーブを要求したが、2球続けてストライクが入らなかった。次は当然、ストレートの要求しかないのだが、素直にストレートのサインを出すのには抵抗がある。

❷理想を抱き、完全主義を望む　自分の理想通り、要求通り投げてこないと面白くない。ただし理想と現実は重ならないことが多い。だから捕手は「ぼやき」が多くなる。

❸常に裏を考えたがる　打者の考えを真正面から見るのは当たり前すぎるから、裏を考えたり、疑ってかかったりすることが多くなる。

❹外角一辺倒の配球は嫌　外角一辺倒を逃げと感じ、どこかで内角球を挟み、強気に攻めたいと考えている。また、先にストライクを稼いで有利なカウントにし、自分の能力をアピールしたいと考えている。

❺言い訳をしたがる　完封しても、称賛を受けるのは投手。捕手はヒーローになれない現実がある。逆に、打たれて負ければ、投手だけでなく捕手も責任を問われる。だからどうしても、言い訳をしたくなる。

2009年のワールド・ベースボール・クラシックの韓国戦で、城島健司が、岩隈久志に内角一辺倒の要求をして決勝打を浴びた。この内角一辺倒の配球に、私は疑問を呈した。

すると城島は「野村さんは1点も取られたことがないんでしょう。いつも完全試合をしていたんじゃないですか」などと話したという。敗戦の悔しさがあったにせよ、捕手として、あまりに独善的に聞こえた。


理想主義、完璧主義は持つべきだが、自分のサイン通り投げれば打たれない、と考えるのは独善的だ。サイン通り投げられない投手が悪い、と考えたとしたら、捕手としての成長はない。

捕手が本能、習性そのままに投手を導こうと独りよがりになれば、投手も野手もなかなかついてこないだろう。他に選択肢はなかったか、と謙虚に考えることが、投手を支える「補手」としての役割ではないか。

「内角中心に組み立てる人」「無難に外角や低めへ集めたがる人」「理にかなっていないと納得しない人」「裏をかきたがる人」……。ポジションが持つ本能的要素に、捕手個人の性格、経験などが加わり、それぞれの配球の特徴となり、「カウントの稼ぎ方」「打者が変化球を空振りした次の球の選択」などに表れる。


理想主義、完璧主義を貫き、知識、情報の収集欲を持ち、野球大好き人間であること。これら捕手としての条件を備えたと仮定した上で、配球論を語っていく。

配球論❷ 捕手がもっておくべき心得

配球は、一球一球が応用問題である。

応用問題だから、なかなか正解にはたどりつけない。同じ配球でいけば、いつも同じように打ち取れるというものでもない。相手も研究しているし、投手の調子によって、打たれてしまうこともある。

大切なのは「根拠」があったかどうかだ。自分はなぜ、この球を選んだのか。成功しても、失敗しても、根拠がなければ、課題や反省は生まれない。

確かな根拠を探すためには、原理原則を知っておく必要がある。配球に関する原理原則は、以下のようなものだ。

❶相手打者と味方投手の技量、長所、弱点、性格、調子などを知り尽くしておく

❷その日の投手の出来を、しっかり把握しておく 球の切れ、制球力のレベル、調子のいい球種はどれか、など。

❸「困ったら原点」を基本に据える 原点とは、外角低めの直球を指す。原点は内角高めへの直球と同じく、打者に共通する凡打ゾーンでもある。個々の打者の弱点を攻められないかを考えた上で、見つからなければ、原点にかえる。

❹投球の性質を知ること　「ストライクは稼ぐもの」「ボールは打ち取るもの、あるいは次へ生かすもの」「コースいっぱいは見送られるもの、あるいはファウルされるもの」——。自分が打席に立って考えれば、これらの原則通りに動いていることがわかるはずだ。

❺サインの打ち合わせは綿密にやっておく　バッテリー間のサインが確実に二塁手、遊撃手にも伝わるようにしておく。

❻それまでの打席の結果（初球、打ち取った球、打たれた球、空振りした球）は必ず記憶しておく

❼捕球の癖、構えの癖、配球の偏りをつくらないこと　癖を利用されて痛打されるほど、悔いを残すものはない。打者中心型の根拠のある配球をすれば、配球の癖、傾向は出にくい。

2008年、巨人と西武の日本シリーズ。巨人は正捕手の阿部慎之助が故障してしまい、控え捕手だった鶴岡一成がマスクをかぶった。

鶴岡はキャリアのある捕手だったが、日本シリーズの大舞台ではやはり弱い。上原浩治、高橋尚成、内海哲也ら経験豊富な投手陣に合わせた「投手中心」のリードを取る一方、ワンボールからの2球目に内角直球（またはシュート）を要求するという固定化したパターンにはまった。

内角球論は、後で改めて述べるが、ボールになる捨て球を投げにくいカウントだけに、ワンボールからの内角球は狙われる。この配球は第1戦で6度、第2戦と第3戦で5度ずつあった。第

3戦では、西村健太朗が中村剛也に内角へのシュートを3ランホームランにされた。

この実例は、❶❹❼の原理原則に反したことになる。多くの失敗の原因は、原理原則を忘れたか、知らないことによるのだ。

配球論❸ ノムラ捕手が処しやすかった、処しにくかった打者

私の生涯出場試合数は3017（プロ野球歴代2位、1位は谷繁元信の3021）だが、捕手での出場は2921試合。1試合のチーム打席数を36前後とすると、マスク越しに対戦した打者の総数は、単純計算で、のべ10万人を超えるそうだ。

そのうち、捕手・野村克也が処しやすかった打者、処しにくかった打者のタイプを挙げてみる。

[野村が処しやすかった打者のタイプ]

① **悪球に手を出す。選球眼が悪い**　ストライクで対処する必要がない。
② **内角球に苦手意識が強い**　または外角への変化球にまったく付いてこられない。苦手ゾーンを徹底して突くか、強く意識させて裏をかけばいい。
③ **引っ張り専門**　低めの変化球を引っかけさせて内野ゴロ。
④ **どんな球を狙っているか、ボールの見逃し方でよくわかる**　裏をかくか、狙い球に近いゾーンやその付近で小さく変化する球種で攻める。

⑤**大ヤマ張りの長打者**　裏をかけばいい。ただし怖さも同居している。

⑥**常に真っすぐ狙いで変化球に対応しようとする理想型**　無難に基本に忠実であるため、ゴロゾーンが最も有効。

⑦**甘い球を打ち損じる**　ファウルや見逃しでカウントを有利にできる。打ち損じた球種を次も追いかけがちになる。

［野村が処しにくかった打者のタイプ］

❶**選球眼がよい**　ボールに手を出してくれず、どうしてもストライクで勝負せざるをえない。

❷**「読み」がうまく、気配への感性がよい**　日頃からデータを研究する者、投手の癖探しに興味のある者が多く、抜け目のなさがある。

❸**見逃したとき、トップの形を崩さない**　狙いを読みにくい。

❹**内角球に強く、自信を持っている**　外角一辺倒の配球になりがちで、読まれやすくなる。

❺**俊足**　イニングの先頭打者や接戦で出塁させたくないからと、手堅くいくと読まれやすい。

❻**勝負強く、追い込んでからもしつこい**　チャンスに喜び勇んで打席に入ってきて、ファウルしながら修正能力を発揮されてしまう。

❼**方向を決めてかかる**　ファウルした後など、打ち返す方向を決めてくると、捕手は打者の狙いを読みにくい。

❽失投を打ち損じてくれない打者　投手は必ず失投をするものだが、それを逃さない。いわゆる一流打者。

例えばヤクルト・山田哲人は「処しにくいタイプ」のうち、❶❸❹❺❻❽に当てはまる。こうしたタイプ分けは、必要な準備だ。

では、野村が最も憎らしかった打者は誰か。

阪急の福本豊である。一回、先頭で出塁させれば、二盗→犠打→犠飛で1点を失う。全盛期の福本への四球は、ソロ本塁打と同じ重みがあった。

ならば……。フルカウントで、ど真ん中の直球を要求したことが何度もある。四球もソロも同じなら、ど真ん中を打ち上げてくれる確率に賭けたのだが、それでもどん詰まりのゴロを打たれると、内野安打になる。厄介だった。

配球論❹　データでチェックしておくべきこと

配球に必要なデータ分析とは、ただ「内角に弱い」「カーブを打てない」といった単純なものではない。打者が見せる「変化の兆し」を読み取るためのものである。

❶初球への対応　初球から必ず振ってくる超積極的な打者、初球から狙い球を絞ってくる打者、方向を決めてくる打者に対してピンチで初球を痛打されることは悔いを残す。また、前打

席での結果球との関連から球種、コースの選択をして決め打ちしてくる打者もいる。これらの打者に対しては、初球から勝負球で入らなければならない。初球の入り方を決めるためにも、打者のタイプ、状況の判断が必要になる。

❷打席で見せた反応への対応　打者は「変化球を大きく空振りしたとき」「左方向か右方向、どちらかに強烈なファウルをしたとき」に、次の球で対応を変える場合がある。これらのデータを頭に入れておくこと。空振りした変化球へのマーク度を高め、次は打ってやろうと考える打者なら、直球や別の球種で打ち取れる可能性は高くなる。空振りしようがファウルしようが、常にA型（直球を待って変化球に対応しようとする）で変わらないなら、空振りした変化球でどんどんカウントを稼いでいける。

２００８年、西武－巨人の日本シリーズがそうだった。西武・岸孝之について鋭いスライダーが武器だと分析していた巨人は、大きく縦に割れるカーブを多投され、対応できなかった。巨人の多くの打者はカーブを空振り、あるいは見逃しても、多くの打者がひたすらA型で待ち続け、凡退を重ねた。大きなカーブは狙うか捨てるかしか攻略法はない。つまりD型（特定の球種にヤマを張る）でしか対応のしようがないのだが、巨人にこのタイプを使える打者がおらず、岸の術中にはまった。

❸追い込まれるまでと、追い込まれた後での対応の変化　ツーストライクに追い込まれた打

者は、基本的に、直球を意識しながら変化球に付いていこうとする。「三振はしたくない」という心理が強く働くからだ。

ただし、違う打者もいる。「投手が追い込んだからには、ウイニングショットを投げてくるはずだ」と、特定の球種へのマーク度を高める（D型）。状況によって「自分はアウトになっても、とにかく右方向に打ち返して走者を進めなければ」と打つ方向を決める（C型）。A型からC型、D型へと変化する打者かどうかを確認しておく。

❹走者の有無、チャンスなどによって打ち方を変えてくる　元中日の井端弘和は、走者がいる場合には右方向への打撃が多いが、走者なしでは思い切り引っ張ってくるタイプだった。

データをしっかり読み解き、ここで挙げた❶から❹をもとにして、打者ごとに「追い込み方」と「追い込んでからのまとめ方」を考えておく。これが基本的な配球の組み立て、打者攻略法の判断材料になる。

配球論❺　組み立て方の基本

配球に決まりはない。無数に考えられる中で「この一球」を選んでいく応用問題である。経験の中で培われた直感力、駆け引き、読み、データや映像から得た材料をもとに「どうやってまとめるか」を決め、逆算して組み立てていく。そのまとめ方は、以下の7種類に集約される。

❶**変化球のマーク度を高めておいて、ストレートでまとめる**　いろんな変化球を駆使して4球か5球をかけ、打者に変化球への意識を高めておき、意表を突いて、決め球はストレート。
❷**ストレートで追い込んで、変化球でまとめる**　❶の逆。ただし3球、4球とストレートが続くと、打者には「そろそろ変化球かな?」という意識が働くもの。❶でも❷でも、型通りの配球は読まれやすい。
型通りといえば、リズムがはまってしまうこともある。どうやら人間には、2拍子、3拍子といったリズムを刻む習性があるようだ。「内、外、内……」(2拍子)ときたら次は外角に、「直球、直球、変化球……」(3拍子)ときたら次は直球に、自然とタイミングを合わせていくものだ。
❸**打ち気を利用してゴロで打ち取る**　低めのゴロゾーンを活用する。
❹**選球眼の悪さを利用する**　追い込んだらストライクは不要というタイプ。高めの空振りゾーン(ボールゾーン)への直球、低めボールゾーンへの変化球を使う。
❺**打者の能力より勝る球威、球種で打ち取る**　金田正一のカーブ、江夏豊のストレート、佐々木主浩や上原浩治のフォークボール、伊藤智仁や田中将大の外角低めへ消えるように鋭いスライダーといった、打者を圧倒する球種。
❻**打者の弱点を突いて打ち取る**　狙われても打てないほど、内角に弱い打者がいれば、徹底

してそこを攻める。

❼**困ったときの原点** すべての打者にとっての凡打ゾーンである外角低めへの切れのよい直球を投げる能力を、投手に常に要求せよ。

一方、捕手の立場で配球に困るのは、以下のようなものだ。

①ストライクを投げられない投手。最低でもストライクを投げられるコントロールを身につけてほしい。ヤクルトで指導した古田敦也は、のちに若い投手に向かって「ストライクさえ投げられれば、俺が何とかしてやる」と話していた。私も現役時代、同じことを投手に言っていた。

②中心軸となる球種や制球力がない投手。変化球がまったくストライクにならず、ミエミエのストレートとなったときに困ってしまう。制球はアバウトでも、せめて緩急をつけられる……といった投手であってほしい。

③変化球を大きく空振りした後の、次の球種の選択。大ファウルを打たれた後の選択。④選球眼のよい打者、絶好調の打者。⑤ピンチを迎えたとき。——の3点については、今後それぞれ詳しく述べる。いずれにせよ、❶から❼のまとめ方を定め、そこから逆算することだ。

配球論❻　打者の弱点を攻める

私なら、原辰徳を2球で料理できる――。週刊誌でこんな評論をして、読者を驚かせたことがある。西武で1980年に現役を引退し、翌81年に評論活動に入った。2月の巨人のキャンプ取材で宮崎を訪れ、当時スーパールーキーだった原の打撃練習を見た。

1年目の原は球を芯で捉え、右方向へ流す意識で打っていた。右へ流したときに、最もきれいな打球が飛ぶ。一目見てセンスを感じた。欠点は右肩が落ちてアッパースイングになること、ときどき左足に体重が早く移りすぎること。これを見て、評論で「私なら、今の原を2球で片付けられる」と指摘した。

具体的には、こうだ。初球は内角高め、ボールになる速球。のけぞらせておいて、2球目は外角に変化球を落とす。これで内野ゴロだ。内角を意識させ、さらに右肩が落ちる癖を利用して、引っかけさせてボテボテのゴロにすればいい。

入団したばかりの大型新人を一度見ただけで、欠点をストレートに指摘し、攻略法を書いてしまったのだから、大きな反響があった。

そして、いざ81年のシーズンが開幕。キャンプ当初の基本認識に加え、原の実戦での打撃、そして成長を見て、攻略チャート（イラスト）を作り、「3球で料理できる」に変更した。追い込んでまとめるまでに、一球増やしたのである。

初球は外角へカーブ。原は、カウントを取るこのカーブを100%見逃していた。投手論で説明した「意外に見逃す初球のカーブ」でワンストライク。

2球目は内角真ん中からやや低めボールゾーンへのシュート。ボールゾーン、がミソだ。原が内角の真ん中からやや低めへのストライクゾーンは得意にしていることがわかった。だから、得意ゾーンのやや内側、ボールになる球も手を出してくる。ここは、リストが強いためヘッドが早く返ってしまい、必ずファウルになっていた。

追い込んでしまえば、「まとめる」3球目は、投手に応じて選択できる。❶外角へ流れて落ちるカーブ（内野ゴロ）❷真ん中低めからボールになるフォークボール（空振り三振）❸球威がある投手なら真ん中高めへの速球（空振り三振かポップフライ）——。投手の特徴、持ち球に応じて選んでいけばいい。

原は81年4月5日の中日戦（後楽園）で、小松辰雄からプロ1号を放ったが、これはチャートにある「右方向への流し打ち得意ゾーン」だった。捕手が、小松の快速球なら打たれないだろうと外角に要求したが、得意ゾーンに球の速さによる反発力も加わって、右翼席へ柵越えを許した。❸の真ん中高めなら、打たれなかっただろう。

事前に得た情報（打者の特徴、フォームの欠点）に、対戦で新たにつかんだ情報（見逃す球、得意ゾーン、苦手ゾーン）を加えて、配球の組み立てを随時更新していく。これが「応用問題」を解く基本である。

配球論❼　表と裏

配球は一球一球が応用問題。ではどうすればいいのかと、頭を抱える捕手がいるかもしれない。考え方を変えてみよう。次の一球を選ぶために、最初に考えることは何か。「直球にするか変化球にするか」だろう。打者の対応も、究極のところ「直球か変化球か」の二者択一である。

私は配球について語るとき、直球を「表」、変化球を「裏」と呼ぶ。

物事には必ず表と裏があるように、配球にも表と裏がある。この場合の「裏」は、正攻法に対する奇策のような「裏をかく」とは意味合いが違うので、誤解のないようにしてほしい。ここではあくまで変化球の選択を「裏」という。

打者の理想は、直球のタイミングに合わせながら変化球に対応しようとするというものだ。球種やコース、打ち返す方向を絞る打者もいるが、大半は、初球や打者有利のカウントでは、基本的に「表」で待つ。また、追い込まれて簡単に三振したくないと考えれば、「表」の比重が大きくなる。

打者が「表」で待っているケースでは、投手は「不用意なストレートは禁物。ストレートはコントロールよく、切れの良い球を投げる」強い意識を持つ必要がある。

捕手は、確かな判断力に加え、勝負心も忘れずに配球を決めなければならない。その判断とは、打者の心理が大きく変化するケースでの「表」か「裏」かの選択である。例を挙げてみよう。

[打者が変化球を大きく空振りした後]

❶次に直球（表）を挟み、また変化球（裏）に返る　これは非常に危険である。打者は大きく空振りした変化球に対してマーク度を高めているので、直球を挟んだ時点で「次は、またあの変化球だな」と考えがちだ。

❷次に直球（表）を挟み、直球（表）で勝負　打者の心理を逆手に取っているため、比較的成功することが多い。

❸次にもう一球変化球（裏）を使い、直球（表）で勝負　打者心理は五分五分。勝負球の直球は全力で投じる必要がある。変化球を2球続けると、打者は直感的に「次はストレート」と思いがちになるからだ。

変化球を大きく空振りしたときの配球の難しさ

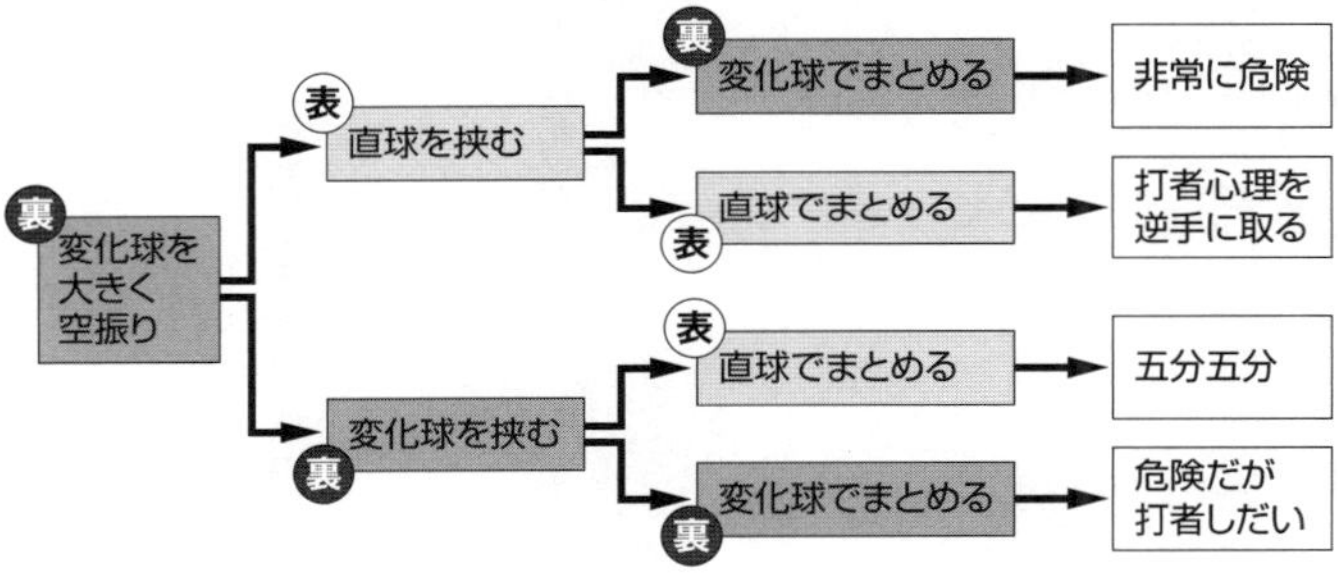

❹次にもう一球変化球（裏）を使い、勝負球も変化球（裏） 変化球が3球続けば、体の反応が変化球に合ってくる場合があるので、危険を伴う。その球種が苦手、タイミングが合っていないなどの判断材料が必要。

［追い込む過程で、打者がボールだと思って見送った内角直球がストライクと判定され、意表を突かれた後］

打者は動揺し、内角直球（表）への意識が過剰になる。ここで「しめた！　内角直球は待っていないいな」と考えるのは早計。マーク度が上がったため、続ければ打たれる危険がある。打者に内角直球を意識させただけで効果大。変化球（裏）の方が成功率が高い。

配球では、打者が意識している球種、コースと合ってしまう「あいこ」を避けること。まず、表と裏で「あいこ」を避ければ、球種、コースの選択で、より優位に立てる。

配球論❽　直球で勝負していい状況

打者は初球や有利なカウント、または追い込まれて三振したくないときには、直球のタイミングで待つ傾向がある。だが、危険を恐れるばかりで変化球一辺倒になれば、特に強打者などには「俺が怖いから真っすぐを投げてこないのだな」と、変化球を狙い打たれる。

直球で勝負すべき状況もある。それには、以下のような条件がある。

❶球威が、打者に勝っていると判断した場合　狙われても打たれない直球を持っている。私の現役時代では、いずれも全盛期の金田正一、江夏豊らがそうだ。

❷コントロールに絶対的な自信があり、切れがよく、コースに決まっている　「内角高め（意識付けゾーン）－外角低め（原点）」の対角線のコンビネーションと、真ん中高めボールゾーン（空振りゾーン）への制球力と切れがあれば、それだけでも打ち取れるほどだ。

❸相手打者の裏をかく、狙いを外す目的のとき　先に指摘した、変化球を大きく空振りした後で直球を挟んだ、次の球。打者心理は「次は変化球」となりがちで、直球で狙いを外せる。ただし、巨人・坂本勇人のようにいつも直球待ちで変わらない打者に対しては「考えすぎ＝判断ミス」になるので注意。

❹投手の投げ方や配球から、内角に死角があると読んだとき　強打者に対して内角を一球見せた後で外角中心の配球をして、外、外……と攻めて、もう内角は来ないと思わせたときなど。

❺打者の選球眼が悪く、高めの空振りゾーンをよく振る

❻ローボールヒッターで、高めの速球に弱い　これは外国人打者に多い。

❼配球上で迷った「困ったときの原点」　最後に頼るべきは、外角低めへの「原点能力」。一塁へ歩かせてもよい、フルカウント、まともに攻めると危ない……などのケースでは、むしろ緩い球が要注意になる。投手は外角低めへ腕を振って投げきる技術を身につけ、捕手もその意

思をしっかり伝えよ。
❽四球を出せない、変化球のカウント球がない、出塁を許せない ❾変化球がどうにも決まらず、直球ミエミエの雰囲気でのイチかバチかの勝負――これらは「勝負すべき状況」ではなく、「最悪で選択肢のない状況」。神頼みしかできない。
最近、ツーシーム、カットボール、スプリットと速球系で小さく変化する球種が増えた。捕手は「直球（フォーシーム）＝狙われたら打たれる」「速球系変化球＝バットの芯を外すから打たれない」という、固定観念に陥りがちになっていないか。

ヤンキースの田中将大は２０１６年、開幕直後はツーシームばかりだった。その後、高め空振りゾーンなどへの直球の割合を増やす中で、投球が安定してきた。ストライクゾーンの中で球を動か

2016年8月のエンゼルス戦で直球（フォーシーム）を投げ込むヤンキース・田中将大。小さく動く速球系の球種も持つが、外角低め（原点）、内角高め（意識付け）、高め空振りゾーンと、しっかり直球で勝負できた

し、できるだけ球数を減らす。その考えはいいが、捕手は「ストライクゾーンの中でも、ツーシームなら抑えられる」などと過信してはいけない。

配球論❾ 危険な配球

投手が球を投げなければ、野球は始まらない。

その意味で、主導権は常に投手が握っているのだが、知らず知らずのうちに、主導権を手放して相手のリズムに合わせてしまうケースがある。

［同じ変化球を3球以上続ける］

ピンチを迎えて四球を覚悟した上で外角一辺倒などの配球になることはある。ただ、勝負に行く場合に同じ変化球を続けると、変化球の軌道やリズム、テンポに自然とタイミングが合ってくるリスクがある。

その変化球にまったくタイミングが合っていないといった判断基準や、投球モーションやタイミングに変化をつけるという技術が必要になる。

2009年の日本シリーズ第2戦。シーズン終盤に左臀部を故障していながら、シリーズのマウンドに立った日本ハム・ダルビッシュ有は、全力投球をあきらめ、まるでキャッチボールのような力を抜いた投げ方で巨人打線を翻弄した。

二回無死二塁のピンチで亀井義行（善行）を迎え、初球シュート、2球目直球でカウント1－1としてから、3球カーブを続けた。亀井は何とかファウルで逃げたが、狙い球をまったく絞ることができず、結局、8球目のカーブで空振り三振に仕留められた。

ダルビッシュといえば快速球と多彩な変化球が持ち味。相手打者はまず150キロ超の直球を意識しているものだが、この日は直球が2球続くことさえほとんどなかった。前年のシリーズで西武・岸孝之のカーブに手も足も出なかったことも、手負いのダルビッシュの頭にあったのかもしれないが、本来なら危険である「カーブを続ける」配球でも打たれないという確かな根拠があった。

【直球を3球続ける】

これも同じで、コースを変える、投げ方に変化をつけるなどの工夫がいる。また打者が苦しいスイングをしている、変化球の意識をぬぐえずにミートポイントが遅れている、といった根拠も必要である。変化球以上に、打者がファウルで逃げている間にタイミングを修正してくる可能性も高いので、より危険である。

【変化球を2球続けて空振りしたとき】

空振りした球に過剰に意識が働いているため、直球勝負が無難だが、絶対ではない。巨人・長野久義のように、状況やカウントに関係なく、いつでも直球にタイミングを合わせて待つ、変化してこない打者もいる。

【内角攻め】

長打を打たれるリスク、カウントを悪くするリスクの両方を背負っているため、基本的にはすべきではない。

【前打席で凡退させた球と同じ球で初球を入る】

前打席とは逆の球（変化球で打ち取っていれば直球）で入った方が無難。前打席で凡打した球に対する意識は強い。また、1試合で4打席勝負する打者に、3回以上同じ攻めをするのは危険。2打席続けて成功したら、3打席目は一般的に変えた方がよい。

配球論⑩ ピンチを迎えたら

ピンチを迎えたら、ゴロで打ち取ることを最優先に、ゴロゾーンへの配球を考えることだ。初球とフルカウント、ボール先行の打者有利なカウントで、直球を選択するには、球威、コントロール、気迫などの条件が欠けることは許されない。また、目をつぶってもカウントを稼げる変化球を最低一つは持っているべきだ。その上で、配球での注意事項を挙げる。

【変化球を2、3球続けた後のストレートはベストピッチで投じよ】

相手は「そろそろ直球が来る」と思っている。特に変化球でボールが続いた後は、直球ミエミエの状況になる。だから初球から変化球を3球続けるのであれば、確実にカウント0－2、1－2に追い込むことは必須だ。

［カウント1－1、2－1では意外に打者に隙がある］

追い込まれていないだけに思い切って狙い、思い切って振ってくる。1－1で内角に直球を投げるときにはボール気味に目いっぱい投げさせる。また2－1では、スリーボールになる不安に打ち勝ち、空振り、ファウルを狙って勝負心を持って投げさせること。変化球なら、低めへ、忠実に攻める。

［慎重かつ判断を間違えないこと］

打者心理の裏をかいたつもりが、結果的に表になって痛打されることがよくある。打者は過去の打席での「初球の入り」「結果球」を克明に覚えている。相手の弱点を攻めることばかりに気を取られず、あくまでも投手を生かすことを最優先に考えよ。

［多くの打者は内角球を嫌がる］

小さく鋭い変化球（シュート、ツーシーム、カットボール）や、ボール1、2個分厳しく外した内角ストレートを、初球または2球目に見せておく。これで他の球種が生きる。コントロールに自信がある投手は初球、内角に捨て球を使うとよい。

投手論の章で、南海でバッテリーを組んだ皆川睦男（睦雄）が、左打者への小さなスライダー

(現在でいうカットボール）を覚えてシーズン30勝を挙げたことを紹介した。

皆川がこの球種に自信を深めたのは、巨人とのオープン戦で王貞治を内野フライに仕留めてからだった。

王は内角へ小さく食い込むスライダーは苦手で、しっかり投げれば必ずファウルになった。ところがこのファウルも鋭い打球だから、セ・リーグの投手たちは「やはり王に内角は危ない」と外角一辺倒になる。結果、その外角球が甘くなり、王の「ホームランゾーン」に入って痛打を食らった。

1973年以降のオールスターで、私がマスクをかぶったときには、王は27打数1安打。まず、内角への小さなスライダーでカウントを稼ぐ。そして右投手なら外角ぎりぎりへ遠回りして入るカーブ、または外角低めストライクゾーンから落とす球を要求し、抑えた。

走者がいなくても、一発がある4番を迎えたら、ピンチと同じ。確かな判断基準を持ち、全力で抑えにかかることだ。

配球論⓫　見逃しから打者を疑う

日本人は一般的に、相手の「心理を読む」ことが苦手なようだ。

好きな娯楽にも表れている。囲碁や将棋では、相手の「次の手を読む」ことに集中しがちだ。

一方、欧米人におけるゲームはカード（トランプ）であるため、互いの手札は見えない。相手の「心理を読む」ことができれば、勝利に近づく。

現在は少なくなったが、日本の指導者には「見逃し三振＝悪」と捉える風潮があった。「くさい球には手を出すな」と指示するくせに、「なんで見逃し三振をするのか」と怒る。私には理解できない。一方、外国人打者は見逃しに対する抵抗感があまりない。

この「見逃し」にも、打者攻略のヒントが隠されている。「おかしいぞ」と疑ってかかった方がいい見逃し方は、以下のようなものだ。

❶真ん中周辺の甘いストレートを見逃した

❷内角やや甘めからストライクゾーンに入ってきた変化球を見逃した

❸高い確率で振ってくるカウント（カウント1－0や2－0、2－1）で、甘く入った球を見逃した

❹いいところへ決まった変化球を、形が崩れないで、体がビクッともせずに平然と見逃した

こうしたケースでは、打者は「来た球を打つ」という単純な備えではないと考えるべきだ。コースや球種を絞り、ヤマを張っている、打ち返す方向を決めている、またチームの戦術（盗塁、エンドラン、スクイズなど）が決まっている。

さらにこうした状況が続けば、配球は読まれていないか、投手に癖は出ていないか、サインは盗まれていないか……と、バッテリー側の落ち度を疑ってかかる必要もある。

２０１２年の日本シリーズ第６戦。日本一を決めたのは、３－３の七回二死二塁、巨人・阿部慎之助が日本ハムの左腕・石井裕也から放った中前適時打だった。阿部はカウント３－１から、決して甘くはない外角低めへのスライダーを決勝打にした。このとき、配球は見透かされていた。

阿部は「一打勝ち越しのチャンスで、俺を怖がっているはずだ。まともに真っすぐで勝負してくることはないだろう」と考え、変化球に比重を置く。こうした絞り方を『強打者の特権』と呼んでいる。

阿部は初球、２球目と、低めに沈むフォークをピクリとも反応せずに見送り、２ボール（前述❹）。３球目、真ん中の甘いスライダーも、悠然と見逃した（❷と❸）。これはワンストライクを引き換えにした様子見。次もスライダーで、外角にボール。カウント３－１となった。

ここまで変化球が続き、相手の恐怖心が明らかであれば「最後まで変化球」と確信できる。次打者は右の村田修一で「簡単には歩かせてこないだろう」とも考えている。四球も出したくないケースで、変化球。ならば「ストライクゾーンへのスライダーだ」と狙いを絞り、コンパクトに中堅方向へ打ち返した。

手を読むのではなく、心理を読む。配球に必要な要素である。

配球論⑫　代打を迎えたら

試合の後半、接戦で代打の切り札が出てきたときに優先すべき状況は、❶同点で我慢し、勝ち越されることだけは避けること❷長打を避けること。「何がなんでも三振」より、「ゴロで1点ならOK」と考え、幅を広げていくことだ。

1試合で3～4打席対戦するスタメンの打者には、1、2打席目で内角を詰まらせて意識付けしておくと楽になるが、代打には前の打席を利用した配球ができない。

それは打者も同じで、その日の打席で得た情報がない。だからよほどの根拠がないかぎり、初球から変化球を狙うことはしない。変化球でカウントを稼ぐチャンスだ。

代打が初球から変化球を狙うには、自分との過去の対戦や当日の配球の傾向、変化球に強い……などのうち、最低でも2つ以上の根拠が必要になる。事前に狙い球を絞るタイプか分析しておけば、対処できる。

逆に、初球にストレートを選択するのであれば、球威、切れ、制球力などの条件を特に厳しくせよ。代打要員の多くは速球に強く、かつファーストストライクを振っていきたいと考えている。また、代打への内角攻めは、弱点であり、かつそこを狙われていても勝負できる、と判断した場合だけだ。弱点でも狙えば打てる者が大半だから、本来すべきではない。

大ピンチでの代打への配球で思い出すのは、1979年の日本シリーズ第7戦。広島・江夏豊が、近鉄が送った右の代打、前年の首位打者だった佐々木恭介を迎えた場面である。「江夏の21球」の12球目からの6球だ。

初球、内角低めのカーブでボール。振ってもファウルになる江夏の「稼ぎ球」に佐々木は体勢を崩さず、逆に甘いカーブを待っているように見えた。初球の変化球は、冒頭で述べた原則通りだが、このカーブで打者の気配を察知できた。

2球目、やや外寄り甘めのシュートで見逃し。江夏はカーブ狙いを察知し、ポンと速球系のシュートを投げ込み、ストライクを稼いだ。後に佐々木は「やり直せるなら、あの2球目を打ち直したい」と悔やんだ。

続く3球目、抜けぎみのフォークボールで三塁線ぎりぎりのファウル。失投だったが、佐々木に2球目を見逃した力みがあった。これで追い込み、江夏は「ゴロで本塁封殺」から「三振」に目標を変えた。4球目のカーブは真ん中高め。追い込まれて直球にタイミングを合わせざるをえなくなったため、当初狙っていた高めのカーブを打ちきれず、ファウル。

5球目、内角低めへ「捨て球」の直球でボール。これが絶妙で、佐々木は次の球種が読めなくなった。外角低めの直球か、低めに落ちるフォークか、内角のカーブか。答えは、5球目と同じ軌道でストライクゾーンからボールになる内角のカーブ。空振り三振――。

初球の段階では、打者が心理的優位に立っていたが、2球目で立場が逆転した。この6球のうち、明らかなストライクは2球目だけ。1打席に懸ける代打の心理を逆用した、江夏－水沼のバッテリーの勝利だった。

内角球論❶　内角球の考え方と目的

投手にとっても、捕手にとっても、最も難しいのは「内角球」の使い方、考え方である。「内角球論」は、捕手に配球を指導する際に、特に重視してきた。ここでもしっかり論じておきたい。

打者に対して「ぶつけたら御免よ！」の気迫を持って投げ込むことが最も重要である。

私のノートには、この一文を、太字で大きく記しているのだが、カブスの上原浩治が、いみじくも「当てたらごめんなさい、と思って投げてい

代打の打者心理を読み切っていた広島・江夏豊。
1979年、日本シリーズ第7戦での「江夏の21球」には、その投球が凝縮されていた

る」と話していたのを知り、直接真意を聞いた。

上原は「内角に投げるのは、いつも怖い。こう思わなければ、内角には投げられない」と答えた。巨人時代、春季キャンプでは、スタッフを右打席に立たせて内角高めに投げ込む練習を徹底して行うのが日課だったそうだ。

直球とフォークボール、大きく分けて2つしかない上原にとって、内角球は投球の幅を広げる生命線なのだろう。内角球を使えない、内角球を生かせない投手は、プロで生き残れない。

打者にとって、内角球を打ちこなす技術は難しいものだ。また、内角球のボール気味のコースに手を出しやすいという共通の欠点がある。

一方、上原が言うように内角を攻めることは「怖い」。リスクを負っていると、しっかり認識しておくべきだ。ストライクゾーンに甘く入ればホームランボールになる。内角球は原則的にボールゾーンに投げるもの（例外は左投手が右打者に、右投手が左打者に、意表を突いて勝負するときだけ）なので、カウントも悪くする。また特に初球の場合、強打者は内角に目を付け、待ち構えていることが多い。

つまり内角球の選択には、「球威がある」「制球できる」「鋭く変化させる」のうち、一つがあることが最低条件。球威がない、甘い、変化しない、では打者の餌食になるだけだ。条件を兼ね備えていないなら、必ずしも内角を攻める必要はない。むしろ「必ず内角が一球来る」となれば、パターン化につながり、リスクが増すだけだ。

内角球に対する考え方をしっかり理解すること。次に、内角球を投げる目的は大きく分けて4つだ。
❶勝負球（弱点を攻める）❷ファウルを打たせる球（稼ぎ球）❸遊び球（捨て球、脅し球）❹意表を突く球——。どれに当たるか、しっかりと目的意識を持つことだ。
遊び球の目的は「打者の反応を見る」「次の球を生かす」の2点になる。配球の上で一球見せておきたい、内角への意識付けをして、打者の力が爆発する支点となる壁を崩したい、踏み込ませたくないといったものだ。打者を観察し、配球につながりを持たせる目的なので、ストライクゾーンから10～15センチの幅に外すにとどめたい。

意表を突く球は、打者が変化球や外角球に狙いを付けていると察知したときに使うと効果的になる。

内角球論❷　内角を攻めるための条件

断っておくが、私の考えでは、内角球は明らかなストライクゾーンに投げる球ではない。基本はボール球であり、投手には内角のボールゾーンにしっかり腕を振って投じる練習をさせる。だから「ぶつけたら御免よ」の気迫を持て、とノートに記したのである。

ヤクルト監督時代から「9×9」計81マスのチャート表を使っている。そこでいう内角球とは、ストレートの場合は右打者に対する10番台、20番台、左打者に対する80番台、90番台。変化球の場合は、右投手が左打者に投げる70、80、81のゾーン、左投手が右打者に投げる20、21、30のゾーン。いずれもボールゾーンであることに留意してほしい。

これまでも説明したように、投球には「稼ぐ」「誘う」「まとめる」とあるが、内角球に関しては基本的に「誘う」目的で使う。振ってくれればラッキーという空振りかファウルで「稼ぐ」ことはあっても、意図して見逃しストライクを取る球ではない。つまり、内角球は次の球を生かす目的にあり、「まとめ方」から逆算して使うべきだ。

原則的にボールゾーンに投げる球である以上、

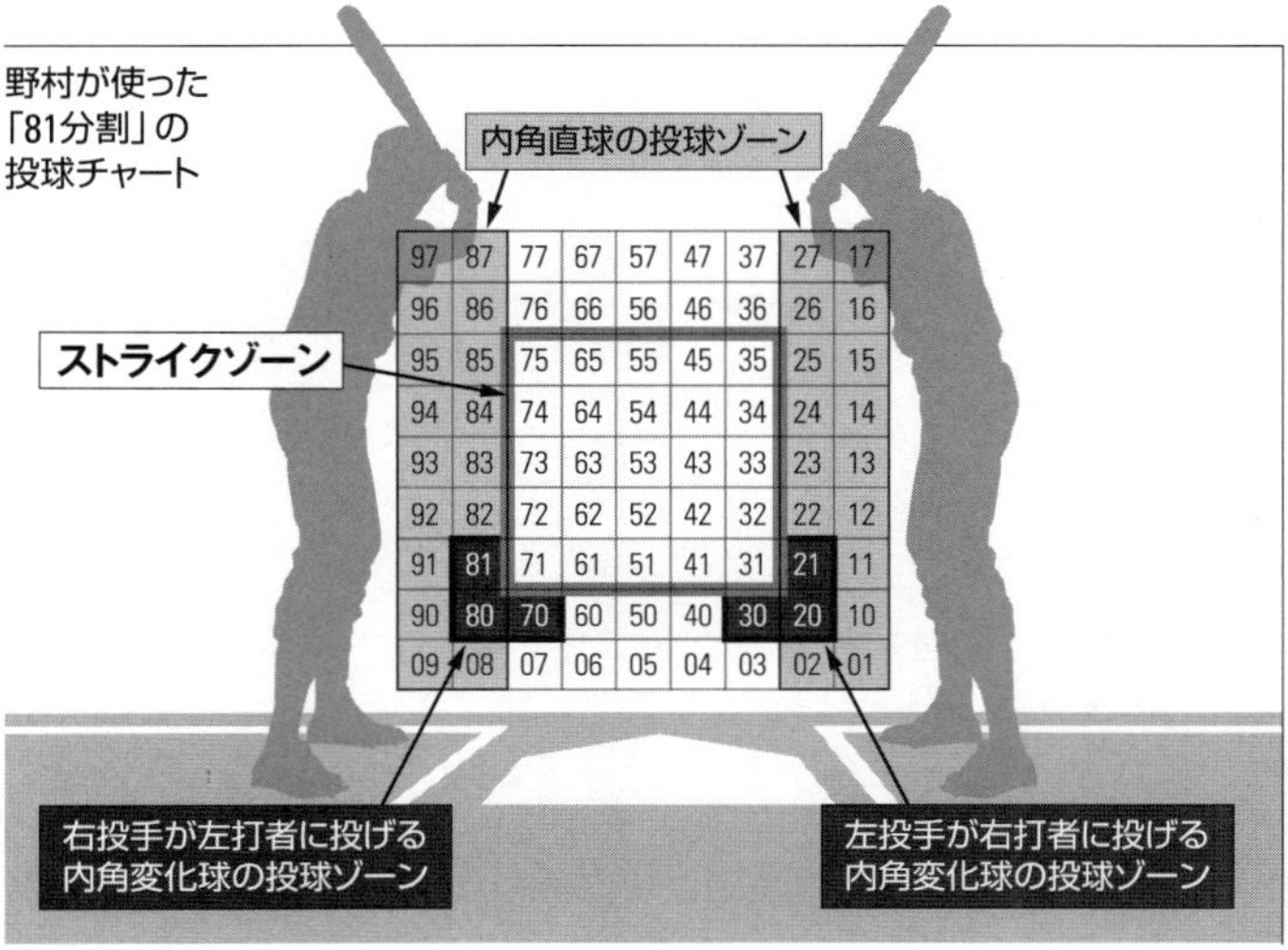

内角を攻めるためには条件がある。

❶強打者には逃げない。多くの打者は、早いカウントでは長打にできる内角ストライクゾーンに目を付けている。気持ちが逃げると制球は甘くなる。

❷威嚇効果のある打者には有効。内角に苦手意識が強い、恐怖心を持っているタイプ。早めに体の近くへの球を見せることが必要。

❸内角球はファウルしか打てない。振ってくれればOKというボール球が、結果として稼ぎ球になる。

❹ヤマ張りタイプの打者で、内角球以外の球種、コースを狙っている。しっかり打者観察をしておく。

❺カウントは初球、またはワンストライクの2球目がよい。

❻ボール先行のカウント（特に2－0、3－1、3－2）では、①次打者の方が勝負しやすい（歩かせてもよい）。または②意表を突きたい ③内角なら少々ボール球も手を出してくる打者 ④カウントバッティング（逆方向に打ち返す）をしてくる打者など、より細かい条件がつく。

❼「外角を慎重に突き、カウントが悪くなったら歩かす」という状況で、1球か2球ぐらい内角で脅かすとカッとなる打者がいる。ただ、これは中途半端な作戦になる場合が多々ある。投手有利のカウントになると、バッテリーに打ち取れるんじゃないかと、欲が出る。中途半端は

骨の髄まで腐らせる。私はこの❼を好まなかった。

以上の条件を読めばわかるように、内角球は、明らかなストライクゾーンに投げてはいけないのだから、投手に有利な条件が一つもないような状況であれば、要求すべきではない。捕手の状況判断、確かな判断基準が必要になる。

内角球論❸ 内角を攻めない方がいい条件

内角球は本来危険な球であるから、明らかなストライクゾーンに投げる必要はない。この原則をたたき込んだ上で、「内角を攻めない方がいい条件」を挙げていく。
❶「球威がない」「コントロールに信頼が置けない」「性格的に弱く、内角に投げる際に力を加減する」――。こうした欠点を持つ投手をリードする際には、打者とカウント、得点差を考えて要求すること。投げさせる際には、甘くならないように、力を加減させないように、しっかり意思を伝える。
❷ヒットエンドランが考えられるときのカウント0－1、1－1、1－2。強引に打って出るケースだけに、ゴロで内野の間を抜かれる可能性が高くなる。走者がいない場合でも、1点リードの終盤などで四球を出したくないときのカウント2－0、3－0、2－1、2－2、3－2。

❸コントロールに自信がある、きょうは絶好調だ、というような、投手が調子に乗りすぎて墓穴を掘りそうなとき。イケイケで痛い目にあうのは、内角球であることが多い。

❹「めっぽう内角が強い」「常に内角寄りの直球を待っている理想型の強打者」「考えるタイプではない」。これらの打者には①球威が勝っている ②次打者とてんびんにかける――といった判断基準が必要。ただ、これらのタイプは「俺は内角に強い」とうぬぼれを持っていて、隙を見せることもある。慎重かつ甘くならないように、確実にボールゾーンに投げさせることだ。

❺快速球を武器にする投手は、考えすぎないこと。内角直球は力勝負が原則。力勝負タイプの投手であれば、コントロールはアバウトでも、球威と勇気を優先させる。捕手は堂々と自信を持って勝負に挑ませればよい。

2016年6月16日の巨人－楽天（東京ドーム）。楽天が7－6とリードして迎えた八回の守り。一死二塁、打者は坂本勇人。楽天の青山浩二－足立祐一のバッテリーは、カウント2－0から内角直球を選択し、逆転2ランを浴びた。26歳とはいえ新人の足立が坂本の特徴を把握していなかった、正捕手の嶋基宏が故障で離脱していた……などの理由で片付けられるものではなかった。

坂本は、まさに❹に挙げた内角球に強い理想型の強打者で、内角球打ちの巧みさでは、球界の右打者の中でもトップクラスといえる。足立は新人でも、青山はプロ11年目で32歳のベテランである。それを知らないはずがない。

私は楽天監督として、青山のプロ1年目（06年）から接した。内角球論は強く言い聞かせてきたつもりだったから、なおさら残念だった。投手不利のカウントで、内角球でストライクを「稼ぐ」ということは、少なくとも内角に得意ゾーンを持つ強打者に対しては、ありえない。

内角球論❹ 内角球の使い方の手本

2005年8月13日、巨人－阪神（東京ドーム）。巨人のエース・上原浩治と、阪神の4番・金本知憲との勝負は見応えがあった。

阪神は五回に3－3の同点に追いつき、なお二死二、三塁。一気に勝ち越すチャンスで金本。二回にソロを放ち、四回は二飛。試合の行方を左右する第3打席だった。

結果は一ゴロ。金本はフォークボールをマークしていたのにもかかわらず、外角のフォークをひっかけた。なぜか。

実は四回の打席で、上原は金本に対して内角を十分意識付けできていた。それが効いた。初球から内角直球でボール、原点（外角低め）への直球でボール、内角直球でストライク。カウント2－1からの4球目、内角高めへの直球で二飛。

金本は「バットの根元で詰まらされる」という、打者にとって羞恥心にさいなまれる嫌な打ち取られ方をされていた。バットの根元で詰まらされると、その感触、残像が残り、内角球への意識が強くなるものだ。

この状態で、五回の打席を迎えた。初球、内角高めの直球でボール。ここまで論じてきた、ボールゾーンへの内角球で、金本の内角への意識はさらに強まった。初球の入りとしては、大正解。2球目は外角低めの原点でストライク。ピンチでは2球かけてストライクを稼ぐ。お手本通りだった。

3球目、フォークでボール。私は「カウント1－1は1－2の親戚。強打者には追い込んだつもりで勝負せよ」と指導してきた。その通りの勝負球だったが、さすが金本はよく見た。4球目、内角高めへの直球。意識させられ続けている球だっただけに、手が出てファウル。追い込んだ。

そして5球目、外角へのフォークを引っかけて一ゴロ。当時、上原のフォークは、マークしなければ打てない「特殊球」ともいえるもので、金本も十分マークしていたはずだったが、強く内角直球への意識付けをされていた分だけ踏み込めず、泳がされた。

なぜ、2人の勝負に注目したのかといえば、この5球に、投手と捕手が理想とすべき「配球の手本」がすべて詰まっていたからだ。

❶カウントの稼ぎ方（2球目の原点投球）❷弱点で追い込む（4球目の内角高めへの直球でファウル）❸勝負球でまとめる（5球目のフォーク）――。先に書いた「まとめ方から逆算して、

内角球を使う」とは、まさにこれだ。

投球の目的はアウトを取ることにあるが、そのためには「打者のタイミングを外す」「打撃フォームを崩す」ことが重要だ。通算2539安打を重ねた金本でさえ、内角球によってフォームを崩される。基本的に真っすぐとフォークしかない上原は、確かな技術でトップレベルの打者を完全に崩し、今も大リーグでトップレベルのリリーフ投手であり続けている。

配球論、内角球論のまとめとして「上原の5球」を取り上げた。配球は一球一球が応用問題。それは打者を打ち取るプロセスそのものだ。理想とすべき結果から逆算し、確かなプロセスを踏まえながら、難問に取り組んでほしい。

捕手と審判の信頼関係

プロ対プロ。捕手と審判も、信頼を築かなければならない。間違いなくストライクだと思った球を、ボールと判定されることはよくある。

南海捕手として、巨人と対戦した1961年の日本シリーズ。巨人の2勝1敗で迎えた第4戦。3－2でリードした九回二死満塁のピンチ。投手のスタンカが宮本敏雄を追い込み、ストライクゾーンの真ん中にフォークボールが決まったが、円城寺満球審の判定は「ボール」。私もスタンカも球審に詰め寄った。直後に宮本はサヨナラ打。スタンカは本塁ベースカバーに入りつつ、円城寺さんに体当たりをかました。

円城寺　あれがボールか　秋の空

有名な句が生まれた。円城寺さんは「普通ならストライクだが、風があって早く、大きく落ちたからボール」と説明したが、そんないい加減なことがあるものか。今でも夢に見ることがある。真ん中低めは、球審にとっても死角になる。私はよく、振り向いて「コースですか？　低かったのですか？」と尋ねた。

「低いとみました」と言い切る者は自信がある。「低いんじゃないか？」と語尾が上がる者は自信なさげだ。あまり文句を言うと頑固になるタイプの審判には、ひたすらムスッと黙っておく。しばらくすると、審判の方から「さっきの、入っていたかなあ」とポツリと話しかけてくる。やはり相手も心苦しいのだ。

名審判で、南海の先輩でもあった田川豊さんは「すまん、間違えた」とあっさりしたものだったが、もちろん次の球をストライクにしてくれるわけでもない。オーバーアクションが話題になった露崎元弥さんに「紙一枚外れています」と言われて、ビックリしたことがある。紙一重ならわかるが、紙一枚とは……。露崎さんには「きょうは、そのコースは取りません」と言い切られて、苦笑した経験もある。

反抗してもしかたない。「紙一枚」と言われれば「よう見とるなあ」、「そこは取らない」なら

「きょうは調子いいんですねえ」と合わせていった。審判の性格や癖、傾向を知るのも、捕手の仕事。コミュニケーションを取ることだ。

投手心理、打者心理を語ってきたが、審判心理というものもある。実際に審判と話をすると、ミスをしたくない、うまいと言われたい、という気持ちが強いと感じる。そんな相手に捕手が声を張り上げても、逆効果。捕球術で述べたように、カンニング（ミットをストライクゾーン内へ動かすこと）はよくない。審判も気づいているから、かえって厳しくなる。

1991年に野球殿堂入りした名審判、筒井修さんの名言がある。

「バッターは殺しても、ピッチャーは殺すな」

捕手であり、打者であった私も、筒井さんの言う通りだと思う。ボールをストライクと間違えられても、打者は死なない。だが、ストライクをボールと間違えると、その一球で投手の人生が終わってしまうこともある。これは審判だけではなく、捕手も肝に銘じておくべきだ。

言葉の力

重要な局面で、投手にどんな言葉をかければいいのか。より具体的で、投手を前向きにさせるものがいい。

南海時代、ライバル阪急との一戦で、山内新一とバッテリーを組んだ。走者を置いて4番・長池徳二（徳士）を迎えた。私はマウンドに向かった。

「おい、内角にだけは投げるなよ」

こう注意した。直後の初球、内角球を左翼席に高々と運ばれた。

私はそれ以来「○○に投げるな」と指示するのをやめた。「外角一本やりで行くぞ」「バッターの肘を目がけて投げろ」と、投げるべき場所を明確にするようにした。

「内角に投げるな」といえば、どうしても「内角」が頭の片隅に残る。または「投げるな」と禁止された分だけ腕が縮こまり、かえってコントロールミスを犯す。また、「ストライクはいらないぞ」というサインを出すのではなく、はっきりと「ボールにしろ」と指示した方がいい。

投手はガラス玉、と言ったのは金田正一さんだが、少なくとも投手は「ストライクを投げたい」「打者を抑えたい」生き物であることは間違いない。自分が投げなければ野球は始まらないと思っているのだから、内角には投げるなというような「禁止の指示」はなかなか伝わらない。

どうすれば失敗しないのか、成功できるのか。禁じるだけでは、「ＨＯＷ」がない。

原点投球（外角低めへの直球）の精度が低い投手であれば、捕手は体ごと外角低めに寄せてやる。外角低めを真ん中にしてやればいい。

走者を置いて、打ち返す方向を決める打者を迎え、引っ張るのか流すのか見極めづらかったとする。「まず牽制球。次のサイン交換はなしだ。次は外角にスライダーを投げてこい」と指示しておく。
牽制の瞬間、体を打者の内角に寄せる。打者がチラッとのぞき見て「内角か」と思ってくれたらしめたもの。改めてサイン交換すれば「変わったのか」と思われるから、次の球種を事前に決めておいたのだ。外角スライダーで見逃し、またはタイミングを外して凡打にできる。

志は、高く持たなければならないが、現実から離れすぎてはいけない。
思考は、緻密であるべきだが、些末なことにこだわりすぎてはいけない。
感情は、あっさりしている方がよいが、冷たくなりすぎてはいけない。
意思は、岩のように固くあるべきだが、激して頑なであってはいけない。

中国の古典「菜根譚《さいこんたん》」に、こんな戒めが書かれている。捕手の生き方を表しているようだ。重ねて書くが、捕手は「補手」である。投手を補い、守備陣を導く。誰よりも知識を持ち、観察力、洞察力を研ぎ澄ましておかなければいけない。そしてグラウンド上では、言葉で、ジェスチャーで、ガッツで、他の選手を前向きにさせる存在であるべきだ。

名捕手への道　～森祇晶～

捕手論の終わりに、現役、監督生活を通じて戦い、接してきた歴代の捕手たちについて、取り上げておきたい。

私が同世代の捕手として強く意識したのは、やはり森昌彦（祇晶、１９３７年1月9日生まれ）だった。私の1学年下で、巨人のＶ９を支えた不動の正捕手である。

彼も、私と同様、テスト入団だった。私は、30歳くらいまでの強力な正捕手がいるチームを避けて、南海を受験した。だが、名門・岐阜高で正捕手を務めていた森は、巨人を選んだ。

当時の巨人は、強打、強肩、俊足とすべてそろった藤尾茂さん（34年10月28日生まれ、森の２学年上）が、広田順さん（25年8月3日生まれ）から正捕手の座を奪いつつあり、森にチャンスはないかと思われた。

森には藤尾さんにない長所があった。インサイドワークと冷静に投手の実力をはかり、首脳陣に伝える能力だ。一方で皮肉にも、藤尾さんには強

巨人の頭脳、森昌彦なくしてV9もなかった。
日本シリーズ前には野村の自宅に泊まり込み、パの球団の情報を収集した

打、俊足など能力がありすぎた。だから外野手へコンバートされた。プロ2年目の91年に首位打者を獲得したヤクルト・古田敦也を中堅に回すような奇策ともいえたが、これで森は生かされた。

73年、富田勝とのトレードで巨人から南海にやってきた山内新一が、こんなことを言った。

「森さんは完成された投手をリードするのが上手です。野村さんは未完成で未熟な投手を勝たせてくれるんです」

山内は72年に巨人で1勝もできなかったが、移籍1年目の73年に20勝を挙げてリーグ優勝に貢献してくれた。右肘を痛めて「くの字」に曲がっており、ナチュラルにスライダー回転する速球を武器に変えたことは、投手論でも紹介した。

確かに、当時の巨人は藤田元司、金田正一、城之内邦雄、堀内恒夫らエース級に事欠かず、南海とは比べものにならなかった。森は「もう限界でしょう」「ここに投げろと言ったのに、投手がそこに投げなかったから打たれました」など、首脳陣にはっきり告げたという。私は層の薄い投手陣を、どうにかして、1イニングでも長く持たせようと考えていた。「投手を生かす」という視点で、森とは明らかに考えが異なっていた。

森にすれば、「負けてもともと」の私とは異なり、「勝たなければならない」という重圧との戦いだった。投手論で紹介した「カウント0－2から打たれたら罰金。追い込んだら必ず一球外せ」という暗黙のルールも、その反映だろう。

森が、西武監督として、日本シリーズを戦う際に「3つ負けられる」、ホームから始まるシリーズで2勝して「これでまた西武球場に帰れる」などと話したのも、冷徹な分析力、洞察力に裏打ちされたものだ。

捕手には「打撃から入るタイプ」と「守備から入るタイプ」の2種類がいる。私は前者で、森は間違いなく後者だった。

名捕手への道　～日比野武～

「神様、仏様、稲尾様」――。この流行語は、わが南海の大失速と、西鉄・三原脩監督の大英断「捕手交代」なくして生まれなかった。

1958年9月28日、平和台球場での西鉄－南海最終戦。最大11ゲーム差をつけていた南海は、西鉄に勝率6厘差まで詰め寄られ、最後の直接対決を迎えた。前日27日に延長十回を3安打無失点で完投も、引き分けに終わった杉浦忠が、連投で先発した。

一回一死一、三塁のピンチで、4番・中西太を迎えた。前日の中西は無安打。調子は下降気味、よし、杉浦のシュートで詰まらせてゲッツーだ。ところが……。

中西さんの打球は、遊撃方向へのライナー。OKだ、と思った瞬間、グングン伸び上がっていくではないか。遊直どころか、左翼手・大沢啓二が一歩も動けない、レフトスタンド後方の看板を直撃する3ラン。あれほどの打球は見たことがない。同時に、南海の命運は尽きた。

日本シリーズは、巨人に3連敗した西鉄が、稲尾和久の4連投4連勝で大逆転優勝を果たした。

3連敗後の第4戦、平和台。西鉄は二回までに0－3とリードを許した。その裏、西鉄は一死満塁のチャンスをつくり、8番・捕手の和田博実。そこで三原監督は代打・関口清治を送った。後がない指揮官の勝負手だった。関口は凡退したが、9番・稲尾の押し出し四球、1番・高倉照幸の2点打で試合を振り出しに戻した。

和田に代わる捕手は、日比野武。21歳から38歳のベテランへの交代だった。これがはまった。三回から六回まで1安打に抑え、西鉄はその間に逆転して勝った。第5戦から、先発捕手は日比野。稲尾は救援し、自らサヨナラ本塁打。第6戦は完

1957年の日本シリーズで巨人を倒し、笑顔で握手する西鉄・稲尾和久（右）と日比野武。「神様、仏様、稲尾様」は翌58年のシリーズだった

封、第7戦は1失点完投。神様になった。

稲尾－和田のバッテリーは、56、57年と日本シリーズで巨人を連破。それだけに、巨人も傾向をつかんでいたのだろう。また、稲尾は打者の気配を察知する名人だったが、この年デビューした長嶋茂雄だけは読みきれず、シリーズ序盤で打ち込まれていた。

それだけに、日比野への「捕手交代」は効果的だった。稲尾－和田の同世代で息の合った攻撃的な配球から、老獪《ろうかい》なリードへ。巨人も戸惑ったはずだ。

短期決戦はできれば正捕手が一人で、前の試合、前の打席から継続して打者を攻略した方がいい。だがこの時の西鉄は敗退の崖っぷち。代打策の決断が、捕手交代の成功という〝ひょうたんから駒〟になった。長い歴史の中で、捕手交代が吉と出た日本シリーズを、私は他に知らない。

実は日比野は、私の「ささやき戦術」のお手本である。打席に立つと「おい、お前最近構えを変えたのか?」などと、気になる一言をつぶやく。「えっ? そうかな……」などと迷い始めると、本当にフォームを崩されてしまう。すぐ、私も取り入れた。

名捕手への道　～岡村浩二～

私は、パ・リーグの捕手部門のベストナインを、１９５６年から68年まで、13年連続で独占した(他に70～73、75、76年に獲得)。その連続受賞をストップさせたのが、69年の阪急・岡村浩二である。

この年の岡村は121試合に出場し、阪急のリーグ3連覇に貢献した。逆に私は故障もあって106試合の出場にとどまり、連続シーズン本塁打王も8年で止まった。彼の受賞は当然だったと思う。

岡村が有名になったのは、この年の日本シリーズ第4戦だ。

後楽園での巨人戦。3点リードの四回の守り。一死一、三塁で長嶋茂雄が空振り三振したと同時に、一走・王貞治がスタート。岡村は二塁へ送球すると、三走・土井正三が本塁突入。二塁手がカットして岡村に返球。鉄壁のブロックを誇る岡村が、土井をはね返したと思われた。

岡田功球審の判定は、「セーフ」。これに岡村が激高し、球審を突いて退場になった。ラジオの中継席で見ていた私の目にも「アウト」としか思えなかった。当時、岡村はブロックの名人で、「重戦車」と呼ばれたほどだった。土井はそのブロックを研究して、左足を目いっぱい伸ばし、はね返される直前、わずかな隙間からベースに届かせた。

翌日の新聞紙面に、土井の左足がベースに届いている写真が掲載された。それを見て、岡村は深く恥じ入ったという。この退場で正捕手を失い、阪急の勢いがしぼんだのは事実だった。

この一件だけで、岡村の捕手としての真価が下がるものではない。頑健で肩が強く、根拠のあるリード。非常に「捕手らしい捕手」だった。

打席に立ったときの、彼との知恵比べは楽しかった。彼がまだ若手だったころ、打てば決勝打という場面で歩かされそうになった。投手は米田哲也だったと記憶している。案の定、スリーボール。このまま歩くのもしゃくだから、岡村を相手にちょっと芝居を打ってみよう、と考えた。

打席を外し、ベンチからのサインを確認した後、わざと「舌打ち」をした。明らかに不満そうな顔をして、大きくブンッ、ブンッと素振りをした。

「どうやら〝待て〟のサインが出たな。それで野村は不満なんだな……」。岡村なら私を観察して、そう判断するのでは、と思った。

待て、だとわかれば、ただ歩かせるのはもったいない、と考えるのが〝裏かき稼業〟の捕手心理。次の一球。様子を見てみようと、ストライクを投げてきたその球を狙い打ち、私はホームランにし

1969年、日本シリーズ第4戦。巨人・土井正三の左足は、阪急・岡村浩二のブロックの隙間を突いて本塁に届いていた

た。

いかにも自慢話に聞こえるかもしれないが、岡村が捕手としての確かな観察力、分析力を持っていたことの証明でもある。阪急黄金期をしっかり支えた彼との知恵比べは楽しかった。

名捕手への道 ~田淵幸一~

捕手には、「打撃から入った捕手」「守備から入った捕手」の2通りがある。打撃と守備、どちらを買われてポジションを与えられたのか、ということだ。

森昌彦（祇晶）は、インサイドワークや捕球術など守備を買われて起用された。私は「ささやき戦法」「データ重視」などが注目されるが、もともと打力が売りだった。

プロ2年目の1955年には一塁手に転向されかかったし、先輩たちの負傷などでチャンスを得た翌56年の米ハワイでの春季キャンプでアピールしたのも、練習試合での本塁打だった。

南海は捕手が世代交代期を迎えていたため、肩を必死に鍛えてポジションにしがみついた。配球に興味を持ったのは、打者として相手バッテリーの攻めかたを知ってから。入団から5年以上経過した後のことだ。

田淵幸一が、法大から鳴り物入りで阪神に入団したのは69年。大学時代の彼を見て、「コイツが南海に入ってきたら、俺の立場も危ういな」と思ったものだ。

抜群の長打力だけでなく、小さく素早いモーションで二塁へ矢のような送球を見せる。プロ野球の歴史を変えうる「大型捕手」。ただ当時の阪神は頭を使った野球という点では巨人、阪急、南海などに大きく後れを取り、捕手が出すサインも数種類だけ。田淵が投手をリードする楽しさを知っていたら、と思うと残念だ。

私は忘れていたのだが、田淵に明かされたことがある。「オールスターで『次は真っすぐ放らすぞ。打たせてやるわ』と言って、カーブで三振させられましたよ」。確かに、パ・リーグの面々から「ノムさん、田淵に打たせたら駄目ですよ」と言われていたが……。

79年に西武で同僚となり、田淵をつぶさに観察していたが、実におおらか。「捕手で一番大事なのは、後ろにそらさないことですよ」とあっけら

1974年、阪神・江夏豊（右）と勝利の握手を交わす田淵幸一。天性の長距離打者であり、強肩の大型捕手だった

かん。天性だけで野球をしていた。80年からは捕手を断念し、一塁手、DHで活躍するようになった。

DHになると、出番でないときにベンチ裏に引っ込むことが多かった。これが何とももったいなく見えた。

例えば同じ強打者の土井正博に対し、相手投手がどういう攻め方をするかを観察、分析すれば、自分への配球もある程度つかめただろう。また阪急のエースだった山田久志は、ワインドアップの際に、グラブを頭の後ろで2度弾みをつけてから投げる。これが同じテンポならストレート。テンポがずれたらカーブ。癖が出ていた。

投手の癖や打者への攻め方を学べるのは、捕手が恵まれている点といえる。「守りから入った捕手」が打撃面でも飛躍を遂げ、「打撃から入った捕手」がさらに数字を向上させる可能性があるからだ。

名捕手への道 ~山倉和博~

正捕手は、投手陣の精神安定剤になれる。

阪神が日本一になった1985年。このシーズン、阪神の象徴的な出来事といえばバース、掛布雅之、岡田彰布の「バックスクリーン3連発」(4月17日、巨人戦=甲子園)。その後の快進撃と甲子園熱狂の原点になった。

打たれた投手は21歳の槙原寛己。リードしたのは27歳の佐野元国。この年、近鉄から巨人に移籍したばかりだった。正捕手の29歳・山倉和博は故障で離脱中だった。

巨人が2点リードした七回二死一、二塁。3ランが出れば逆転だから、「本塁打だけは避けなければいけない状況」だった。バースは初球、外に逃げるシュートを打った。P144の「ボールカウントの性質」でも説明したが、初球は、反応を見せていない分だけ打者がやや有利。バースは第2打席、同じシュートで二ゴロ併殺打に倒れており、シュートへのマーク度は高かった。

リードする上で必要なのは、「あいこ」を避けることだ。「あいこ」とは、打者が狙っている球のサインを出してしまうこと。じゃんけんなら再

1980年代の巨人を支えた山倉和博（左）。堅実な守備に加え、長打力のある8番打者として「意外性の男」と呼ばれた

チャンスがあるが、強打者への「あいこ」は、痛打されるリスクがかぎりなく高くなる。

掛布はカウント1－1から、内角高めへの要求が逆球となった真ん中外寄り高めの直球、既に説明した「左打者特有の子供ゾーン」を打った。そしてバース、掛布がいずれも速球系の球種を打ったことで、岡田は「もう直球はないだろう」と変化球のスライダーを狙った。極限状況の若いバッテリーに、「読め」と言っても酷だったろう。

この年、開幕から巨人が出遅れた要因は「正捕手不在」にあった。5月に入り、山倉が復帰すると、スタートダッシュに失敗した巨人が持ち直した。山倉にすれば「俺を呼んでいる」の思いだったのではないか。

復帰早々、失意のどん底にあった槙原を完投勝利に導き、西本聖、江川卓の両エースも復調した。投手たちが「山倉は自分の生かし方を知っている」と安心した成果だったと思う。

この年は阪神の勢いに完全に屈して3位に終わった巨人は、翌86年もゲーム差なしで広島に及ばず2位。だが87年、強力投手陣を擁し、王貞治監督4年目で初のリーグ優勝。山倉は巨人捕手として初のリーグMVPに輝いた。

最近では、圧倒的な正捕手が離脱した場合のリスクに備えてか、ソフトバンクのように複数の捕手を使い分けるチームも増えた。チームを中長期的に安定させるには、正捕手の存在は必須だ。「力対力」「投げ損じ対打ち損じ」で勝敗が決まるような味気ない野球から脱却するためにも、各球団は捕手を教育、育成してほしい。

名捕手への道　～伊東勤～

１９８０年代から90年代にかけて、西武の黄金時代を支えた正捕手は、伊東勤だった。私が西武で現役を引退したのは80年。伊東が練習生として入団したのは81年（支配下選手契約は翌82年）。同時期にユニホームを着ることはできなかった。

79年に誕生した西武にとって、チームの土台というべき正捕手育成は急務だった。80年に大石友好が入団し、南海から黒田正宏も移籍。82年の西武初の日本一はこの２人が支えた。

伊東は翌83年の日本シリーズで正捕手の座をつかんだ。巨人に１勝２敗とリードされた第４戦から先発マスクをかぶり、４勝３敗で逆転日本一。当時の広岡達朗監督、森祇晶ヘッドコーチ（のち監督）に鍛えられ、常勝球団の正捕手として14度のリーグ優勝、８度の日本一に導いた。

１メートル80センチを超えるがっしりした体格で肩も強かった。実は通算１３４盗塁を決めており、捕手としてはプロ野球最多だという。私も１１７個で、特に油断を突いた三盗には自信があった。盗塁、走塁への興味は、たとえ捕手でも必要だと思っている。相手バッテリーを観察、洞察することで成功の確率が増す。これはリード、配球にも通じるからだ。

92、93年の日本シリーズは、私が率いるヤクルトと森が指揮する西武が対決した。西武が伊東、ヤクルトは古田敦也。捕手出身監督が育てた、リーグを代表する正捕手対決だと、戦前から盛り上がった。

92年、伊東はすでに7度の優勝を経験して脂がのりきった11年目の30歳。古田は27歳だったが、大学、社会人経由だったため3年目で日本シリーズは初経験。第5戦以降はすべて延長戦で、西武が4勝3敗で制した。今でも「名勝負」に数えられるが、ヤクルトからみれば守り負け、未熟を露呈したシリーズだった。

シリーズを通じて感じたのは、伊東は「リードに傾向が出ない」「読みづらい」というものだった。同じ相手と最大7試合を戦う日本シリーズでは、配球やリードを常にチェックし、どんどん丸裸にしていく。

渡辺久信、郭泰源、石井丈裕、渡辺智男が先発

1988年、日本シリーズ第5戦。西武・伊東勤（奥）は日本一を決めるサヨナラ打を放った。常勝軍団を8度の日本一に導いた名捕手だった

してきたが、球威、変化球とも申し分ない。それだけに、その日最も有効な球種を軸に「投手中心の配球」をし、随所に洞察力を働かせて意表を突く、といった具合だ。このあたりは、V9巨人の正捕手だった師匠の森に似ている。

一方のヤクルトは、死力を尽くしてセ・リーグの混戦を勝ち抜き、岡林洋一に1、4、7戦を託さなければいけない状況だった。力負けではあったが、特に自分たちの未熟さを感じたのは、第7戦。まず同点の七回一死満塁。二ゴロで本塁に突入した広澤克実のスタートがやや遅れて、本塁で封殺されたこと。そしてもう一つ、古田を叱った配球があった。

名捕手への道　～古田敦也～

「アマチュアのリードだったな」。このシリーズ第7戦を終えて、私は古田敦也にこう言った。1－1の延長十回、西武は先頭の1番・辻発彦が左翼線二塁打。続く大塚光二の犠打で一死三塁となり、3番・秋山幸二が中犠飛を放った。これが日本一を決める一打になった。

秋山の犠飛は、岡林洋一のカーブを打ったもの。右の長距離打者にとって、右投手の横に流れていくカーブは、球の軌道を追いかけやすいため、最も外野フライを打ち上げやすい。もちろん古田は、事前のミーティングやデータで秋山の特徴や長所短所は把握していた。だが犠牲フライを打たせない、という状況判断が欠けていた。

翌1993年は、キャンプ初日から「今年は絶対に日本一。セ・リーグを連覇しても、日本シリーズで負けたら一緒だ」とハッパをかけた。その通り、日本シリーズは西武との再戦になった。

この年の日本一を決めたのは、古田だった。第7戦（西武）で、3－2の八回一死三塁。広澤克実の遊ゴロで、三走だった古田が、バットにボールが当たった瞬間にスタートを切って、駄目押し点を奪った。前年に広澤が一瞬躊躇して本塁で憤死した教訓を生かした。このスタートは、キャンプから繰り返し練習してきたもの。古田が決めたことに意味があった。

試合を通じて、失敗が一つもないことなど、ありえない。この日、一回に3点を先制した直後、先発の川崎憲次郎が清原和博に2ランを浴びた。絶対に投げてはいけない、内角低めへの直球を打

1993年の日本シリーズで、ヤクルトは西武に前年の雪辱を果たして日本一。古田敦也（左、右は高津臣吾）が球界ナンバーワン捕手として認められた瞬間だった

たれた。これはバッテリーのミスだったが、その後は1点も許さず、打撃でも、走塁でも、守備でも、集中していた。

古田を1年目から起用した私は、ベンチで目の前に座らせて、配球を教えた。打撃などどうでもいい。攻撃中、相手バッテリーの配球を「次はスライダーや」などとつぶやいていた。直前の配球に疑問があれば「なぜ真っすぐだったのか。根拠は？」と問いただした。

怒られていると感じ、黙って下を向く選手も多い。古田は「変化球を待っている反応があったからです」などと、必ず返答していた。自分なりの判断基準を持ち、考えなければ、答えられない。すでに説明した捕手に必要な5つの力（分析力、観察力、洞察力、記憶力、判断力）に加え、自分の考えを周囲に伝える発信力も備えていた。

巨人の主砲だった松井秀喜は現役引退後、こう語っていた。「僕は配球にはこだわらない方だった。だから古田さんを意識しないようにした。配球そのものより、古田さんという選手が相手を惑わす存在だった」。すぐれた捕手は、日本を代表する強打者をも疑心暗鬼にさせる。まさに「無形の力」である。

名捕手への道　～谷繁元信～

中日・谷繁元信は2015年に、それまで私が持っていた3017試合の通算出場記録を更新。

3021試合まで伸ばして現役を引退した。

「野村監督の3017試合を超えるのが、今の目標です」

こう打ち明けられたのは、11年の日本シリーズでソフトバンクに敗れた翌朝だった。私は偶然、中日のチーム宿舎に宿泊していて、谷繁とばったり出くわした。この時点での出場数は2636試合だった。

谷繁にとってこの年は自身6度目の日本シリーズ。7試合中4試合が2－1のロースコアで、捕手には過酷だった。打撃でも7試合通じて無安打で、無関係の私にまで「情けない試合を見せてしまって申し訳ありません」と頭を下げた。グラウンドにおける監督の分身として、責任を背負い込んでいたのだろう。

ヤクルト監督時代、当時横浜にいた彼のリード

2007年のクライマックスシリーズ。巨人を倒した中日・谷繁元信（右）は、抑えの岩瀬仁紀と抱き合った

を「続きの谷繁」と名付けていた。やんちゃな顔立ちだが、配球はしつこい。同じコース、同じ球種を続けてくる。この「続き」も、若かった頃には強引でしかなかった。投手もなかなか、同じ球を厳しいコースに投げ続けることはできない。だから、よく痛打を浴びていた。

だが中日で円熟し、打者心理、投手心理に通じてくると、この「続き」がプラスに作用するようになった。それが表れていたのが07年、日本ハムとの日本シリーズ第5戦。山井大介－岩瀬仁紀のシリーズ史上初の継投による完全試合だった。

八回まで完全投球を演じた山井は、全86球中、内角に直球を投げたのは四回の森本稀哲への2球目と、六回の金子誠への5、6球目（いずれもボール）の3球だけ。また、変化球の割合も6割を超えていた。

変化球が5割もあれば、打者は「きょうはずいぶん多いな」と感じるもの。一回、3番・稲葉篤紀には2球目から4球連続で変化球を要求し、二ゴロに抑えた。二回の4番・セギノールも4球すべて変化球で三振。

山井が好調で、持ち味のスライダーの切れがよかったため、こうした選択になったのかもしれない。逆に、打者には迷いが生じるものだ。

「変化球ばかりだ。いつ内角に真っすぐが来るのだろう。そろそろ内角に来そうだ……」

まったく来ない内角球への不安をぬぐえないまま打席に立つ。内角直球の意識を捨てられず、変化球に狙いを絞ることができない。「もう変化球は来ないのではないか」と、中途半端に打席での対応を変えてしまい、外角への変化球を中途半端なスイングで打ちあぐねた。

特に稲葉はフルスイングをほとんどさせてもらえず、不振の精神的支柱に引きずられるように、日本ハムは凡打を重ねた。「続きの谷繁」は、ありもしない変化の幻を見せ続けた。臨機応変は難しいが、谷繁のような徹底も、なかなかできない技術である。

名捕手への道 ～阿部慎之助～

捕手の世代交代は難しい。それは巨人・阿部慎之助の成長と円熟、現状をみれば明らかだ。阿部は本来、明るく開放的、楽天的な性格なのだろう。巨人入団当初から、私のサンケイスポーツでの評論「ノムラの考え」などで、捕手としての未熟さを厳しく指摘してきた。例えば、こんな内容だ。

2010年7月3日の阪神戦で、阿部は捕手としてブラゼル、鳥谷敬、城島健司に3本塁打を許した。ブラゼルの本塁打は左腕・藤井秀悟が初球の外角スライダーで空振りさせ、次に同じ球を要求して甘く入った。私なら『もうストライクは要らない』と、誘い球、引っかけさせるゴロゾーンへの球しか要求しない、と配球を問題視した。

鳥谷の本塁打は、カウント2－2からのスライダー。前打席の左飛、2球目のファウルがいずれもスライダーで、打者の意識が高まっているところに同じ球種を要求した点を指摘した。城島のソロは、右腕・マイケルの失投。それでも真ん中付近に漫然とミットを構えるべきではない。コースや高低を明確に伝えるべきだ、と説いた。

ほめたこともある。09年、日本ハムとの日本シリーズ。第4戦までに稲葉篤紀と高橋信二によく打たれていた。日本一を決めた第6戦。1－0の五回一死二塁のピンチで、両者を連続で見逃し三振に仕留めた。勝負を急がずじっくり追い込み、最後は「直球はない」という主力打者の心理を利用して、直球に手を出させなかった。

配球論で述べたが、捕手には独特の本能がある。当たり前は嫌で、常に裏をかきたがる。完璧主義、理想主義からくるマイナス思考。阿部はプロ入り当初、打者としての本能が強く、捕手独特の本能

2012年の日本シリーズ第2戦。巨人・阿部慎之助（右）は、サインを見落とした澤村拓一の頭をはたいた。勝利への責任感のなせるわざだった

は後ろに隠れていた。

天才的な打撃技術のマイナスの側面が、守りでも顔をのぞかせることが多かった。自軍の投手心理、相手打者の狙いや考えよりも、「自分が打者だったら、このコース、この球種を投げられるのが嫌だ……」という考えが優先してしまうことがあった。

だが常に勝利を求められる巨人に入団したことが、捕手として成長する要因になった。12年、日本ハムとの日本シリーズ第2戦。阿部は先発・澤村拓一をリードした。一回に四球を連発し牽制球のサインを見落とした澤村の頭を、マウンドではたいた。

本来ならお客さんの目の前で見せる振る舞いではなかったが、「この投手をどうにか立ち直らせたい。勝ちたい」一心だったのだろう。「捕手は『補手』」「捕手は『投手の修理工場』」と述べたが、阿部の行動は捕手としての責任感の発露だった。

14年以降、阿部は故障もあって、一塁を守ることが増えた。巨人はこの年にリーグ連覇が途絶えた。チームの苦境は、グラウンドにおける監督の分身を失ったことから始まったのである。

名捕手への道 ～途上にある若い捕手へ～

現代は「捕手の時代」と書いた。ところが２０１６年、規定打席に到達してシーズンを終えた捕手は、12球団で巨人・小林誠司だけだった。

15年にヤクルトのリーグ優勝に貢献し、正捕手への階段を上がったかにみえた中村悠平は、ポジションを失いかけた。

ヤクルトがソフトバンクに1勝4敗で完敗した15年の日本シリーズ。ヤクルトはトリプルスリーを達成した柳田悠岐をよく抑えたが、相手の大砲・李大浩を抑えられず、打率5割、2本塁打、8打点と〝シリーズ男〟にしてしまった。

第5戦の四回、石川雅規が日本一を決める2ランを打たれた。これは内角へのカットボール。第1打席は内角球2球で中飛に抑え、李大浩に対して、内角に弱点あり、とヤクルトは見ていたのだろう。

「内角が弱い」には、狙われても打てない、狙えば打てる――の2通りがある。李大浩は明らかに後者だった。同じ相手と最大7試合戦うシリーズで、相手の観察、分析を尽くせず、対応できなかったのであれば、未熟というほかない。

また、第4戦先発の館山昌平は、力みから直球の制球が定まらなかった。たとえ相手がベテランでも、捕手の中村は「補手」として、力を抜いて投げなければならないスライダー、カーブを多く要求し、直球の力みを消すように修正を促す配慮があればよかった。

もう一つ、最近不満に思っていることがある。中村に限らず、若い捕手たちが「原点投球＝外角低めへの直球」の存在を忘れているようにみえることだ。

小さく動く速球系の変化球（カットボール、ツーシーム、スプリット・フィンガード・ファストボールなど）をストライクゾーンの中で動かしたり、ゾーンぎりぎりに出し入れしたりするのが、全盛の時代だ。これらは、バットの芯を外せれば「便利な球種」になるが、コントロールできなければ危険きわまりない。

今こそ「困ったら原点」だと思う。打者に共通する苦手ゾーン「内角高め－外角低め」の直球を、小さく動く球種と組み合わせることだ。原点投球、つまり外角低めへの直球は、「内と外」「緩と急」「高と低」どの組み合わせにも使える球種であることを、忘れてはいけない。

殴った者は痛みを忘れても、殴られた者は痛みを忘れない。捕手が一時の成功を手にしても、その直後からライバルに研究され、丸裸にされる。正捕手への道は、一朝一夕に成るものではない。努力で乗り越えることにこそ、価値がある。このことを強調して、捕手論を終える。

第5章 打者論

バッティングの目的と打者のタイプ

最後の4割打者、テッド・ウィリアムズはこう言ったという。

「スポーツの中で最も難しいものは、バッティングである」

確かに、6割以上、7割近く失敗しても「一流」と呼ばれるスポーツの技術はそう見当たらない。陸上の100メートル走でさえ、100分の1秒を削り出すような努力で世界記録が伸び続けている。だが野球では、大リーグでも日本のプロ野球でも、選手は必死に努力して技術を高め、用具や練習方法は最先端の進歩を重ねてはいるが、打率4割に届く者が現れてこないのである。

バッティングの目的は、以下の3つに集約される。

❶自ら出塁する
❷走者を進める
❸走者をかえす

そして、打者のタイプも基本的には以下の3つである。

①長距離打者　自由にバットを振り抜き、長打力を示す。クリーンアップを目指す
②短距離打者　ミート中心主義を徹底する。ライナー性の打球を心がけ、左右に打ち分ける
③快足打者　ゴロ中心主義で出塁を目指す。バントの技術を高めて活用する

自分が①から③のどのタイプであるかを把握して、❶から❸の目的に応じた打撃をよく理解して、実行することだ。また、相手が自分をどう分析しているかを考え、読みに利用することも必要だ。こうすることで及第点といえる打率2割5、6分から一流の証明である3割へ。さらに3割から1厘ずつでも数字を積み上げていくことができる。

ヤクルトの山田哲人は2016年、プロ野球初となる2年連続トリプルスリー（同一シーズン打率3割、30本塁打、30盗塁）を達成した。彼を指導する杉村繁チーフ打撃コーチは「入団直後、2軍で指導していた頃には『お前が本塁打を狙ってどうするんだ？』と話していました」という。

高校時代から飛距離に定評があったというが、プロ入り当初は短距離打者、快足打者になれば……という見立てだったのだろう。ところが練習を重ね、スイングスピードが上がり、左足を上げて右半身に軸を置いて回転するフォームが定着した結果、打球の飛距離が出て、角度もついた。15年になり、杉村コーチは「安打だけでなく、本塁打も目指していこう」と本人と話し合って目標を修正し、大記録が生まれた。

打力の向上に必要なものは「己の能力を知る」「手首と下半身の強化に努める」「動体視力の鍛錬」の3点だと私は考えている。山田は体ができあがりつつあるタイミングで、しっかりバットを振り込むことで体力、技術が向上して、打者のタイプでいえば②短距離打者と①長距離打者の両面を兼ね備えたタイプへと変化したのだろう。

自分のタイプや打撃の目的を考えず、ただがむしゃらに努力しても、夢はかなわない。ウィリアムズの言うように「バッティングは最も難しい」のだから、なおさら努力の方向性を誤るわけにはいかない。

バットの選び方、握り方

バットの選び方は重要だ。折れにくさ、反発力のよさ、自分の体格やスイングに合ったものを選ぶことだ。材質は、木目が縦にスーッと走っているものがいい。私はグリップの近くに節があるものは避け、芯付近に節があるものを選んでいた。親指と人さし指でバットを持ち、手のひらでたたいたとき、キーンと金属音のような響きがあるものがいい。

特にこだわるべきなのは、グリップの太さと重さである。遠心力を利かせた打ち方の人は、グリップは細め。体の回転で打つ人やミート中心で打つ人の場合にはやや太め。極端に細ければバットの先が重くなりすぎ、太ければ手首の動きを殺してしまう。

私は長距離打者だったが、太めのグリップのものをつかっていた。プロ入りした1950年代には、現在のようにメーカーの用具提供契約などはなく、入団当初はお金もなかった。先輩のお古をもらい、使っている中でしっくりきたのが、太いグリップだった。

現在の選手は、金属バットで野球を始めるため、細いグリップに慣れてしまっている。だが

「慣れ」と「タイプ」は違う。時間をかけて、自分のタイプに合うバットを選んでほしい。

足を生かすタイプの打者に、私が薦めたのはグリップが太く重い、すりこぎに似た「つちのこバット」だった。

1969年に南海に入団した右打者、藤原満は近大では長距離打者だったが、プロ入り後に伸び悩んだ。3年目。足を生かして短距離打者に転向してほしいと思い、つちのこバットを見せて「このバットを使うなら、試合に出してやる。使いこなせるように練習しろ」と指示した。

藤原自身もミート中心の打撃に転換したいと考えていた。このバットで、低めの球を二塁手の頭上（センターから右方向）に打ち返す感覚を身につけ、やがて首位打者を争うまでに成長した。

さて、バットの握り方にも個人差がある。指に

南海・藤原満はグリップから先端までの太い形状から「つちのこ」と呼ばれたバットを短く持ち、ミートを心がける打撃で通算1334安打をマークした

かけて握る「フィンガーグリップ」と、手のひらで握る「パームグリップ」に大きく分けられる。「フィンガーグリップ」は指の力が強く、遠心力を使える人には理想だろう。ただし150キロを超える速球で押し込まれたとき、対応できる者は限られる。下の手（右打者の場合は左手）は手のひら、上の手はフィンガーで握る方法もある。両手とも手のひらで握ると、手首の動きを殺してしまうので、やめた方がいい。

脇を絞って握る場合でも、外国人打者のように脇を開いて握る場合でも、強く握りすぎないようにする。リードの手（右打者の場合は左手）はやや強め、パワーを伝える手（右打者の場合は右手）は柔らかく添える程度でいい。この方がインパクトの瞬間に力を爆発させられる。右手と左手の役割は違う。

ミートポイントで十分に手首を働かせられるかが重要。クギを打ち込む瞬間の感覚でバットの芯で捉える、つまり「てこの原理」の応用だ。インパクトの瞬間の構えからスイングを巻き戻して、バットの握りを決めていくのもよい。

素振りの重要性

中日の監督だった落合博満と話したとき、彼が「僕らの世代が、素振りを重視した最後の世代なんじゃないですかねえ」と漏らしたことがあった。落合は「野球で使う体力は、野球の練習で培うもの」という考え方をしていた。

ティー打撃（トス打撃）などでフォームを固めることが増え、「多く振る」よりも「数を打つ」方に重きを置いた練習が目立っている。だが近年の打者でも、長嶋茂雄監督の自宅に呼ばれて素振りを重ねた巨人時代の松井秀喜、広島、阪神で勝敗や自らの結果にかかわらず試合後に素振りを繰り返した金本知憲らもいる。

バットやボールを使わない筋力トレーニングを否定はしないが、日本シリーズまで戦い抜く体力は、野球の基礎練習の積み重ねで養うものだという落合のような考えは、理解できる。シーズンが深まり疲労が蓄積すれば、スイングスピードが落ち、好調時には捉えていた球も打ち損じる。素振りによる振り込みは、1年間ばてない「スイングのスタミナ作り」の側面もあると考えていた。

自分の経験をもとにして、素振りについてまとめると、こうだ。

❶ **スタミナと筋力をつけるため、25歳までは毎日振り続ける** 基礎作り、土台作りである。一日300〜500回、または1〜2時間をめどに振っていけば、1カ月で1万スイングに達する。

❷ **正しいスイング、自分の理想とするスイングをイメージして振る** 膝↓腰↓肩↓手という体の正しい動き、すなわち下半身主導のスイングを身につける。

❸楽なコース、楽なスイングばかりを繰り返さない　「外角・真ん中・内角」と「高め・低め」を組み合わせ、それぞれに合ったスイングをすること。真ん中、外角はセンター返しをイメージし、内角は体の回転を意識したスイングをせよ。内角いっぱい、外角いっぱいもしっかり振る。下半身を使ったバランスのいいスイングを身につけるため、低めをダウンスイング（ただし決して肩を下げない）で振るのも効果がある。

❹一点で力が爆発するようにスイングする　スイングした際の「音」をしっかりと聞け。私が理想としたのは「ブッ」だった。「ブーン」でも「ブンッ」でもない。この強く、切れのある「ブッ」を出すためには、力を抜くところと入れるところ、その配分を覚えて力みすぎずにヘッドを走らせなければならない。現役時代には自分でノルマにした回数や時間を超えた後で、最後に「ブッ」と納得できるスイング音が出たら、その日は練習終了にしていた。この音がしなければ、やり直し。疲れていても、力の入れどころが正しければ、いい音は必ず出るものだ。腰を据えて、下半身主導で、力を入れるが力みすぎず、しっかり振り抜く。筋力とスタミナ、集中力が養われた。

お手本の打者を観察し、自分に生かす

ではどうしたら「正しいスイング、理想とするスイングをイメージする」ことができるか。

南海の若手時代、まったく遊ぶ金がなかった。1年目（1954年）の月給は7000円（当時の高卒平均初任給は6000円）だったが、寮費の3000円、母への仕送りの1000円を引くと、手元には3000円しか残らなかった。だから先輩たちの誘いを断って、寮で素振りばかりしていた。時々2軍監督が「手のひらチェック」をする。バットを振っていれば、手のひらにまめができる。私の手を見て「これがプロの手だ」とほめられ、誇らしくもあった。

最初にお手本としてイメージしたのは「打撃の神様」、巨人の川上哲治さんだった。2年目の55年のオープン戦。大阪球場に、巨人がやってきた。私は2軍選手だったが、打撃練習時の捕手として手伝いに呼ばれた。南海の練習が終わってお役御免になると、急いで着替えてネット裏へ引き返した。神様の打撃練習を見学するためだ。

まばたきも惜しんで、観察した。思わぬことに気がついた。川上さんは、レベルスイングの代表的なバッターだったのだが、まるでゴルフスイングのような素振りを繰り返していたのだ。「なぜ、あんなスイングをするのだろう。試合とはまったく違うじゃないか……」。不思議に思いながら、川上さんの打撃練習に目を奪われた。だが試合になれば、自分がお手本にしたかったレベルスイングで快音を発していた。

頭の中が疑問だらけになりながら、寮で川上さんと同じ練習をした。地面をかすめるようにバットを走らせてみた。まねて、自分の体で感じた。少しスイングしただけでは、最初はまるで理由がわからなかった。なぜだ？　と頭で考えながら、何度も何度もスイングを続け、思い当たった。

「右足（軸足）から左足へ、スムーズに体重移動するためではないのか」

左打ちの川上さんは右打ちの私とは逆で、やや左足（軸足）寄りに重心を置き、体に巻き付けるようなレベルスイングで打ち返す。しかしインパクトの瞬間には、やや右足よりに重心を移動させなければ、スイングスピードの速さは生まれない。だから体重移動を体に染み込ませるため、ゴルフのようなスイングをしていた。

それに気づいてからは、川上式のゴルフスイングの素振りをしてから、本格的に振り始めるようにした。プロ2年目で「なぜもっとうまく打てないのだろう」と悩んでいた私は、目の前が開けたように感じた。

1956年5月31日、プロ野球初の通算2000安打を達成した巨人・川上哲治。体に巻きつくようなレベルスイングで「打撃の神様」と呼ばれた

「学ぶ」と「まねぶ」つまり「まね」は同語源だというが、私も川上さんの模倣から入った。イチローをまねても、イチローになれるわけではないが、練習法は自分を高める参考にできる。模倣によって、外側から自分を見る。それがイメージだと思っている。

構えあれば憂いなし

備えあれば憂いなし、という。バッティングの場合は「構えあれば憂いなし」だ。バットを振り始めるまでの準備を充実させることだ。

【立ち位置】 立ち位置は重要。「自分に都合がよく、相手が嫌がるだろう」という位置がいい。相手投手（左腕か右腕か、速球派か変化球投手か）やボールカウント、走者の有無、得点差、配球によって変えてみるといい。

❶投手寄り　技巧派に対しては、できるだけ投手に近い方がよい。変化する前に打ってしまおう、という感じになる。ただし、先天的にミートポイントが体に近い人は、捕手寄りでいい。

❷捕手寄り　本格派（速球派）投手に対しては、できるだけ離れた方がいい。ほんの少しでもボールを長く見られる利点があり、速い球に遅れないためだ。また、捕手の嫌がる位置でもある。

❸バッターボックスの真ん中　速い球にも変化球にも中途半端で感心しない。前方か後方か、

極端な方がよい。

❹ベースからの距離　外角いっぱいのところに、バットの芯が届く位置に調整する。つまり、ボールゾーンにわずかに先端が届くところに立ち位置を決める。

【構え】　構えを決める際には、「高めの球を打ち損じないように」と考えるといい。無意識に構えると、高めの球にバットのヘッドが下がったり、脇が開いたり、アッパースイングになりがちだ。

【スタンス】　最近では、スタンスも多種多様になった。ヤクルトの畠山和洋のように極端なオープンスタンスや、スタンスを広げたままノーステップで打つ選手も出てきた。一般的には、以下のように分類できる。

①スクエアスタンス　両足を平行に置く、無理のないスタンス。当初はスクエアでスタートし、自分なりの変化を試していけばいい。

②クローズドスタンス　右打者の場合、左足をベースに近づけて右足を引く。腰の回転がしにくく、内角に弱点をつくりやすい。内角球はファウルになることが多い。踏み込んで打つ、またはスクエアになるようにステップして打つ——の2つのタイプがある。

③オープンスタンス　右打者の場合、左足をベースから遠ざける。最初から体を開いておくことで無駄な開きを避け、ボールも見やすい。ただ、内角球には都合がいいが、外角球は手打

ちになることがある。ステップしたときにスクエアやクロスになっても、内角球はいい当たりがファウルになったり詰まったりする。また踏み出した左足に体重がかかりすぎて、バットのヘッドが走らなくなる恐れもある。

いずれの場合も、スタンスの広さは肩幅かやや広めぐらいにとどめ、軸足を固定して下半身の安定に努めたい。スタンスとそれに伴うステップが広すぎると、下半身の動きを殺し、上半身に力が入りすぎてしまう。

目の位置とグリップ

甲子園球場の関係者入り口を入るとすぐ右に、「タイガースOB室」がある。その室内の壁に阪神の歴代名選手のパネルが掲げられている。部屋に招かれた際、1枚の写真に目を奪われた。

「このグリップと目の位置、理想的だなあ」

藤村富美男さん。1936年、阪神最初の公式試合の開幕投手でもあり、戦後にプロ野球が再開されると「ダイナマイト打線」と呼ばれた阪神強力打線で不動の4番になった。写真では、「ミスタータイガース」と呼ばれた藤村さんが、顔の前にグリップを置き、投手をキッとにらみすえていた——。

【目の位置】

バッティングで一番大事なのは目であるといってもいい。目は口ほどにモノを言うというが、「ボールをにらみつける」ぐらいの集中力、目を大きく開いてボールの真芯を捉える気迫が必要になる。

したがって、目が動かぬように、じっと頭を止めておく努力をする。右打者の場合、構えたときにあごの先が左肩にあり、スイングが終わったら右肩に収まっている。

このくらい頭が動かないことが重要だ。連続写真や動画を撮影し、頭の位置が動いていないか確認してみるといい。

また、左右の目は水平を保って、斜めにならないこと。上からボールをにらむ感覚であれば、ヘッドアップを防げる。できるだけ内角に目をつけておく。実際のスイングは内から外へと出ていくものだからだ。目は内角につけ、体は外角もこなせるように意識すれば、体は開かない。

【グリップの位置】

グリップの位置は、高すぎても低すぎても、体から離れすぎても近すぎても、よくない。腰の回転、下半身とうまく連動する位置を探すことだ。握り方やグリップを置く位置一つで、結果がずいぶん変わってくる。

膝を特に柔らかくして構え、ボールを待つ。膝の力を抜いて、柔らかく使う。これこそ力が抜けてリラックスできる一番の手段である。さらに息を90%吐いて集中力を高め、体をどっしりと沈め、腰を据え、下半身を安定させる。目はボールが当たる瞬間まで絶対に離さないことを忠実に実行せよ。

藤村さんは「物干しざお」と呼ばれた95センチ前後のバットを持ち、目に近い位置にグリップを置いて、まるで狙撃手のように投手をにらみ据えた。それでいて高めの球にもきれいなレベルスイングを見せ、49年にはいずれも当時のプロ野球記録である46本塁打、142打点、187安打を記録した。

「構えあれば憂いなし」と書いたが、構えとは、充実した準備のことでもある。「ボールをにらみつける」意識で目に力を入れると、自然と腰も据わり、下半身がどっしり安定する。バッティングの重要なポイントも押さえることができるから、人間の体は不思議だ。

壁とは力を爆発させるための「支点」

バッティングではよく「壁」を作る、「壁」を崩さない、などという。では「壁」とは何か。バッターは、インパクトの瞬間に爆発的な力をボールにぶつけたい。バットはクルッと流れるように回転しているように見えるが、実際にはほんの一瞬ブレーキがかかり、次の瞬間、爆発的な力が発揮される。その一瞬のブレーキをかけるための、てこの原理でいう「力の支点」が、

「壁」だと理解してほしい。

「壁」ができた瞬間、打者の体勢は正しい「アスレチックポジション」になる。アスレチックポジションとは、すべての運動に共通した「次の動作に移りやすい姿勢」のこと。両足を肩幅程度に開き、膝を軽く曲げ、尻をやや突き出し、上半身はやや前傾しつつ胸を張る——。人間は最も力をためたいとき、この体勢になる。

どんな構えのバッターでも、アスレチックポジションに近づくのは「ステップし終えた瞬間」つまり「トップの状態を作る時」だ。その際、投手側の尻や肩（右打者なら左半身）を強く意識して「壁」を作る。これが「支点」となり、爆発的なスイングができる。「壁が崩れない」とは「理想的なトップの形ができている」ことと同じ意味だ。

【ステップし終えたときの理想的な形】

❶ステップした足（右打者なら左足）が着地した際に、膝が割れて開かないこと　ステップした側の膝、太ももの外側、腰に意識を置く。

❷ステップした足に体重をかけすぎない　変化球に比重を置いているのなら軸足に80％ぐらい体重をかけておき、ステップはさっと差し出す程度。速い球を狙うときは60％が軸足で、ステップに30～40％をかけてしっかり地面を踏み、腰の力を中心に強く振る。

❸ステップは「やや遅めに小さく」「親指側に力をかける」が基本　ステップを急ぐと前足に

体重がかかりすぎたり、変化球に泳いだりする。

また、最近では手元で小さく変化する速球に対応するため、軸足寄りに重心を置く打者が増えた。その場合、❶から❸で説明した「前の壁」を作らないこともある。

ＤｅＮＡ・筒香嘉智（左打ち）が好例だ。彼の場合、ステップした右半身に「壁」は見られない。ただしステップした足の膝が多少開いても、軸足の膝は開いていない。軸足の回転でスイングし、バットを短い距離でボールにぶつける。頭が投手側に倒れていかないように意識しているという。軸足の膝が開かない、頭を倒さない――などの我慢、すなわち「ため」が、「壁」の役割を果たしている。

私はよく、バッターに「ためを作れば金がたまる」と言い聞かせる。「壁」を作ることでスイン

西武・中村剛也のバッティング。左膝を内側に向けてしっかり「壁」を作り、力をためこんで、一気にヘッドを走らせていく

グ動作に一瞬の「ため」ができ、それがてこの「支点」となって、よりバットのヘッドが走り、インパクトの瞬間に強い力が加わる。

壁を崩さない

「壁」はインパクトの瞬間、爆発的に力をぶつけるための一瞬のブレーキだ。それが、てこの「支点」の役割を果たし、速いヘッドスピードを生み出す。「壁が崩れない」とは「理想的なトップの形ができている」のと同じ意味だ。壁を保つことは、打者にとっての生命線である。

では、壁を崩さないためにはどうすればいいのか。

❶「リード側の腕」と「捕手側の腰」の関係を重視する　右打者の場合は「左腕と右腰」になる。グリップを先に動かさないように、リード側の腕は慌てて動かさないように我慢する。グリップはできるかぎり捕手側の位置でキープし、胸の高さに保つ。「胸の高さ」は高めのストライクゾーンにあたる。

グリップを捕手側の位置でキープする。これはイチローも語っていることだ。打撃で最も注意することは何かと聞かれ、「バットのグリップを、いかに捕手に近づけたまま我慢できるかです」と答えていた。

つまり、理想のトップの形を作るのが先で、バットが動くのは最後、ということ。バッティングは「足→腰→腕」の順に動くのが理想だが、最近は上半身の筋力アップに励む者が多く、上体頼みのスイングになると、この順番が逆になり、腕が先に動いてしまう。

天才的なバットコントロールを持つイチローも「バットは最後」という。先に挙げた筒香嘉智も、投手側に頭を動かさないように意識することで、できるだけグリップを捕手側に近づけたままにできている。

❷常にセンター方向に打ち返すつもりで始動し、「内角だ」と判断したら素早く腰を回転させて打ち返すイメージをする 「センターへ、センターへ」と念じることで、ステップした足に体重をかけすぎないで済むから、回転軸を保つことができる。ステップした足に体重をかけすぎることは、本能的に一塁へ走り出す動きが

踏み出した右足に重心は移動しても、左手はしっかり捕手側に残して我慢。イチローは下半身主導の理想的なフォームで安打を重ねてきた

スイングに入ってくるスピードタイプの左打者には多少は許せても、右打者には感心しない。こうした努力で、理想的なトップの形ができれば、以下の４つのメリットが生まれる。

①速球、変化球、内外角への対応力が身につく
②ミートポイントが一定になり、一点で爆発させられる
③無駄のないバットの軌道、安定感のある力強いスイングができる
④選球眼がよくなり、相手バッテリーに狙いを読まれない

さらに、相手の配球を読んだり、変化球のタイミングを計ったりすることができれば、自分自身にとって理想のトップの形でスイングに入っていける。「いいトップの形を作ること」は、「いいタイミングで打てること」だと考えてほしい。

体重移動

スタンスを取り、バッティングを始動させた後の体重移動、つまりステップには４つの型がある。それは「人」という字の変形体をイメージすると考えやすい。

【前方移動型】

これは「イチロー型」ともいうべきものだ。米大リーグ、マーリンズのイチローのように、踏み出した前方の半身を壁のようにして、軸足もすり足で移動して打つ。

ヤクルトで小柄ながら通算2173安打を記録した若松勉も、中西太さんの指導でこの打法を完成させた。ステップした前方の右足に全体重をかけて「壁」を作り、体全体をボールにぶつけるようにして打つ。軸足を浮かさないようにすり足で前方に移動して、しぼり上げるように打つ。中西さんはこの打ち方は「ツイスト打法」と呼んでいた。

内角打ちが難しくなり、長打力に乏しくなるデメリットがある。微妙なバットコントロールが必要になる一方で、ヘッドを走らせるためのてこの原理の応用や、遠心力は使いにくい。左打者にはいいが、右打者には賛成できない。

前回も説明したが、イチローが言うように体重を大きく前方に移動しても、グリップをできるかぎり捕手側で我慢することができれば、バットコントロールの時間を長く使える。

【ノーマル型】

頭からへその線の真下を中心に、回転で打つ。腰のひねりと同時に体重移動が行われる。多くの打者がこのタイプといえるが、現在の長距離打者では、日本ハム・中田翔がこのタイプだ。また、ヤクルト・山田哲人も左足を高く上げるスタイルだが、しっかりと体の中心で回転している。

【軸足重心型】

長距離打者に多い。ノートを整理して書き直していた当時、ちょうど2001年にサンフランシスコ・ジャイアンツのバリー・ボンズがシーズン73本塁打の大リーグ記録を作ったので、「バリー・ボンズ型」と名付けていた。

松井秀喜や筒香嘉智もこれだが、ソフトバンク・柳田悠岐はかなり極端な形だ。最近では手元で動く球に対応するため、中距離タイプの打者もこの打法をとるようになってきた。

課題は利き腕の肩が下がり、ヘッドも下がりやすくなること。上半身が結果的に反る形になるが、体を反らせるのはミートした後になるようにイメージすること。ヘッドさえ下がらなければ、長距離打者には良い打ち方になる。

【伸びきり型】

前方に体重移動するあまり、軸足が伸びきってしまい、腰の回転を殺す。内角に詰まりやすく、動きが大きくなるため外角の変化球にも対応が困難。この型の打者は少ない。

前方移動型は前方にしっかり体重をかけていくが、ノーマル型と軸足重心型の場合は「軸足側の腰骨」か「軸足の内股」をミートポイントにぶつけるイメージを持てば、自分にとって理想的な体重移動ができる。自分の形をつかむことだ。

スイング軌道とヘッド操作

いいバッティングは、トップの形で決まる。そしてトップの状態で、バットのヘッドがどんな位置にあるかに神経を配れば、スイングの軌道が定まってくる。

［トップのときのヘッドの位置］

ヘッドが頭より投手方向へ入りすぎないこと。入りすぎはミートポイントを狂わせ、アッパースイングの原因になりやすい。また、ヘッドは体からベース方向に遠く離れすぎないこと。離れすぎると手（腕）主導になり、バットが無駄な軌道を走るし、腰の回転と連動しにくくなる。

［スイングのイメージ］

バット全体を振り回すイメージではなく、ヘッドと腰の力の一体感を作ること。こうすることでスイングスピードは上がり、ヘッドも走る。足場をしっかり固め、腰の力を優先しながら、内から外へヘッドを走らせるようなイメージを描くことだ。

全身の力をヘッドに伝えることで、スイングスピード、ヘッドスピードは速くなる。❶腰の回転 ❷腕力 ❸最後のグリップの動き――を「一瞬のうちにまとめる」ことができて、ミートポイントで力を爆発させられる。

もう一つ大事なのは、頭の固定と軸足の「ため」。頭を固定すれば回転軸も動かない。軸足の「ため」ができれば、腰の回転と連動してスイングが速くなる。

［高めで備える］

スイングは本来、高め、低め、内角、外角と投球のコースが違えばそれぞれ変わってくるものだが、投球がベースに届くまでの短時間で4種類を使い分けることは困難だ。外角と内角は目の付けどころでカバーできるので、スイングじたいは、高めと低めの2つを使い分ければいい。

特に高めを意識しておく。低め打ちよりも、高め打ちの方が難しい。もともと物体には重力があるため、低めには無意識でも対応できるためだ。高めに対して無意識だと、バット自体の重さと長さにより、ヘッドが下がり、脇が開き、レベルに打てないことが多い。

高めにさえ備えていれば、「壁」を崩さないかぎり、外角、内角に対しては本能的に肘の曲げ伸ばしで対応できる。内角球には、脇を開かないように意識して、肘の先端を投手方向に向けて振り抜く。2015年にプロ野球のシーズン最多安打（216）を樹立した西武・秋山翔吾は、高めに対して内角、外角を問わず、レベルに振り抜くスイングがすぐれている。

［手首の返し］

これも「てこの原理」の応用である。金づちでくぎを打ち込む動作を子供に初めてやらせてみると、金づちを腕全体で強く握りしめ、高い位置から振り下ろす。だが慣れてくると、軽く握って手首の返しでたたいた方がスムーズに打ち込める。

ミートの瞬間、小さく強く、手首を利かせる感覚を身につけること。手首の返しは速くても遅くてもよくない。また、手首を利かせ、ヘッドを走らせるためには下半身主体で「壁」を作らなければならないことは、すでに述べた通りだ。

タイミングの取り方

投球の目的は「打者の壁を崩すこと」「打者のタイミングを狂わせること」である。打者は、壁を崩されればフォームが乱れる。タイミングを狂わされれば、バットの芯で強く捉えられない。

タイミングとは、保ってきた「壁」を自ら崩していい時機のことである。

スイングの回転を始める瞬間とも言い換えられる。タイミングの取り方は各打者によって異なるものだ。

基本的な方法は❶上半身（主に腕）❷下半身（膝や腰）❸静止した状態（呼吸）❹足を上げる――などがある。動いているボールに対してミートポイントを一定にするためには、余計な動きはできるだけしない方がよい。絶対にやらないでほしいタイミングの取り方もある。「グリップを細かく動かす」「小さな上下動（ヒッチと呼ばれる）をする」の2つだ。

❶の「腕でタイミングを取る」のは、遅い球の場合はいいが、速い球に振り遅れやすく、手主導の打ち方になりやすい。グリップは固定したまま❷の「膝か腰で取る」方が動きも小さく下半身も安定する。❹の「足を上げる」方法は最近特に多くなってきたが、足の強さ、腰の強さが必要だ。

タイミングの基本的な取り方を挙げてみる。

【1、2、3(イチ、ニ、サン)】ヤマを張ったとき、狙い球を絞ったとき、あるいは何も考えていないとき。狙い通りにくれば力を発揮するが、対応力に乏しい。

【1、2―3(イチ、ニイ、サン)】これが理想。下半身でよく粘り、しっかりボールを呼び込める。柔らかさも出るし、変化や緩急への対応もしやすい。

【1、2―の、3(イチ、ニイノ、サン)】緩急をつけた投球には理想的。直球に合わせ、変化球がきたときに「の」を入れて対応する。天性でできる人、経験の積み重ねでできるようになる人がいる。

【2―3(ニイ、サン)】快速球に備えるとき。「1」を省いて、「2」で待って「3」で打つ。追い込まれた2ストライク後の対応にもよい。ステップを早めに取っておく。練習しておくべきだ。

【1―、23(イーチ、ニサン)】このタイミングになってしまう下手な打者が、意外に多い。ミートポイントもバラバラで、手打ちになりやすい。下半身を使えず、しかも相手投手のリズムにはまって、打たされる。変化球に対応できず、速球にも振り遅れる。

相手投手によって、タイミングの取り方を変える必要も出てくる。楽天で指導した山﨑武司は、ソフトバンク・和田毅が大の苦手だった。打者は、投手の手首を見て始動するが、和田は巧妙に体で手首を隠す。だからタイミングを計れなかったのだ。

2007年5月2日。山﨑は「どうせ打てないなら……」とタイミングの取り方を変えてみた。始動時に一瞬バットのヘッドを投手方向に傾け、やや遅れ気味にスイング。これがはまり、2本塁打。「打てました！」とやんちゃに笑った顔は忘れられない。

選球眼

打席で、まったく打つ気なく、目の前を通過する球をストライクか、ボールか判定するのは、たやすい。だから選球眼をよくするには、これに近い備え方をすればいい。

バッテリーが最も嫌がるタイプは、「ボール球に手を出さない打者」だ。ボール球の空振りゾーンがある打者は、誰より対処しやすい。逆に、選球眼のいい打者がツーボール、スリーボールとなれば、攻撃側は一気にチャンス到来となる。

選球眼を乱す原因をまとめると、こうだ。

①頭が動きすぎる
②「壁」が崩れ、体が開く
③力む
④始動が早い
⑤ステップが広すぎる（体重が前足にかかりすぎる）

⑥体が泳ぐ
⑦力任せのスイング（目切りが早くなる、体が動きすぎる、スイングが大きく鈍くなる）
⑧利き腕主導のスイング（ボールを迎えにいく）
⑨狙い球が外れる

また、「内角を攻められはしないか……」「ボール球に手を出したくない……」という過剰な不安、または「内角を楽に打ちたい……」という意識（無意識の場合もある）が、選球眼を乱すこともある。同様に、空振りやバットの根元で詰まらされることを恐れると、選球眼は安定しない。不安や過剰な意識によって、焦る。グリップが早く出て、当てにいったり、球を迎えにいったりするため、目切りが早くなり、かえってボール球に手が出てしまう。

選球眼をよくするには、無駄な動きを省き、打撃フォームの中心線を崩さないように腰を安定させること。そして、無欲の精神状態を作ることだ。

対処法は、いくつかある。

❶少し始動を遅らせる
❷ステップした足に体重をかけすぎない
❸センターへ打ち返す
❹頭の動き、目の動きを少なくする

❺ 1、2―3（イチ、ニイ、サン）のタイミングを取る

特に、センターへ打ち返す意識を持てば、長くボールを見られて、大振りを避けることができ、欲を捨てられる。

練習では「ストレートに合わせて変化球についていく」「小さな変化球に合わせて速球についていく」「内角に目を付けて、外角低めをよく見て選ぶ」「高めに目を付けて、低めを捨てる」といった訓練を必ず入れておく。選球眼を磨くことを習慣づけることだ。

私が知るかぎり、ナンバーワンの選球眼を持っていたのは2012年に亡くなった榎本喜八（毎日＝現ロッテなど）だ。外角にビシッと制球された球を、球審が「ストライク」のコール。榎本は前を向いたまま「ボール半個分、外れているよ」と、よくつぶやいた。実際、私がミットで受けた球はほんのわずか外れている。背筋がゾッとしたことが何度かあった。

際どい球にも、バットはピクリとも動かない。唯一の苦手は内角高めだったが、よほど速い球でないと手を出してくれない。彼は「臍下丹田《せいかたんでん》」（へその下あたりにある体の重心）を常に意識したといい、腰を据えて、バットを最短距離で振り抜く。この技術があったから、誰よりも長く球筋を見極められたのだろう。

ミートポイント

イチローが「グリップを、いかに捕手側に我慢してキープできるか」をテーマにしていることは、既に述べた。いい打者であるための条件は「ポイントまで待つ、耐える、我慢する」ことと言い換えてもいい。

自分のフォームを崩さずに打つためには、「自分のポイントまで待つ」「ボールを呼び込む」「引きつけて打つ」といったイメージを持ち続けることが重要になる。

ミートポイントにも短距離打者か長距離打者か、左打ちの快足打者か、などで個人差はある。ただ、まずは「腰を回転したときの、へその延長線上」にミートポイントを置けばいい。

❶ミートポイントを自分でイメージして、ボールをその位置まで引きつける

❷トップの形からミートポイントまで、バットを一直線に、無駄な軌道を走らないようにする

❸ミートポイントがよければ、バットのヘッドを利かせることができ、小柄な打者でも十分な飛距離が出る。ミートポイントとヘッドの角度によって、ボールはその方向に飛んでいく

このことについて、井端弘和が、中日時代に面白いことを言っていた。小学校の理科の授業で学んだ入射角と反射角を例に挙げて「投球の軌道にバットの角度をきちんと合わせてやれば、

狙った通りの方向に飛んでいく」と。その通りだ。ミートポイントを固めれば、バットコントロール自体がしやすくなる。

重要なのは、「バットが無駄な軌道を走らないこと」だ。ここで誰もが苦労するのだが、そのためには、以下の7項目を心がけるとよい。

①ステップした足（右打者なら左足）に体重がかかりすぎないこと。始動が早くなると、前がかりになる

②ステップした前足の体重のかけ方は、直球のタイミングで変化球にも対応しようとするなら軸足と前足の割合が8対2。速球狙いなら6対4、変化球狙いなら8対2にすると、ミートポイントは崩れにくい

③「壁」をしっかり保つこと。力まず、急がず、捕手側の腰をボールにぶつけるイメージで振る

④投手側の手の甲（右打者なら左手）をボールにぶつけるイメージでバットを振る。アッパー気味にバットが出る者は、このイメージで振ると効果がある

⑤レベルスイングの意識。バットが地面に平行になるように振るのがレベルスイングではない。ボールとバットの芯がレベルであること

⑥ステップしたとき、頭を突っ込んだり、体が流れたりしないこと

⑦バットを強く握りすぎない。体全体の力を抜き、膝を柔らかく保つ

前述したように、ミートポイントには個人差があるため、自分の天性、個性を把握した上で、かつこれらの基本を知っておくことが重要だ。ミートポイントを一定に保つことは、バッティング技術の最終段階である。

ドクター野村の打撃診断

バッティングフォームの基本について、ここまで説明してきた。基本技術を理解していても、打撃は乱れ、崩れるもの。そこで私が医師になったつもりで、一般的な誤りを〝診察〟し、原因、症状、処方箋を診断してみたい。

❶ステップが広い

【原因】 始動がやや早い、または全身の力み。

【症状】 ボールを引きつけられない。スイングで腰が使えない。カーブなどの緩急と変化に対応できない。

【処方箋】 知らず知らず広めになりがちだから、意識的に始動を遅らせるか、力まないように膝を緩めておく。

❷球を迎えにいく、当てにいく

【原因】空振りへの恐怖、当てれば何とかなるという意識。

【症状】特に2ストライクに追い込まれたとき、バランスが大きく崩れる。

【処方箋】グリップを最後の最後まで出さない忍耐と我慢。

❸アウトステップ

【原因】内角の苦手意識、死球の恐怖など。

【症状】かかとに体重がかかり、体が外側に大きく開く。

【処方箋】勇気を持って体重を軸足にしっかりため、腰のひねりを入れる。

❹インステップ

【原因】外角の球を力強く打ち返したいという欲求など。

【症状】内角球に早く手首を返してしまいやすくなり、ファウルになるか、フェアでもバットの根っこで詰まる。

【処方箋】体重を前足にかけすぎない。ステップ時の重心の見直し。

❺バットを押し出す癖がある

【原因】ヘッド操作が下手。

【症状】グリップを前方に移動する打ち方のため、ヘッドは利かず、打球が失速してゴロが内野手の間を抜けていかない。内角球に対応できない。

【処方箋】グリップを腰に、捕手側の肘を体に、それぞれ付けたまま、腰の回転を主にヘッド操作をする訓練をする。下半身主導で、グリップは最後、という動きを体にしみこませる。

「両脇を締めて打つ」練習を重ねて、内角球を克服したのが、阪急・長池徳二（徳士）だった。下半身を使え、と再三書いてきたが、上体の力がない者なら、全身を使わないと打球が飛ばないことは身にしみているため、自然と下半身を使うことを覚える。長池は、上体の力が強すぎるにもかかわらず、強打者として大成した数少ない例だった。

上体、腕の力が強すぎて、下半身を使えなかった長池を、西本幸雄監督はオフの間にマンツーマンで鍛えた。ピッチングマシンを通常の距離の半分くらいから、体に向けて投球するようにセット。脇を締めて腰を回転させなければ、球は体にぶつかってしまう。壮絶な練習で、長池は肘を故障したという。投げ込みではなく、打ち込みで肘を壊すのも珍しい。

❻手打ち、腕主導

【原因】金属バットの影響か、筋力トレーニングで上体の鍛えすぎか。

【症状】ボディーターンが鈍く、死球が増える。明らかなボール球に体が止まらない。

【処方箋】腰中心で回転することを、体に覚え込ませる。方向と飛距離を出す案内役の腕（右打者なら左腕）、パワー役の腕（同じく右腕）の関係を頭に入れる。

❼アッパースイング

【原因】 パワー型の右投げ左打ちの打者に多い。利き腕の右腕がリードの腕となるため、力が強すぎてしまうためか。

【症状】 捕手寄りの肩（左打ちなら左肩）が下がり、捕手寄りの膝（左膝）が折れる。

【処方箋】 アッパーでバットが出ても、ミートポイントではレベルに。左肩が下がっても、回転は水平に。せめてバットのヘッドを下げない。

❽ 力任せのスイング

【原因】 フルスイングの勘違い。「大きなスイング」の解釈ミス。

【症状】 肩の回転が早すぎて、目切りが早くなる。ボール球に手を出し、ミートの確率が下がる。バランスが崩れ、タイミングも合わない。

【処方箋】 スイングの修正、始動を遅らせる、逆方向への流し打ち、などで改善を期すこと。

バットを高く上げて構える選手が増えた。ミートポイントまで最短距離で強く、速くバットを出したいという意識の表れなのか、重力を利用することも考えているのか。だが、そもそも「強く、速く」の意識が強すぎることが、フルスイングの勘違いを生んでいないか。

広島・新井貴浩は2016年に通算2000安打を達成し、10年以来6年ぶりに打率3割と100打点以上を同時にマークした。阪神を構想外となった14年までは明らかにフルスイングを勘違いしていて、前述した症状を露呈していた。今季はセンター中心の謙虚なスタイルに徹し、下半身がよく粘り、低めの変化球にも目が付いていった。本塁打も増えた。

フルスイングとは、ミートポイントですべての力を結集することである。上体主導のバッティングは、誰の目から見ても力みを感じるし、振りすぎに見える。下半身主導であれば力みは感じない。

❾手首の返しが早すぎる

【原因】ミートポイントがやや前寄り。始動が早すぎる。

【症状】こねたような打ち方になり、ボテボテのゴロが増え、きれいなライナーが飛ばない。

【処方箋】投手側の手の甲（右打者なら左手）をボールにぶつける意識を強く持つ。腰を中心に始動を遅らせる。

以上の9項目である。弱点、欠点を克服するには、何よりも「己を知る」ことが第一である。自分はどんなタイプの打者か。どんなバッティングを理想にしているのか。理想のバッティングをするために必要な技術は何か。これらを突き詰めて、自分のバッティングを確立することだ。

変化球への対応

投手プレートからホームベースまでの距離は18・44メートル。投球がベースに届くまでの時間は平均0・437秒。スイングに要する時間がだいたい0・2秒だとすれば、打者に残された判断時間は0・237秒しかない。

このわずかな時間で打者は実に多くのことを判断しなければならないが、第一は「直球か変化球か」だろう。だが基本技術と反射神経で変化球に対応できる者は、100人に一人いるかいないか、ではないか。

私はプロ4年目の1957年に本塁打王を獲得したが、その後3年間はタイトルを取れなかった。相手に研究され、狙っていた真っすぐが来なくなった。「カーブを打てないノ・ム・ラ!」とやじられた。

オールスターでチームメートになった山内和弘（一弘）さんに、「どうすればカーブを打てるのですか?」と尋ねたこともある。当時は「教わるより盗め」の時代。「そのうち打てるようになるよ」と、にべもなかった。

不器用なりに考え、備え、克服した。だから、これから述べる「変化球への対応」は不器用な打者への提言である。

［変化球を打つための基本技術］

❶ボールを、目に力を入れてよく見ること　「目切り」は絶対に禁物であり、決してボールから早く目を離さないこと。ミートする瞬間まで目を切らないこと。

❷タイミングは「1、2ー、3（イチ、ニイ、サン）」で待つ　「1、2ーの、3（イチ、ニ

イノ、サン)」と、さらにボールを見極められればなおいい。

❸**決して力まないこと**　膝を柔らかく使って、気持ちは常にセンター方向へ向けられていること。ボールに向かって素直にバットの芯を持っていくイメージで振ると、下半身主導のスイングをしやすい。

❹**トップの形は、体重が前足にかかりすぎないこと**　「ため」が重要なポイントを占める。始動をやや遅らせるのもよい。

以上、4点の基本技術を押さえた上で、自分が「変化球への対応力」をどれくらい持っているのかを判断することが重要である。

対応力とは、ストレートを主に待っていて、変化球にどこまでついていけるかだ。相手投手のレベルに応じて変化する。相手投手のレベルを測る

2016年のクライマックスシリーズで、巨人・坂本勇人はDeNAの左腕・今永昇太のカーブを本塁打。右の軸足に体重を残し、左膝の「壁」を崩さずボールを捉えていた

基準は、球種の多さ、球種による変化の大きさ、直球の速さ、球種によるモーションの違いはあるか――などだ。その基準と自分の能力の比較によって、対応は異なってくる。

【技巧派に対しては、変化球をマークしながら直球についていく】

直球を空振りしないようにマークして、変化球についていくのが通常だが、技巧派は変化球で稼ぎ、誘ってくる。追い込んだ後は変化球だけでなく、裏をかいて直球勝負もあり、打者は相手のペースにはまりやすい。

彼らを早いカウントで仕留めようとすれば、変化球マークに対応を変えた方がいい。そのためには「ため」をしっかり作ること。直球にはコンパクトなスイングで対処し、最悪でもカットできるようにする。

【速球派で緩急が特徴の投手には、ストレート80％変化球20％の割合で備える】

「なぜストレートと変化球の割合を半々（50％ずつ）にしないのか？」とよく聞かれる。

「どっちかな、半々かな」で対応すると、かえってどっちつかずの中途半端なスイングになることが多い。意識の上では直球の比重を大きくして、技術的には変化球に対応できるように、前足に体重をかけすぎないでおく。

こうすると、変化球の対応だけでなく、直球もミート中心でコンパクトに捉えられる。

［配球に偏りが出るカウント、バッティングチャンスでは勝負をかけて球種を絞る］

一定レベルの投手であれば、直球の他にもカウントを稼げる球種を持っている。それをしっかりと狙う。その場合には、「二段構え」として、ストライクだけを打つことを心がける。

［逆方向へ打ち返す］

逆方向へ打つためには、ミートポイントを打者寄りに近く置くことが必要になる。それだけに変化球への対応に適している。特に左打者で、カウントの上でも内角への速球は考えづらい、という状況では有効になる。

以上の4点以外にも、最低限、高めに抜けてきた変化球であれば、直球にタイミングを合わせていても対応できるぐらいの技術を持つことも必要だ。

フォークボールへの対応

変化球の中で、フォークボールは打者にとって厄介な球種である。なぜなら、ストレート系に属する変化球だからだ。ひねるとか曲げるとかいう動作がなく、指に挟んでストレートと同じ投げ方をしてくる。そして、打者の近くで鋭く変化するので、対応が難しい。捕手目線で極端にいえば、フォークは「打たれない球」である。

もちろん現実には「打たれない球」であるはずがない。低めのフォークは威力を発揮するが、高めに抜けると一転、ただの半速球となり、ストレートのタイミングで対応できる。打者目線でいえば、「打ちづらい球」か「打ちやすい球」の両極端になる。

古くは杉下茂や村田兆治、最近では野茂英雄、佐々木主浩、上原浩治ら、一流のフォークを持つ投手を相手にするなら、フォークが来る前に打って出るという積極性が必要になる。ストライク3つでアウト、ではなく2つでアウトぐらいの姿勢で臨むべきだ。

フォークの大半はボール球なのだから、選球が大きなポイントになる。フォークが来る可能性が高いと考えれば、自ら、打ち気を半減させるほどでいい。打ち気にはやると、力んで低めのボール球を振ってしまう。

それでもフォークを打たなければならないと考えるなら、マークすべきカウント、相手の配球をよく研究しておくこと。技術的には、何よりも大事なのは「目」。目付け、目線をどれだけ維持できるかどうかだ。以下に注意点を挙げる。

❶目を最後まで付けておき、ボールをよく見る

❷体と頭の静止に努める。突っ込んだり、泳いだりしない

❸目線を高めに置き、低めゾーンを死角にして、手が出ないように備える

❹決して引っ張ろうとしない。常にセンターから逆方向へ

❺トップの形を大切にし、少しでも「ため」を作る ハーフスイングで止まったり、カット

で逃げたりできる。トップのときに体重が前足にかかるような打者はお手上げで、どんなに狙っても、フォークは打てない。

❻フォークをマークすべきカウント、配球を研究する

❼投手に癖が出やすいため、投球フォームを日頃からよく観察しておく

❽不器用な打者は「勝負を懸けること」に徹する

鋭いフォークや大きなカーブに対処するには「狙う」か「捨てる」かの二者択一しかない。別の球種が来たらごめんなさい、と引き揚げるぐらいの覚悟が必要だ。

「カーブ打ちの名人」は存在しても、フォークは変化の直前まで直球と軌道が同じだから「名人」は存在しない。それこそフォークが「特殊球」であることを証明している。特殊球の対処には、基本、訓練、経験、判断、感性と、打者に必要なすべての要素を駆使して立ち向かうことだ。

内角球の克服

内角球に対して苦手意識を持つと、「壁」が崩れたり、ボールの目切りが早くなったりする欠点が出やすい。

逆に「内角球にめっぽう強い打者だ」という印象を相手バッテリーに持たせることができれば、有利な立場でバッティングができる。特に、長距離打者は基本的に内角寄りに目を付けているものだが、内角球に強ければ「投手は俺のことを恐れているから、内角には来ない」と、外角球に思い切り踏み込んだり、変化球に絞ったりできる。私は「ホームランバッターの特権」と呼ぶ。

内角を打つために必要な技術は以下の3点だ。

❶トップの形のときに、スタンスが広くなりすぎないこと。前足に体重をかけすぎず、軸足に十分な「ため」を作る。

❷とっさにバットを出せば、ファウルになる。フェアゾーンに打ち返すには、体の回転を使って打つことがポイント。その上で、手首は返さずに、バットのヘッドをミートポイントまで最短距離で走らせる。

❸両肘の使い方がポイント。肘を伸ばしたまま打つと、せっかく芯で球を捉えても、とんでもないファウルになってしまう。右打者であれば、右肘を体に触れさせたまま、左肘はやや体から離して肘の先端の突起部を投手に真っすぐ見せるように抜いていく。体の回転に、両肘の使い方を連動させていく。

私が知る「内角打ちの名人」は山内和弘（一弘）さんだ。両腕を畳み、腹を切るようにしてバットを振る。右打者の場合、こうして打つと左翼ポール際への打球でもスライスがかかったように切れず、ポールの内側に打球が落ちていく。バッテリーから見て、これほど悔しい打球はない。

投手論の章でも述べたが、「内角が苦手な打者」には、狙っても打てない打者と狙いを絞れば打てる打者の2種類がある。とっさの判断で❶から❸の技術を発揮することが困難であっても、「狙えば打てる」打者であればいい。

それには、バットを短く持ち、ホームベースからやや離れて立つ。内角球を打ちやすくしつつ、それでいて内角のボール球に手を出さない強い意識が必要になる。打つポイントを投手寄りに置くイメージで備え、ファウルで逃げるといった方法もある。器用に打てないまでも、こうした工夫をすることで、相手投手に内角が苦手だと思わせないことが必要だ。

変化球、フォークボール、内角球への対応を、それぞれ説明してきた。これらから、実戦に対応できるバッティングの技術についてまとめると、次の3項目になる。

① ストレートに70～80%比重をかけた待ち方

「内角打ちの名人」大毎・山内和弘の打撃フォーム（1962年）。右肘を右腰あたりにつけて左肘を畳み、バットを体に巻き付けるようにスイングする

で、変化球に対応できる
②センターから逆方向（右打者なら二塁手の頭上、左打者なら遊撃手の頭上）へ打ち返せる技術を持っている
③内角球をフェアゾーンに打ち返す技術がある

基本技術を踏まえつつ、この3項目をテーマに上達に励むことだ。

打席での目的と準備

打席に立ったとき、バッターの目的は以下の3つに集約される。具体的には、どうすればいいか。

［塁に出る］

ただ打つだけではなく、四球もある。カウントによっては、投手がフォームのバランスを崩すような方法（セーフティーバントの構えなど）をとることも考えよ。二死走者なし、二死一塁といった状況では長打が望ましい。

［走者を進める］

バントは決めて当然。進塁打は、無死二塁、無死一、二塁では右方向へのゴロ。一死一塁であれば右翼線へのライナー。無死満塁では中堅から右方向へ大きなフライ。それぞれの技術が必要

になる。初球、カウント2－0、3－0、3－1では、四球をもらえる対応をせよ。最低でも走者を入れ替えたい状況もある。無死や一死で走者が投手、打者が快足である場合などだ。

［走者をかえす］

得点圏に走者がいるときには、勝負心が必要。また、次打者が投手などの場合には、カウントによって思い切って狙い球を絞り、ワンチャンスにかける。

これら3つの目的はわかっていても、できないことが多々ある。やはり備えが重要になる。

❶相手が自分をどんなバッターだと分析しているかを知ること。過去の対戦データをもとに配球パターンを調べる。

❷ベンチで相手投手の、その日の配球、似たタイプの打者への攻めなどを観察、確認する。

❸ネクスト・バッターズ・サークルでの準備も重要だ。体操やストレッチ、素振り、タイミングの確認、走者がいれば本塁へのスライディングの指示や捕手のマスクやバットをどかす準備、さらに精神統一。

❹打席に入る前に、相手の守備陣形を確認するのは鉄則中の鉄則。大きく空いているゾーンがあれば、そこを狙えばいい。ただし、ホームランバッターは、シフトに幻惑されてはいけない。

❺打席に入ったら、立ち位置、軸足の向き（内角を見やすく、回転しやすいように）、スタンスの広さなど構えを確認する。サインの確認、狙い球による二段構え（スライダーをストライクだけ、真っすぐのベルトより上だけ……など）の意識、集中――。

そして、打席での目的は「出る」「進める」「かえす」のどれなのかを心に決める。

「来た球に、ただ素直に反応して打ちたい」という選手がいる。だが「反応」で打つにしても、❶から❺までの備えは、最低限必要なものだと、私は考えている。

2016年7月6日の巨人－阪神。阪神打線は三回から六回にかけて15人連続で見逃しストライクゼロ、だった。二回に金本知憲監督が円陣で「九回二死満塁のつもりで行け」とハッパをかけ、第1ストライクから打ちに出た結果だったようだ。

この試合で、阪神の進塁打はゼロだった。打席での目的意識がなく、どうすれば打てるかの準備もなく、ただ、第1ストライクを打つために打席に立てば、こうなる。

プロの1軍レベルに必要な技量

プロに入ってくるのは、高校なら4番打者、大学でも中軸打者ばかりだ。だが入団と同時に、自分が井の中の蛙だったことを思い知り、自分を見失ってしまう。1軍で通用するために必要な技術をまとめておく。

【右投手対左打者、左投手対右打者】

❶ストレートにタイミングを合わせ、体の方へ曲がってくるスライダーについていける。緩く大きなカーブにも、最低でもバットに当てられる。

❷外角低めへ逃げていく変化球（シンカー、スクリューなど）は、打ってもヒットになる確率は低い。追い込まれていないカウントでは、これらの球種にバットを止められること。低めのボール球に引っかからず、高めや真ん中から内寄りの甘い球だけを打てること。

【右投手対右打者、左投手対左打者】

❶内角に目を付けて、ストレートとシュートの両方をこなせる。

❷スライダーとカーブの両方に、ある程度ついていく。スライダーを狙って、緩いカーブについていけるようにする。

❸ストレートにタイミングを合わせ、肩口からのカーブ、スライダー、高めに抜けて半速球になったフォークボールをこなせる。

❹タイミングの合わなかった変化球に対し、バットを止められる。待っていた球種に何でも「来た！」と振っていかず、タイミングがずれたり、ボール球だったりすれば、しっかり止める。基本に忠実に「壁」と「ため」ができていれば、必ずできるようになる。心して努力せよ。

数字の面では、最低打率2割5分以上は残せること。また、肩、守備、打撃、長打力、走塁のうちどれか一つ以上、平均レベル以上のものを持っていること。

ヤクルトで指導した土橋勝征は、内外野を守れるユーティリティープレーヤーだったが、当初は2軍では2桁本塁打できても、1軍では力不足だった。同じ右打者には広澤克実、池山隆寛がいた。

彼がプロ4、5年目の1990、91年頃だったと思う。「打つだけなら、お前よりいい選手はプロにいくらでもいる。同じ道を行っても一流にはなれない」と、率直に話した。2番、8番など「つなぎ役」に徹するように勧めたのだ。

実際に練習させたのは、ヒットエンドランでの対応。サインが出ると、心がけるのは右方向に打ち返すことだが、実際には不十分だ。

右打者で、一塁走者がスタートを切ると、内角球であれば二塁手が、外角球なら遊撃手が二塁のベースカバーに入る。内角球は引っ張りやすいから遊撃手が打球に備え、外角球は流しやすいから二塁手が備えるのが、決まりごとだからだ。

安打の確率を上げるには、逆をつけばいい。内角球を右方向へ、外角球を左方向へ、強引に打っていく打撃を、土橋は黙々と体に染み込ませていった。日本一になった95年、セ・リーグMVPはオマリーだったが、私は3番ながらつなぎに徹した土橋を「裏MVPだ」とたたえた。必要とされる技量は、人それぞれである。

出る。進める。かえす。いずれかの目的をしっかり定めて打席に入れば、いよいよ投手との勝負になる。

打者の対応型

自分のバッティングをするために必要なものは「積極性」と「タイミング」だ。投手論、捕手論の章で述べたように、相手バッテリーはタイミングを崩し、積極性を発揮させないように配球を考え、投球する。直球か変化球か、内角か外角か。相手の考えを読み、対応を変えていく必要がある。

投手論でも少し触れたが、私は変化球への対応をもとに、打者をA型からD型の4つに分類している。

【A型】理想型。直球のタイミングで、変化球に対応しようとする。または変化球をマークしながら、直球にも間に合う。変幻自在かつ天才型といえる。

来た球を打つ、自分の打撃技術に徹したい、というタイプで好成績を残せる。緩急に対して「1、2ーの、3（イチ、ニイノ、サン）」の間を入れられる。反射神経がよく柔らかく広角に打てる……。

ほとんどの打者が常に「来た球に素直に反応して打ちたい」と考えているはずだ。だが、イチローら一握りの天才タイプでなければ、いつもA型だけで対応することはできないから、私はB～Dを使い分けるように勧める。

【B型】無難型。自分の技術をもとにして、頭を使う。内角か外角か、大まかに狙いをつけて対応する。

カウントを稼ぎにくる球をよく研究していれば、おのずと内か外かの傾向は出てくる。特に左打者であれば、カウント2－0、3－1であれば、よほど内角に弱点がないかぎり、バッテリーは外角直球、カーブ、スライダーでカウントを稼ぎにくる。

【C型】駆け引き型、器用型。流すと見せて引っ張ったり、逆に引っ張ると見せて流したり、バッテリーとの駆け引きを使い、打ち返す方向を決めて対応する。

内角に投げてくるとみれば引っ張り、内角がないとみれば踏み込んで逆方向へ。カウントバッティングで自分のペースに巻き込んでいく。

【D型】不器用型。私のことである。

プロ入り当初、カーブを打てなかった。そこで長

打者の対応型

野村は、打席での打者の対応を
4タイプに分けて分析している

A型	直球に重点を置きながら変化球にも対応しようとするタイプ。打者が追い求める理想型
B型	内角球か外角球か、狙う球のコースをどちらかに絞り込むタイプ
C型	打つ方向を、右方向か左方向かに決めるタイプ
D型	直球か変化球か、球種にヤマを張るタイプ

距離打者に対して、内角直球が来ないカウント、変化球が多いカウント、相手投手の球種による癖などを研究した。

自分は理想型のA型だけでは対応できないと判断したのである。狙い球の根拠を持ち、直感力も働かせて「この球が来る確率が高い」と思い切って狙いを絞る。

基本はA型でもいいが、状況や相手投手の能力によっては、その他の型を組み合わせて対応していくといい。C型、D型について、さらに詳しく説明する。

C型のすすめ

誰もが理想型のA型で対応したいと考えているが、私は相手や状況に応じてC型やD型で臨むように勧めてきた。チャンスでは「AプラスC」「AプラスD」で臨んでほしい。

バッターには、「先制駄目押しタイプ」と「起死回生タイプ」がいる。A型だけだと「先制駄目押しタイプ」で終わりやすい。相手投手のレベルや調子、状況に関係なく、マイペース。それだけでは、自分の能力以上の成果は出せない。

相手の出方を読む、相手の考えを利用する。これにより、能力を超えた成果を出す。C型やD型を用いれば、決勝打、逆転打など「起死回生」の勝負強さを身につけられる、と考えてきた。

2010年に、ロッテはパ・リーグ3位からの下克上日本一を達成したが、当時の中軸だったサブローや井口資仁は典型的な「AプラスC」のタイプ。A型で臨みながら、チャンスやつなぎを意識すれば、中堅から右方向へ打つことを迷わない打者である。

右方向への打撃の利点を、以下に挙げる。

❶右方向への打球が有効なのは、走者が左回りであるからだ。無死二塁や一、二塁、無死か一死の二、三塁、満塁での右方向への大飛球や安打。走者一塁で一、二塁間が空く。右打者が右方向への打撃を得意にすれば、チームの作戦面にも本人の打率にも有効。流し打ちは、左打者なら適時打や犠飛にしなければならないが、右打者なら凡打でも進塁打になる。

❷流し打ち、引っ張りと自在な打者が、最もバッテリーの頭を悩ます。流し打ちで長打もあるタイプならなおさら。

❸技術的には、トップの形でグリップが内側に入るために自然とバットが内側から出ていく「インサイドアウト」の理想的なスイングになる。壁を保てる、球を長く見られる、球を引きつけられる――。これらの効果があることからスランプ脱出法にもよい。

❹目だけは内角に付け、体はすべてのコースに備える待ち方をする。この待ち方は選球眼の助けになり、外角低めゴロゾーンの難しい変化球に手を出さずに済む。

❺右打者は、左投手が相手だと引っ張りたくなり強引さが出やすいが、クロスファイア気味に入って来る球に対して、バットを内側から出せば、打球は自然とセンターから右方向へ飛ん

でいく。バットの角度より、ミートポイントに重点を置く。

❻カウントバッティングを心がける。内角が多いカウントは初球、0－1、1－1、1－2、2－2。これらのカウントで、内角球を強引におっつけて逆方向に打ち返す技術があれば理想的。西武で監督になった辻発彦は得意だった。

現在は速くて小さな変化球や、フォークボールが全盛。どの打者も初球から思い切って振っていく。そのこと自体は間違っていない。重要なのは「どんな備えで」思い切って振るのか、だ。

私はなぜD型を目指したか

ヤマを張る――。こう言うと、眉をひそめる人が多い。イチかバチか、ギャンブル的な要素を感じ取るからだろう。

バッターたるもの、努力で技術を高め、その技術で投手を打ち負かしたい。それはそうだ。だが、野球における主導権は最初にボールを持つ投手が握っている。「攻撃」とは名ばかりのもので、打者は、投手に攻められている。

直球－変化球、内角－外角、高め－低め。選択権はすべて投手にあり、打者は成功率3割で御の字。私はそれを25歳の頃、思い知った。

プロ4年目に本塁打王のタイトルを獲得できたものの、直球を本塁打にすることはできても、カーブが来るとバットは空を切った。私に限らず長距離打者は、内角のストライクゾーンぎりぎりに目を付けて直球を待つ。常にA型でこのタイミングで待っていては、カーブが打てないのも当然だった。

相手投手も、カーブが打てないことに気づいていれば、私を甘く見ているから、思い切って腕を振ってくる。「困ったらカーブ」でいいのだから、直球や他の球種の切れも勢いもよくなる。私にとって悪循環だった。「カーブを打てないノ、ム、ラッ！」と野次が飛んできた。

これでは本塁打は打てない。何とかカーブとわかる方法はないものか。いつカーブが来るのか「読む」ことをしようとした。だが、最初はうまくいかない。カーブだと思って待っていると、胸元の直球……。やっぱり駄目かと落ち込んだ。

手応えをつかんだのは、ある投手の特徴を見抜いてからだ。カーブを投げるとき、右腕にスジが浮き出てブルブルッと震えたのが見えた。球をしっかり握り、手首を立てなければカーブは大きく変化しない。だからこの特徴が出たのだろう。「これだ！」と、思った。

一つ気づけば、目の付け所を覚える。別の投手はグラブの中でボールを握る手の位置が球種によって大きくずれる。そんな癖が見えるようになっていった。

こうした「目」が鍛えられていくと、癖だけでなく、相手の心理が読めるようになる。「大したピンチでもないのに逃げ腰だな……」と思えば、外角の変化球に踏み込んでいける。プロ野球におけるスコアラーの元祖といわれた尾張久次さんに配球チャートを付けてもらい、自分に対して絶対に内角直球が来ないカウントなど、球種による傾向を研究した。

最初はカーブかなと思って胸元に直球が来ると落ち込んだものだが、いつしか読みを間違えても「失礼しました」と内心つぶやけるほど、気持ちも強くなっていった。本塁打を狙う打者なら、それぐらい強くなければいけないと、今でも思っている。

ヤマを張る、とは決してギャンブルではない。数多くの根拠を持ち、狙いを絞ることだ。「読む」ことを志すバッターは多い。だがほとんどは、最初の何回かの失敗であきらめてしまう。特に素質に恵まれた者は、読まなくてもある程度の数字は残せるものだから「来た球を打てるようになればいいんだ」と基本技術だけを追いかける。

狙い球を決めるヒント

初球は、打者がやや有利なカウントである。

狙い球を絞る。その最初の段階は、第1ストライクにある。ピンチ以外では、一つ間違えば長打を浴びる内角への直球系で入ってくることは確率的に少ない。かつ、投手にはストライクを取りたがる習性がある。

だから初球や第1ストライクは決め打ちしやすい。凡打を恐れず、特にボール先行では「目を内角に付けて外角低めの凡打ゾーンを死角にして手を出さないようにした上で、ストレート狙い」で備える。

狙い球を決めるヒントは、他にもある。

❶前打席の結果球（最後の投球）、前打者の結果球との関連をもとにして狙う。前打席で直球を長打にしていれば「もう直球は来ない」と変化球に絞りやすい。前打席で打たれた球を次の初球に要求する者は、よほど強気の捕手か、裏の裏をかきたがる捕手のどちらかだ。

❷カウントチャンス（ボール先行の1－0、2－0、3－0、3－1）、配球チャンス（変化球が2球続けてボールになった、など）で思い切って絞る。その投手がカウントを取りにくる球種、コースを割り出しておく。

❸内角を攻めてくるときの状況とカウント、内角攻めが2球続くか、なども調べておく。

❹相手の勝負球を研究しておくこと。勝負球はどうやって決まるのか。①変化球中心で追い込まれた②直球中心で追い込まれた③外角中心で追い込まれた④歩かせてもよい状況⑤随所にボール球で誘って勝負されている⑥力勝負してきている⑦投手の制球力や性格の強気弱気⑧捕手の力量と性格——などだ。

❺直球を狙うのに勇気はいらない。直球系は何球まで続くかぐらいは考えよ。球威のある投

手でないかぎり、変化球が3球4球と続くことはあっても、直球は続かない。

❻変化球をタイミングが合わずに空振り。痛烈な当たりのファウル。タイミングがピタリと合って流し打ちのファウル——。これらの後の球種選択は悩みどころで、捕手の性格が表れる。「続けても打たれない」とプラス思考か、「次はタイミングを合わせてくるだろう」とマイナス思考か。

❼投手がサインに首を振ったときの球種には、投手の性格が表れる。傾向として、2ストライク後の首振りが2度以上続けば、次はストレートが多い。捕手はフォークなどの変化球を決め球に選択したがり、それに投手が首を振ったのだろう。

広島・山本浩二は日本シリーズで7本塁打を記録した「読みの達人」だった。1981年6月の巨人戦で見せた「読み」について、本人と意見を交わしたことがある。

第1打席は一死二塁で江川卓から2ラン。初球カーブがボールになり、次は外角直球だと読んで右方向に運んだ。第2打席はストレートの四球。第3打席はカーブを遊ゴロ。「振りかぶった瞬間にカーブとひらめいた。ところが普通のカーブよりも抜いた球で、泳いでしまった」と言った。

山本は当初「そろそろ内角に来るだろう」と、一球あるかないかの内角直球を狙っていたそうだ。江川の何気ないしぐさでカーブだとひらめいたが、備えとしては遅すぎた。「待ってました！」ではなく、「来る！」。慌てて食いついた分だけ、タイミングがずれて凡打になった。「狙う」と「捨てる」は表裏一体である。読みの達人を目指すなら失敗もあるが、それを恐れては達人にはなれない。山本は、読みを重ねた末に「ミスター赤ヘル」と呼ばれたのである。

打撃の基本はバスターにあり

バントの構えから打って出る「バスター打法」は、決して軽んじてはいけない。私は『タイミングの基本はバスターにあり』と思っている。

高校野球でも「バスター打法」を取り入れるチームは少なくない。バントの構えから、バットを引いて打って出ると、「1、2、3（イチ、ニ、サン）」のリズムの「2」が、バットを引く時間の分だけ自然と「2ー（ニイ）」と長くなる。その分だけ、ボールを手元まで引きつけることができる。

もう一つ、バットを引く動作を入れた結果、確実にヘッドを立てることができる。無駄な動作が入らないから、ヘッドが投手側に入りすぎたり、ベース方向に離れすぎたりすることもない。しっかりバットのヘッドが立ち、アッパースイングにならず、強いゴロを転がすことができる。

2011年のソフトバンクー中日の日本シリーズで、「バスター打法」が注目を集めた。第5戦でソフトバンクが1ー0でリードした七回一死一、二塁。カウント2ー0から細川亨がバスターで中前適時打を放った。

次打者に長距離砲の代打・カブレラが控えており、中日側もバントと思い込んでしまった。しかも細川は不振だった。この試合でも第1打席で14球かけて右飛に倒れたが、振りはまったくもって鈍く、粘ったと威張れるものではなかった。だがもともと不振の時には「バスター打法」を多用し、この打法で本塁打したこともある。七回、ベンチの「打て」のサインに、どうすればいいかと考えたのだろう。

バントの構えからバットを引くことで、ボールを「よく」引きつけて見ることができ、打席での「欲」も消える。謙虚に打ち返すことができる。打席で力めば、ほんの一瞬始動が遅れてしまう。するとその一瞬分、数センチだけバットが差し込まれ、凡打になる。バスター打法なら力む暇もなく、自分のポイントで捉えられる。バスターがすべてではないが、打者は決して頭も体もかたくならず、臨機応変にできるといい。

チャンスで打席に入る時には

バッターは、いつでも理想のA型（直球を待って変化球に対応する）で打てるわけではない。時には、内角か外角かコースを決める（B型）、打つ方向を決める（C型）、球種にヤマを張る（D型）ことも織り交ぜるべきだ。こう繰り返してきた。

打者には「チャンスで打ちたい」「チャンスに強くなりたい」という欲求がある。だがチャンスで力む者は、チャンスに強くなれない。力が入った状態からバットを振るには、その力みを一度緩めなければいけない。その分だけ、始動が遅れる。始動が遅れた一瞬のうちに、投球は手元に来る。だから差し込まれる。結果、チャンスに弱くなる。

チャンスで打席に入るときの考え方はこうだ。

【相手の立場に立て】

バッテリーの考えを理解する。「打たれたくない」「ゴロか三振で切り抜けたい」「1点はやってもいい」「1点もやれない」――。どれを相手は目指しているのか、そこから逆算して狙い球を割り出す。例えば「ゴロか三振」なら、低めの凡打ゾーンに手を出さないように、ベルトから下の球を捨てるといった打ち方を決める。

【決して相手を助けない】

悪球に手を出したり、強引なバッティングをしたり、追い込まれてもいないのに難しい球に手を出したり……。これらは意欲ばかり先走っているために起こる。「腹八分目」で冷静に素直に対処する。

【己の技量を知る】

ストレートや好きなコースの球を待ちながら、変化球にどれだけ体が反応してくれるか、いち早く知る。難しい球やタイミングが合わなかったとき、バットを止められる能力があるかをはかる。

相手投手の球速、変化球の切れや軌道によっては、A型で対処しきれないケースがある。いつも自分を押し通すのではなく、自分と相手の能力と技量を冷静に比較し、引くところは引く。

【好球必打】

チャンスでは、初球から早めに勝負をかける。追い込まれない方がいいに決まっている。特に前の打者が四球で出塁したときには初球狙い。第1ストライクの狙い方でも説明したように、目を内角に付けて外角低めの凡打ゾーンを死角にして手を出さないようにした上で、ストレートを待つ。

【最低でも犠飛】

この状況では、外野手3人の肩の強弱を確認して〝弱肩〟の外野手を狙うのは必須。前進か後退かといった守備陣形やシフト、風の向きと強弱も頭に入れておく。

とはいえ「意外に伸びるのは逆方向への打球」であるのも事実。無死満塁で右方向へ犠飛を打てれば、なお一死一、三塁のチャンスを作ることができる。

「肩の力を抜け」と言われても、なかなか力は抜けない。膝を緩めてみよ。膝を緩めれば、自然と肩、肘、手首も柔らかく動く。緩めた状態からスイングすれば、膝↓腰↓肩↓肘↓手首の順に力が伝わり、理にかなったスイングができる。

打者有利のカウント

12種類のボールカウントによる投手と打者の心理変化について、投手論の章で述べた。ここでは「打者有利」「投手有利」「五分五分」の3種類に分けて、打者の対応の仕方を説明したい。

打者有利のカウントは5つある。

【0—0（初球）】

まず「とりあえずストレート狙い」。その方法は、目を内角に付けて外角低め（原点）の凡打ゾーンを死角にして手を出さないようにすることだ。

次に狙い球を絞る。特に変化球を狙うときには、前打席の結果球などから、根拠を持つ。好きなコースを待つのもいい。直球を待つのに根拠はいらないが、変化球を待つには根拠がいる。「強打者の特権」もある。長打のある中軸打者であれば「投手は一発を食らうのを怖がっているはずだ。だから、俺には初球から直球は来ない」と外角への変化球を仕留める。

【1—0】

バッテリーは、2球をかけてワンストライクを稼ぐことを考える。カウントを取る球種に偏りが出て、配球の癖も出やすいため、狙い球を絞りやすい。難しいコースには手を出さず、タイミングが外れたら打たない余裕を持て。

【2－0】

投手はさらに不利になるが、好投手ほど、ストレートを大胆に目いっぱい投げてくる。有利だからと油断して強引な打ち方をしないこと。積極的かつ打ち損じない集中力が必要。内角直球が来る確率は低い。脇役タイプの打者は、状況に応じて自発的に「待つ」と、チームにとってありがたい。

【3－0】

スリーボールで悪球に手を出すことは、チームにとって大いなる迷惑。「待て」のサインも多いが、「打て」の場合の対処法を心得よ。

左投手対右打者、右投手対左打者なら、迷わず打っていけ。ただ、「打ってくる」と相手も察知しているから、簡単にストレートと絞れない。ストレートに絞っておき、変化球ならバットを止めるのが理想。「とりあえずストレート」と中途半端な思考で臨むと、消極的になって悔いを残す。

【3－1】

バッテリーは基本的に外角主体の安全策で来る。次打者や塁が空いているかなど、状況も相手の頭をよぎっている。投手の制球、カウントを取れる球種からカウントバッティング（外角球を逆方向へ、など）ができるかを考えて決断する。ボール球に手を出して相手を助けないことだ。特にイニングの先頭打者がボール球に手を出して凡打すると、チームのムードを壊す。出塁するためであれば、あえて一球を捨ててフルカウントで勝負という勇気も、時には必要になる。

打者不利のカウント

打者が不利なカウントも5種類ある。

【0－1】

2球で0－2と追い込まれることは避けたい。選球眼が大事だ。ボール球に手を出して、相手を助けない。

バッテリーは内角への捨て球を見せたがる。内角速球をマークしておくこと。また、捕手の習性として、2球目と3球目に球種が続く確率が高い（内角→内角、変化球がボールになればもう一丁、など）。投手にとってピンチであれば、0－2と同じように厳しいコースに思い切った投球をしてくる。

狙い球も絞りにくいカウントなので、強引なバッティングをすると術中にはまる。80％の力で打っていく意識を持つ。

【1－1】

投手はストライク、ボールどちらも自由に使って組み立てられる。打者には不利なカウントといえる。

とはいえ2球見た後だから、タイミング、自分と相手の調子、配球もわかってくる。1－2と追い込まれてさらに不利になりたくはない。

集中して確実に打ち返すこと。内角か外角かコースを決める（B型）、相手の得意な球に絞る（D型）など、「超」積極的に、勝負心を発揮して打って出よ。

【0－2】

打者の能力、つまり基本技術、選球眼、変化球への対応力が問われるカウント。フルスイングは避け、A型で対処するべきだ。選球眼のない打者に対しては、変化球のボール球で誘ってくる。ただ、相手も2球で追い込んだ後に打たれると悔いを残す、意外に嫌なカウントである。そのためボール球が確率的に多くなるが、油断せず打ち気を失わないこと。コントロールがよく、四球の確率の低い投手なら、積極的に打って出る。

【1－2】

バッテリーは100％勝負をかけてくる。目を大きく開き、ミートするまでしっかり見ることで、対応力をかなり発揮できる。

少なくとも、ストレートの見逃し三振だけは避けたい。ただ、典型的なD型打者であれば、思い切って勝負をかけよ。好投手ならなおさら、直前までの配球や前打席の配球といった、それまでのプロセスを根拠に狙っていけ。

【2－2】

バッテリーはフルカウントにしたくない。相手も絶対的に有利ではなく、不安は持っている。打者は、追い込まれた……と気持ちで負けたり、消極的になったり、マイナス思考に自分を追い詰めたりしないこと。弱気に振れると、B、C、D型での対応はできない。ツーストライクと追い込まれたら、さらに強気になれ。選球眼を重視し、積極性を失わない――。打者が不利なカウントを克服する、唯一の道である。

五分五分のカウント

残る2つのカウントは、五分五分のカウントである。

【2－1】

12種類のカウントの中でも、私は特殊だと思っている。有利か不利かの分かれ目になるカウントである。

バッテリーは、安全策と勝負心のはざまにいる。3－1にしたくはないが、かといって安全に外角主体で行こうという思考に対しても抵抗がある。走者がいて、犠飛や右方向への打球を打たれたくないという状況では、攻撃側の「作戦カウント」でもあるから、なおさらだ。

打者、バッテリーの両者に決断が求められる。だから特殊なのだ。

打者は好きなコースを待って対処する（B型）とよい。走者がいれば、それまで3球の配球傾向から方向を決める（C型）のもいいし、狙い球を絞っていく（D型）のもいい。漫然と来た球を打とうとするよりも、確率は上がる。

【3－2】

一球で明暗が分かれる醍醐味カウントである。

僅差であったり走者がいたりする勝負どころでは、変化球のボール球で勝負をかける投手も多い。意表を突いて内角直球、というケースもあるが、それはフルカウントまでの配球や状況、相手投手の能力によって異なってくる。

投手論の章で触れたように、打者は「ストライクが来る」と思い込みがちだ。3－0、3－1と同様、選球眼重視。勝負どころかそうでないか、状況をよく頭に入れて対応することだ。

ランエンドヒットのケースで、ストレートの見逃し三振だけは絶対に避けること。ストレート8割、変化球2割という対応が有効。ストライクに近いボール球に手を出してしまうことはある程度許されるが、悪球に手を出すことは許されない。チームに迷惑をかけ、失望感をもたらし、ムードを壊す要因になる。

積極性重視の近年の野球では、打者有利なカウントでは積極的に打って出て、見逃しが嫌われる。一方で、五分五分のカウントでの対応が拙いと感じることがある。積極性重視に陥るあまり、カウントによる心理の強弱が一球ごとに変化することを打者が理解していないからではないか。結果、よく言えば「力対力」、厳しくいえば「投げ損じ対打ち損じ」の勝負になり、醍醐味を著しく損なっている。

例えば3－1は打者有利で、投手は基本的に外角主体で来る。ここでB型やC型で謙虚に対応することをせず、「有利だから」と強引に引っ張りに出る。大振りで難しい球を凡打すれば本人は深く後悔し、チームにも悪影響を及ぼす。ファウルだったとしても「しまった……」と思い、3－2となってさらに力んでしまう。

出塁を目指す先頭打者であれば、私は「3－1も3－2も同じじゃないか」と諭す。3－1からフルカウントになれば、投手には、四球を出さずに済んだという安心感に「もう一丁」という緊張感が加わる。さらに複雑な心理に追い込まれるという点で、3－1からの見逃しストライクも、かえって出塁の確率を高めることもある。

カウントによる対応を考えるには、相手投手が自分をどう見ているか、という視点が必要なのである。

王貞治のホームランゾーン

打者論の終わりに、現役時代のライバルでもあった、王貞治と長嶋茂雄の技術について取り上げておきたい。

王貞治のホームランゾーンは、ど真ん中の「論外ゾーン」の他に、「真ん中から外角にかけての高め」「外角のベルト付近からやや高め」「内角から真ん中にかけてのベルト付近からやや低め」と3つもあった。このゾーンに球が入ってきたら、捕手は「やられた……」と目をつぶらなければならなかった。

私は「論外ゾーン」以外では、「真ん中から外角にかけての高め」「内角から真ん中にかけてのベルト付近からやや低め」の2カ所しかホームランゾーンがなかった。

1シーズンで、ホームランゾーン1カ所につき15本ずつ打ち、それ以外で何本か打てると計算してみれば、王は45本プラスアルファ、野村は30本プラスアルファ。王は楽々50本に届くが、ゾーンが1カ所少ない私には無理だ。だから私は「目で打つ」、つまり相手の心理、配球、癖などを読む努力をした。

さらに、王が際立っていたのは、選球眼だった。内角でも外角でも、ボールになる球には絶対に手を出さなかった。王がボール球でも手を出すゾーンは2カ所だけ。真ん中の高めか、外寄りの低めだけだった。

　真ん中高めといっても、ボール半個分程度の際どい高さでなければならない。少しでも低くなれば、そこは本塁打ゾーンである。外寄りの低めも、直球系には手を出してこない。ストライクからボールへと沈んでいく変化球にかぎる。

　選球眼を乱す要因は９つあると既に述べた。大きなものは「壁」が崩れて体が開く、始動が早い、力任せのスイング、などだ。

　王は一本足打法で軸足の左足にためを作り、上げた右足を着地した瞬間にバットを振り始める。この着地した右足がしっかりした「壁」になり、バットのヘッドがよく走っていく。力みすぎては、一本足打法は安定しないし、始動が早すぎればフォームは崩れる。王にとって打法の完成と確かな選球眼は表裏一体だったのだといえる。

巨人・王貞治は広いホームランゾーンを持つ上に、超一流の選球眼で通算868本の本塁打を記録して「世界の王」となった

天は日本ハム・大谷翔平に投打の二物を与えてしまった。打者・大谷は現在のプロ野球で屈指のホームランバッターになりつつあると、私は考えている。

王と同じで、ホームランゾーンが内角にも、外角にもある。ただ、お世辞にも選球眼がいいとはいえない。直球にタイミングを合わせて変化球に対応しようとするA型で、常に内角に目を置いている。しかし、常に、ほぼ同じタイミングで待っているため、真ん中から外角にかけた低めボールゾーンの球に体が泳ぎ、空振りや凡打することが多い。

また、内角球に鋭く反応して、鋭い腰の回転と右肘の巧みな使い方で、逆方向の左中間にも打球を運んでいける。内角の球も甘く入れば本塁打にできるから目を内角に置いているのだろう。だからなおさら、当たれば飛ぶ外角の選球眼が鈍るようだ。松井秀喜も、王と同じく、外角低めボールゾーンの変化球には手を出したが、直球には決して手を出さなかった。大谷がこの先、王や松井の選球眼を身につけたなら、末恐ろしい。

長嶋茂雄は欠点を武器に変えた天才

長嶋茂雄の打撃フォームには、欠点ともいえる特徴があった。

踏み出す左足が、アウトステップしてしまうのである。

前に述べたが、アウトステップには原因があって、内角球への苦手意識や死球への恐怖がそれだ。長嶋も内角球、特に右投手のシュートが苦手（ただし、狙えば打てる）という意識が強く、踏み出す左足がアウトステップしてしまっていた。

その一方で、長嶋が体勢を大きく崩しながらも、外角球や低めの球をホームランにする映像や写真を見た読者も多いのではないか。これにも理由がある。

長嶋の場合、左足がいくら外側に開いても、つま先だけは投手方向に開かずに閉じられていた。このため、体勢を崩されても強い打球を遠くへ飛ばすことができた。

無意識に左足を外側に踏み出すと、つま先も投手方向を向いてしまい、膝が割れて体が開いてしまう。しかし、長嶋のつま先は閉じていた。

つまり、踏み出す左足に体重をかけすぎず、まるで抜き足差し足のようにステップする。この時

1961年8月、本塁打を放つ巨人・長嶋茂雄。アウトステップしながらもしっかり軸足に体重を残し、体勢を崩しながら抜群のスイングスピードで遠くへ飛ばす「天才」だった

点で右足のかかとは地面に接したままで、体重が軸足の右足にしっかり乗っている。

だからバットのグリップも捕手寄りに置かれて動かず、インパクトまでの距離が保たれる。そこから振り出すため、バットは遠回りせず最短距離を走り、大振りにならない。つま先が投手の方に向くか向かないかが、これほど大きな違いになって表れるのである。

長嶋は内角の苦手意識を克服するためにアウトステップし、体とボールとの距離を作った。一方、私の内角対策は、ホームベースに近づいて構えることだった。その立ち位置で打てる感覚の球が、内角いっぱいのストライクだと認識するようにした。

この違いは、スイングそのものの違いでもある。長嶋は体重移動を使っていたのに対し、私は腰を中心とした軸回転でスイングしていた。

長嶋は、アウトステップしながらも外に逃げていくスライダーを芯で捉えて本塁打にすることができた。王貞治にせよ、私にせよ、ホームランを打つ瞬間の写真は球種、コースを問わず同じようなフォームになっている。しかし長嶋は、顔はレフトを向いているのに、打球はライト……というように、多種多様な本塁打の瞬間がある。そんな離れ業は他に誰ができようか。

それを可能にしていたのは、努力によって培われたスイングスピードの速さだった。軸足の「ため」と左足で作った「壁」で、弾かれるようにバットがしなり、ヘッドが走る。そのため他の打者より100分の数秒長く球を見ることができ、フォームを崩しながらもヒット、ホームランにしてしまう。それは「二枚腰」と評された。

長嶋に打たれた投手が「打たれた瞬間、目の前にバチッと稲妻が走ったような感覚」と言ったのを覚えている。「二枚腰」はアウトステップとスイングスピードに裏打ちされたものだが、凡人の私には、やはり「天才」としか表現できないのである。

野村克也のルーティン

ネクスト・バッターズ・サークルで、相手投手の球筋や球威を見ながら、静かに待つ。自分の打順が来る。立ち上がって、打席に向かう。歩き出して3歩目あたりで、手に持ったバットを右のつま先にコツン、左のつま先にコツン……。

コツン、コツン……。読みの世界に没入していく私のルーティンだった。これまで説明した過去のデータ、直前の打席、相手の癖、試合状況を判断基準に、狙うべき一球を絞る。

問題は、ここから。

「80％の確率で内角直球はない」と読んだら、「ホームベースの内側3分の1は捨てて、真ん中から外寄りに絞る」。さらに「センター返しに徹する」と自分に言い聞かせた。また「変化球はないな」と読んだら、「直球狙い」。さらに「上からたたく」を加える。

「内角は捨てる」や「直球狙い」だけでは不十分なのである。

欲から入って、欲から離れよ——という。狙い通り「外角に来た！」「直球が来た！」だけで振っていけば、どうしても力む。こうした選手を「0・1秒喜ぶのが早い！」と叱責したものだ。「①外寄りの球を②センターへ」「①直球を②上からたたく」と、自分に2段階で言い聞かせることで「0・1秒の間《ま》」を埋めて自分のタイミングで打つことができる。「①変化球を②膝から上のストライクゾーンの球だけ」もある。この2段階の準備を、「二段構え」と名付けた。

「打撃の神様」川上哲治さんは、好調時に「ボールが止まって見えた」と言った。だが誰でもいつでも、無我無欲の境地に達するわけではない。意識的に欲を捨てる方法が「二段構え」である。

重ねていうが、野球は投手が球を投げなければ始まらない。攻撃しているのは投手で、打者には〝守るべきもの〟がある。自分のヒッティングゾーン、ミートポイント、「壁」といった体勢や技術だけでなく、自軍の走者もそうだ。

打者は常にチームマンとして、以下の7点を意識するべきだ。

❶相手に嫌がられる
❷味方から信頼される（ムードを壊さない）
❸勝負強い
❹粘っこい（簡単にアウトにならない）
❺状況に応じて目的を持って打席に立てる

❻つながり重視で最低限の貢献を常に考える

❼気づきが早い（人間は常に錯覚している。軸を保てているようで崩れている、レベルで振っているつもりでもヘッドが下がっている、などの錯覚を修正できる）

天才や、技術だけを追い求める者に読ませるために、打者論を書いてきたのではない。あくまで凡人や二流を対象にしたものだ。私は不器用で反射神経も鈍く、技術の向上に励みながらもプロの世界ではね返された。何とかその上へと、死にもの狂いで自分なりの理論を積み上げてきた。「打率2割5分を打てる者であれば、3割は打てる」――。これだけは自信を持って言える。技術の差を埋めるのは、考え方と取り組み方だ。最後には不器用な者が勝つのだと、私は信じている。

第6章 走塁・作戦論

走塁はチームのリトマス試験紙

走塁は、フォア・ザ・チームの精神を測る「リトマス試験紙」――。

私の持論である。南海、ヤクルト、阪神、楽天での監督時代を通じて、選手のチームに対する忠誠心を測る基準を、走塁に置いていた。

「打つ」「投げる」ことは、誰でもやる。成績がアップすれば、自分のためになり、ひいてはチームのためになると、肌で知っている。

一方、「走る」ことは、足が速く、盗塁を多く稼げる選手以外は「領域外」と思いがちだ。それは断じて、違う。投手論でも触れたが、改めて強調しておく。

出塁したときのリードの取り方、打球が飛んでから一歩目のスタートに、足が速いか遅いかは、関係ない。

特にリードは、誰にでも大きく取れる方法がある。「盗塁」ではなく、「帰塁」だけを考えればよいのだ。

大きなリードは、投手の牽制球を増やすなど、余計な神経を使わせることになる。コントロールミスや、悪送球を誘うこともあるだろう。

バッテリーの配球も、走られたくないがために、ストレート系中心になるだろう。それは打者にも絞りやすくなり、プラスの結果と出よう。

走らずして、チームに貢献できるではないか。

そして、一つでも先の塁へ進もうという意欲は、後続の打者に、打点を稼ぐチャンスを増やしてあげることにも直結する。「同僚＝チーム」への思いやりが行動となって表れる。それが走塁なのである。

では、野村克也は現役時代、走っていたのか？　そう問われるかもしれない。

4番で正捕手。体形はずんぐりむっくり。短足、鈍足……。そんな私でも、プロ実働26年間で、通算117盗塁を成功させている。盗塁企図数は181だから、成功率は．646になる。

31歳だった1966年に、9度企図して8度成功。40歳になった75年も4度企図して3度成功。中でもホームスチールは、通算7個成功させた。三盗の記録は定かではないが、20個近くはしているはずだ。

相手バッテリーの心理の隙、守備陣形の隙を突けば、鈍足選手でも、年齢の高いベテラン選手でも、走れるということを、この数字が証明している。

だから監督時代も、例えば楽天・山﨑武司ら、巨漢で鈍足、ベテランという選手に、口酸っぱく、言っていた。

「三盗をしろ。盗塁は、二塁より三塁が狙いやすいぞ」と。

走塁とは要するに、センスと判断力にかかっている。相手の油断や隙を見抜くセンス、打球に対する判断なのである。

走塁に必要な判断力

鈍足もベテランも関係ない。走塁に必要なものは、判断力とセンス。そして何より、一つでも先の塁を陥れようという意欲である。忘れられない場面があった。

2012年7月26日の巨人－DeNA。3－2とリードした巨人の五回の攻撃は無死満塁。DeNA内野陣は、もう1点もやれないと、バックホーム態勢の前進守備を敷いた。

このとき巨人の二塁走者・阿部慎之助は、アンツーカーからちょっと出たところに立っていた。これが私には理解できない。

前進守備だから、牽制球はまず来ない。遊撃手が守っている後方あたりの位置まで、リードを取れるではないか。

打者が内野ゴロを打っても、相手はバックホームするから、大きなリードを取らなくても、三塁までは楽々と進める。

阿部の思考は、そこで止まっていたとしか、思えなかった。私なら、この状況では、さらに一歩先を求める。

仮に内野ゴロで、本塁↓一塁と転送され、併殺になったとしても、自分が本塁まで突入して、1点を奪ってやる。

その意欲と姿勢が、チームに対する忠誠心といえるものだ。

4番で捕手。当時の阿部は、私の現役時代と同じく、重責を担う立場にあった。打って、守る。それだけでチームに貢献できるという思いも、あったかもしれない。

しかし、塁上においては、4番でも捕手でもなく、「走者」である。

しかも、少しのことで得点チャンスが増大するという状況判断は、俊足だろうが鈍足だろうが、どの選手にもできることである。

そして、足で稼いだ1点がモノをいう試合は、少なくない。その1勝、1敗が、シーズン成績を左右するのである。

「走塁」に関して日頃から、選手は興味を持ち、練習せねばならない。また首脳陣も指導、指示を欠かしてはいけない。

さて、判断力を高めるにはまず、やってはいけないことを頭の中にたたき込んでおくことだ。

例えば「無死、一死では、ライナーの打球に飛び出さない」「二走のときに自分より右（三塁方向）にゴロが飛んだら、走らない」など。

出塁して最初にすべきことは、「ボールは誰が持っているか」の確認。隠し球にひっかかることは100％防げる。野球というスポーツでは、白球も主役である。ボールの動きに合わせて、選手も審判も動くことを忘れてはいけない。

「外野手の守備陣形と肩の強弱はどうか」の確認も不可欠。走っている間の判断基準になる。

これらが走塁の初歩的な心得となる。

一塁走者の心構え

攻撃における監督の最大の仕事は、「いかに走者を得点圏に進めるか」である。

走者二塁、つまり、単打1本で得点というチャンスを作れば、相手バッテリーにプレッシャーをかけることができる。

どんなによい投手でも、そこまで快調に投げていたとしても、精神的に変化する。打たれてはいけない、との思いが、平常心を乱し、力みにつながり、球威が落ちたり、制球ミスを招いたりすることもある。

その際に打席に入っているのが、不調な打者、下位の打者、あるいは投手でも、バットを持っている以上、打たれない保証もないからだ。

したがって、「得点圏」への前段階となる「走者一塁」という状況は、野球において、きわめて重要な意味を持つ。『攻撃の作戦発動地帯』と言ってもよい。

無死なら送りバント。これが作戦のセオリー❶で、以下❷一死ならヒットエンドラン❸二死なら盗塁などがある。

これらを踏まえた上で、一塁走者の心構えを説いていきたい。

ベースからのリードオフの距離は最低でも、身長プラス一歩分。

ただし、走らないときでも、相手投手の牽制能力にあわせて、できる限りのリードを取り、牽制球が来たら、素早く帰塁する。

まるで一塁手と「お手々つないで……」かと見間違えるような、消極的なリードではいけない。アンツーカーの中に両足をとどめていては、いけない。常に相手バッテリー、内野陣にプレッシャーをかけるべし。

アウトカウントの確認も怠ってはならない。

①無死の場合は、慎重に②一死の場合は、三塁まで思い切って狙うよう準備する③二死の場合は、打者が打った瞬間にスタートするが、先の塁へと無理をすることはない。

点差も頭に入れておく。大差で負けている場合は、ライナーなどでアウトにならないこと。走者をためることが最優先だ。

ライナーに対する注意も重要。少々、判断が遅れる原因になるが、飛び出して、帰塁できず、併殺を取られてチャンスをつぶす方が、チームにはマイナスになる。

一塁走者が持つべき判断力

一塁走者には、的確な判断能力が求められる。

二塁にはベースコーチがいない。このため一塁走者は、二塁を蹴って三塁まで進むか、二塁でストップするのか、ほとんど自分の判断で走塁をしなければならない。

右翼手の前、右翼線へ飛んだ打球に対しても、できるだけ自分で見るように努めること。当然、一球ごとに、内野、外野の守備位置を確認しておく。それぞれの野手の守備能力、すなわち肩の強弱、ダッシュ力、動きの速さなども、頭に入れておかねばならない。

そうした判断能力、情報収集力、確認作業から生まれた、プロ野球史上、最も有名な一塁走者の走塁が、1987年、巨人－西武の日本シリーズ第6戦。西武・辻発彦ではないだろうか。

3勝2敗と王手をかけた西武が、2－1とリードして迎えた八回。二死一塁から、3番・秋山幸二が中前打し、一走・辻が一気に生還。3－1で逃げ切り、日本一を手にした試合である。

中堅のやや右翼寄りで打球を処理した巨人・クロマティは、辻の三塁進塁阻止を早々にあきらめ、遊撃・川相昌弘に、ゆっくり返球。川相も打者走者に気を取られている間に、辻は三塁をも蹴っていたのだ。

二死後という状況ゆえに、辻は秋山が打った瞬間にスタートを切っている。打球が飛んだ方向からしても、三塁進塁は防げない。間に合わないのに三塁へ送球して、打者走者の二進を招く方が痛い……。

巨人側は〝定石〟を踏んだつもりでも、西武側はそこに油断と隙を見いだしていた。

私がヤクルト監督時代の96年、移籍加入してきた辻に、あのプレーについて聞いたところ、クロマティの緩慢な送球と、内野陣の動きの傾向（川相は中継時に打者走者の二進に注意するため、右回りに体を回転させて三塁に背を向ける癖があった）を事前にチェックして、「ホームまで行けますよ」と、三塁ベースコーチの伊原春樹に進言していたという。

まさに、フォア・ザ・チームの典型例である。

確認する、準備する、そして決断し、実行に移す。その意味でもうひとつ、忘れてはならない重

1987年、日本シリーズ第6戦。八回二死一塁で、
西武の一走・辻発彦は中前打で一気に生還。巨人・クロマティの緩慢返球、
川相昌弘の中継プレーでの癖などをすべて見抜いていた

要なポイントがワイルドピッチ、パスボールに対しての備えだ。

フォークボールなど、その投手にとってワンバウンドになりやすい球種を、あらかじめ頭の中に入れておく。さらに、その球種を投げることが多いカウント、状況をつかんでおく。

一塁走者は、投球がそれほど大きくそれていないケースでも、二塁を陥れやすい。スタートの一歩目に、全神経を集中させることだ。

牽制球への備え

一塁走者の心得として、忘れてはいけないことがある。

既に述べたが、俊足選手だけでなく、鈍足選手でも、大きなリードを取らねばならない。盗塁ではなく、帰塁だけを考えればよい、と。

そして、足の速い遅いにかかわらず、その際に必要なことは、いうまでもなく、牽制球への備えである。

それにはまず、投手の癖を見抜き、チームで共有することだ。投手論で触れた通り、ほとんどの投手が、セットポジションに入る前には、投球するのか、牽制球を投げるのか、どちらかに決めている。そこに変化が生まれ、癖が出る。

例えば、軸足（右投手なら右足）が数センチ動いたら投球。顔が一度も一塁の方に向かなかったら牽制球、など。

投手に直接現れる癖だけではない。今では「牽制が2球続いたら、3球目はない」といったデータも、各球団には蓄積されている。

これらを頭に入れておくことが前提となる。

右投手の牽制のターンの速さも、知っておく必要がある。特に、ボールをグラブの中に収めず、右手で握っているときは、ターンが速くなるので要注意。

投手の牽制の後には、必ずコーチを見直して、作戦の変更の有無を確認すること。

余裕があれば、投手だけでなく、捕手にも視線を向けてほしい。構えたコース、さらには投手に出したサインが見えるかどうか、探るために。

「右目で投手の癖を、左目で捕手のサインを、見られているのではないか……」。私が楽天監督時代、疑心暗鬼にさせられた選手がいる。盗塁王に4度輝いた西武・片岡易之（治大）だ。

走ってくるだろうと考えて、ピッチドアウトさせると、走らない。おかげで、ボールカウントは不利になる。走ってこないだろう、というときに、走ってくる。まんまと二盗され、ピンチに直面する。その繰り返しだった。

サインが盗まれていたかどうか、定かではないが、相手を悩ませる走者は、大いなる戦力となることは間違いない。

一塁走者はまた、投手の牽制球だけでなく、捕手からのピックオフプレーにも注意すべし。内野ゴロに対する併殺崩しのスライディング技術も必要だったが、2017年からは、日本でも危険なスライディングが禁止された。ルールを熟知しておくことが不可欠だ。

走者が得点圏に進んだケースでの注意事項

以下、各塁での走者の注意事項をまとめておく。

【走者二塁】

基本的には、走者一塁での注意事項がベースとなり、個別にアレンジしていく必要がある。

投手へのゴロ、三塁手へのゴロ、遊撃手の右方向（三塁寄り）へのゴロに対しては「ストップ」。打球が外野に抜けるのを確認して走ること。

送りバントの状況では、走り出すのは「ボールがグラウンドに落ちてから」と徹底する。バントが空振りになることにも、備えておく。二塁走者からは投手の球筋がよく見える。このため「ストライクゾーンだからバットに当てるだろう」と先走って判断し、ベースから大きく飛び出し、空振り後に捕手から二塁送球されてアウトになるケースも少なくない。バントの打球が強いときも、「ストップ」する余裕がほしい。

外野への飛球に対しては、タッチアップか、ハーフウエーか、瞬時に判断すること。二遊間の野手のサインを見破り、三盗にも備えたい。二死、2ストライク後は、よいスタートを切ること。そして、三塁ベースコーチには、次打者の打順と、試合展開、状況を常に頭に入れておくことが求められる。安打が出た場合の判断基準とし、代打が考えられる場合は、ベンチと打ち合わせておかねばならない。

二走には、ベースコーチの指示が聞こえにくい。三塁コーチには大きなジェスチャーも必要になる。「わかっているだろう」の思い込みは禁物である。

[走者三塁]

相手の守備陣形を確認した上で、打球に対する備えが重要となる。「ゴロゴー」(打球がバウンドした瞬間にスタート)か、「ゴロストップ」(内野ゴロではストップ、打球が抜けるのを確認してからスタート)か、「ギャンブルスタート」(投球がバットに当たった瞬間にスタート)なのか。

三塁ベースコーチはベンチの指示を仰ぎ、作戦とサイン確認を、入念にすることだ。ワイルドピッチ、パスボールに対する準備も、怠ってはいけない。

[走者一、二塁]

一塁走者は常に、前の二塁走者の動きを確認しておくこと。外野フライの際、二走がタッチアップし、外野手が三塁に送球したときには、一走もハーフウエーから急いで戻り、タッチアップで二塁を狙う準備をする。

ゴロが転がったとき、二走は併殺崩れの間に1点を取れるような積極的な走塁を心がけること。

さらに一塁走者は、投手、捕手からのピックオフ牽制に十分、注意を払わねばならないことだ。

投手は通常、本塁に近い方の走者を牽制する。このケースでは、単打で生還させないよう、リードを大きく取らせないよう、二走に目を光らせる。だからといって一走が警戒を怠って油断してはならない。

【走者一、三塁】

相手の守備陣形を確認して、打者のゴロに対する指示を徹底しておく。

基本的には、無死の状況で併殺になりそうな強いゴロが飛んだ場合、三走は思いきってホームを狙う。

二死三塁になるか、一死一、二塁になるか。はたまた、挟殺プレーになった場合、三走が粘っているうちに、残る打者走者と一走がそれぞれ二塁、三塁まで到達できるか。これにより、続く攻撃での得点チャンスが大きく変わってくる。

併殺にならないような当たりの場合には、自重する。

一死の状況は、すべてホームを狙う。これもベンチの指示で。

作戦とサインの確認を忘れないこと。特にダブルスチール、エンドラン、セーフティースクイズ。ベンチ、コーチャー、打者、走者、すべての意思統一が不可欠だ。

【走者二、三塁】

二走は、ゴロに対して三走がどう動くか。「ゴロゴー」「ゴロストップ」などの指示を確認した上で、走ること。

また、二走はスクイズのサインに対して、よいスタートを切り、打球を処理して一塁に送球される間にホームを突く「2ランスクイズ」の準備をしておく。特に内野が前進守備の場合にはそのチャンスになる。

相手が好投手だったり、打者の力量が劣ったりする場合には、二塁走者が捕手からの牽制球を投げさせて、三走をホームインさせるトリックプレーもある。

【走者満塁】

ここも前の走者を見ながら走る。

後ろの走者の動きでサインがばれるようなことは、あってはならない。一走と二走は、ライナーゲッツーを避けねばならない。

以上が、走者を置いた状況の注意事項だが、選手は常に投手に目を向け、球種の癖、牽制の癖など、あらゆる角度から、攻略の糸口を探しておくことが必要だ。また、内野手の守備位置や、投手を含む守備能力も確認して、打席では常にセーフティーバント、プッシュバントのチャンスをうかがうこと。

これらチームに役立つ情報を入手することは、選手の務めである。走塁は、得点力アップへの最重要能力で、選手の野球センス、取り組む姿勢、人間性、フォア・ザ・チームの精神が最も表れるものだ。

次の塁を狙う姿勢を崩さないこと。凡打では一塁セーフを。安打では二塁を。二塁打は三塁打にするという気持ちで、プレーすること。全力疾走を続けるチームは、必ず強くなる。

バント

個々の走塁能力が向上すれば、ベンチも作戦のバリエーションが増える。以下、攻撃上のさまざまな作戦について説明していく。

はじめは、やはりバントになる。野手だけでなく、打席に入る投手にとってもバントは必須事項である。ＤＨ制がないアマ野球では特に、投手の送りバントの成否が、上位打線につなぐ攻撃を左右する。

バントができない投手は先発させない——。監督にも、それくらいの厳しさが求められる。まずはそこを強調しておく。

【送りバント】

『構え』には3種類がある。

❶最初からバントの構えを取って投球を待つ

❷ヒッティングの形からバントの構えに入る

❸バントの構えから1回バットを引いて、再びバントの構えに入る

それぞれの形には、❶はその方がやりやすい者、❷は相手が送りバントを警戒していない場合、❸はやや難しいのでできる人だけがやる——などの理由や条件がつく。特に❷や❸はシフトが厳しい状況で、相手の守備者の足を止めるために効果的だ。

相手の守備陣形をよく見て、一塁、三塁のどちら側にするか選択する。

走者一塁の場合は一塁方向へ。走者二塁、または一、二塁の場合は、三塁方向へバントするのがセオリーだが、一塁手、三塁手の守備能力を考えて、セオリーから離れることもある。

一塁側にバントする場合、目線はインコースに。三塁側にする場合、目線はアウトコースに合わせておくと、ボールに対応しやすい。要は、決してボールを迎えにいかないことである。

さらに、ストライクだけをバントすること。バットの芯から外して、打球を殺すこと。三塁へ走者を送る状況では、三塁手に捕らせること。投手に処理させるときはライン側へ、打球を殺す。ただし「打球を殺す」ことばかり考えると真下に落ちて捕手に処理されることも多い。しっかり転がそう、と考えることだ。

【バントエンドラン】

これは敢行するケースは、4つある。

①送りバントの状況で、一塁走者が俊足。打者のバント能力は低い。相手のシフトも厳しい、というとき。走者は普通のスタートでよい。打者はゴロの方向はどこでもよい。とにかく転がすことが絶対条件となる。

②無死一塁で、一塁走者が俊足。三塁側に強めのバントをして、三塁手にゴロを捕らせ、三塁ベースが空いたところを狙って、走者が一気に三塁まで進む。

③走者二塁の状況で、俊足なら、走者はスチールのスタート。打者はセーフティーバントで、三塁手にゴロを捕らせる。三塁手が一塁へ送球するのを見て、走者は一気にホームへ。このバ

2016年、DeNAとのクライマックスシリーズで、送りバントを決めた広島・野村祐輔。投手ながら、しっかりした構えで確実に球をとらえて転がした

ントエンドランは「得点をリードしている」「打席には下位打者」「走者の走塁テクニックが優れている」などの条件がそろったケースで使う。

④どうしても送りたい状況で、鈍足の走者が二塁にいる。さらに打者のバント能力、相手のシフトを考えると、送れそうもない……。こういうケースでは、苦肉の策として使うこともある。

【スクイズ】

得点を狙うためのバント、スクイズは、打者が緊張する作戦といえる。心身ともにリラックスして、余裕を持ってやることだ。

サインが出たら、まず打者は、三塁ベースコーチにアンサーを送り、確認しておく。

バントの構えは早すぎないこと。投手のステップした足が着地するくらいまで、我慢する。ピッチドアウトも想定して、幅広く投球を待ち、遠いボールに対しては、バットをほうり投げてでも当てねばならない。転がす方向は問わないが、理想は投手のグラブの反対方向。グラブトスをさせないためだ。投手の真正面は避けたい。ストライク近辺のボールは、絶対に投前のゴロにしてはいけない。

走者のスタートは、投手のステップが着地するかしないか、または投げる腕が後方に行ったとき。左投手の場合は、やや早めでよい。

【2ランスクイズ】

走者二、三塁の状況で、相手が前進守備のときに行う。

二塁走者は左目で二塁手の動きを捉えつつ、遊撃手の後ろまで、大きめのリードを取る。

打者はできる限り、三塁手に捕らせるバントをする。

二走は投手の始動と同時にスタートし、三塁ベースを回ったところで、三塁手の守備に合わせ、一塁送球の間にホームインを狙う。

【偽装スクイズ】

無死または一死一、三塁という状況から、一塁走者の盗塁を助けることが目的。打順が下位で、すでに得点が入った後にもう一押ししたいケースで行いたい。

一走は盗塁のスタート。打者はスタートを確認したら、スクイズのタイミングよりやや早めに、バントの構えに入る。

そして、演技力を発揮して、バットを出して空振りする。三走もスタートを切るふりをして、すぐに帰塁する。

最近は捕手が察して、だまされることなく、二塁へ送球するケースも増えている。その場合、裏をかいて、ダブルスチールを仕掛けても面白い。

[セーフティースクイズ]

無死または一死一、三塁。三塁には好走者、打者が下位打線か打力に劣るという状況で行う。打者は、ストライクの球を一塁方向へ、よいバントをする。理想は二塁手の前に転がす。重要なのは三走。打球を見て瞬時に判断し、ホームを狙う。無理なスタートは、しないこと。最低でも二、三塁という形を残したい。相手が前進守備なら、決行する必要はない。併殺狙いの陣形のときがよい。

走者三塁からのセーフティースクイズも、相手の守備陣形が中間か後方で、三振が濃厚な打者や、打てそうもない投手のときに行う。やはり三走の判断がポイント。ゴロの内容をよく見て、スタートを切るか止まるか、判断する。

盗塁

一つ先の塁を陥れる。盗塁に必要な要素には、以下の4点がある。

①投手のモーションを盗む ②タイミングをはかる ③投手の癖を盗む ④油断をつく――。

投手のクイックモーションの技量を上中下の3段階で判断して、「中」以下であれば、足の速い走者が勝つものだ。

これらを頭に入れて、積極的にチャレンジしてもらいたい。

積極的に、とは選手に限った話ではない。まずベンチが、消極的であってはならない。

今でも腑に落ちないシーンがあった。２０１３年10月30日、巨人－楽天の日本シリーズ第４戦（東京ドーム）だった。

１点を追う楽天は、八回二死から聖澤諒が四球で出塁した。聖澤は前年の12年のパ・リーグ盗塁王で、足のスペシャリスト。マウンドには、大柄でモーションの大きいマシソン。当然走るものだと思っていたら、一塁にくぎ付けのまま。後続も倒れ、結局試合も５－６で落とした。

星野仙一監督率いる楽天は最終的に日本一になったとはいえ、あの１点差負けは、シリーズの行方を左右してもおかしくないものだった。

そもそも、二死一塁からの盗塁は、作戦選択のセオリーである。しかも、俊足の走者、モーションの大きい投手と、条件もそろっていた。

同点もしくはリードしているときにしか、盗塁させないというのなら、それは「勝負」と呼べない。失敗しても、スコアが引っくり返ることがない。負けているときこそ「勝負」なのである。

特に、相手投手がリリーフエースの場合、常識的に考えて、連打や長打は望めない。みすみす逃げ切りを許すのであれば、盗塁をからめて勝負に出る。そう割り切ることだ。

盗塁の仕掛けどころは、チームの決めごとにしておくべきだ。私が判断基準にし、決めごとにしていたのは以下のようなものだ。

❶一～二回で3点以上リードされている状況で、90%の確率で成功可能なら、走ってよい
❷六回までに2点以内のリードをされている状況では、100%成功可能なときに限る
❸七回以降、1点以上リードされているときは、カウントがよい、癖や油断や隙を見いだした、好スタートが切れる――などの条件をよく吟味してから走る
❹走者が判断しかねる場合には、必ずベンチの確認をとる
❺三塁への盗塁も、基本的には同じだが、二死のときは無理をしてはいけない

足の速い選手は、バッテリーのマークをかいくぐってでも走らねばならない。足の遅い選手も、モーションや癖を盗み、油断をつき、常によいスタートが切れる状態にしておくことだ。

盗塁における走者の判断とベンチの指示

盗塁には、走者だけでなく、ベンチにも勇気が必要である。近年のプロ野球では、基本やセオリーを知らないとしか考えられないケースを、何度も目にした。OBとして恥ずかしいかぎりだが、例をいくつか挙げておく。

［走者の意識が低すぎる］

2012年9月15日の巨人－阪神（東京ドーム）。両軍無得点の二回、巨人の攻撃。二死から6番・谷佳知が中前打で出塁。続く小笠原道大への5球目に合わせて、盗塁のスタートを切ったが、同時に能見篤史が牽制球を投げ、誘い出される形で二塁アウトになった。

二死で、打順は下位。盗塁の仕掛けどころであり、谷もまた、迷いなくスタートした。だが問題は一塁ベース上における谷の姿勢にあった。

それまでの4球の間は、リードオフが小さく、アンツーカーの中にとどまっていた。

そして5球目を前に、右足をアンツーカーの外に出す。これでは相手に「盗塁のサインが、出ましたよ」と教えているようなものではないか。

既に述べたように、走者は常に大きなリード（身長プラス一歩分が目安）をとり、相手バッテリー、内野陣に「走るぞ」という姿勢を見せつけることが、求められる。サインが出たからリードをとる……。指示待ち族であっては、ならない。

【足に自信があっても自重すべき】

「走れるなら、いつでも走ってよい」と指示されている選手でも、自重しなければならないケースはある。14年4月17日のヤクルト－巨人（神宮）。ヤクルトは1点を追う八回、一死から2番・上田剛史が内野安打で出塁した。3番は左打者の川端慎吾で、バットコントロールに定評があり、併殺は考えにくい。つまり打順は4番・バレンティンまで回る。二死になっても、一打同点、一発逆転のチャンスが残る。

だが上田は、川端がカウント1－2になってから、左腕・山口鉄也の4球目に、二盗に失敗した。1点負けていて4番まで回る状況で、しかも投手有利のカウントにもかかわらず、「賭け」をしてはいけない。100%成功する確信がなければいけない。

その鍵は8割以上、スタートにかかってくるが、マウンドにいるのが左腕では、よいスタートは切りにくい。そうした条件下での盗塁は「賭け」を通り越して、「無謀」とさえいえるものだった。

【言語道断の三盗失敗】

13年8月2日の巨人－阪神（東京ドーム）。巨人は0－1の六回、一死から坂本勇人が三盗に失敗した。打席には4番・阿部慎之助。一打同点のチャンスで、三塁に進んでおく必要性など、ないではないか。

私が阿部の立場だったら、「4番の俺の打席でチョロチョロするな！」と怒鳴りつけていただろう。

トリックプレー

トリッキーな隠し味を含む盗塁もある。

【ギャンブルのダブルスチール】

一、三塁から一塁走者が走り、三塁走者は捕手が二塁へ送球した瞬間、スタート。点が取れそうにないとき、基本通りでは成功しにくいとき、試合状況に応じて勝負をかける。走者が鈍足の場合でも、使える。

三走は捕手の手からボールが離れた瞬間、迷わずスタートする。投手に返されたり、送球のポーズだけだったら、アウトになってもごめんなさい……と割り切る。もっとも、捕手が投手に返す確率は、実は10％もない。

もちろん、ベンチのスタッフ、選手全員で協力し、二塁送球か、投手に返すか、相手のサインや傾向を見破れれば、言うことなしだ。

一走は、絶好のスタートを切る必要はない。打者は空振りしたり、体を捕手の側に預けたりと余分な動きをしてはいけない。あくまでも「捕手が二塁へ投げやすい環境」を、あえて提供してやることが必要だ。

【フォースボーク】

二死一、三塁。マウンドには左投手。打順は下位。打者は追い込まれた。得点はリードしている。以上の状況で行う。

三走は、左投手の顔（目）が一走に向いたとき、スタート。同時に一走は、演技力を発揮し、牽制球を投げさせるように誘う。牽制球が来て、挟殺プレーになったら、三走が生還するまで、アウトにならないよう粘る。

二死二、三塁、または満塁、打者は投手の状況で、捕手から二塁へピックオフさせ、その間に三走が生還を狙うトリックプレーもある。

［ディレードスチール］

走者はわざとスタートを遅らせる。リードを取るとき、サイドステップを使って「1、2、スタート」のタイミングで。一歩でも二塁に近づいておく。二遊間が油断して、二塁ベース方向に動いていないときや、ボールから目を離したときが狙い目となる。

ヒットエンドラン

長打、連打、四死球も望めないような好投手の攻略には、足を絡めた作戦が必要だ。ここからは走者一塁からの「ヒットエンドラン」について述べる。

2013年、レギュラーシーズンで24勝無敗の快記録を樹立した楽天・田中将大だが、彼を攻略するにはエンドランしかない、とネット裏から歯がゆい思いで見ていた試合があった。

7月9日の日本ハム戦（東京ドーム）で4安打完封した田中が、カウント2－0にしたのは、なんとたった一度だけ。常に1球目か2球目にストライクを稼ぎ、そこからゾーンを広げ、面白いように打ち取っていた。

それを支えていたのは、外角への制球力。一回先頭から17球中14球で外角から入った。さらに七回途中から九回途中にかけて打者7人連続で、初球は外角直球。まさに「原点能力＝外角低め」に徹していた。捕手・嶋基宏も私が常に話していた「困ったら原点」どころか、まさに外角一辺倒のリードだった。

これほど顕著な傾向が出ているのであれば、私が相手チームにいれば「ヒットエンドラン」を仕掛けていく。

制球がよく、大きく外れるボール球はまず来ないから、打者のバットが届かず空振りする恐れが小さい。また低めに球が集まれば、打球を転がしやすい。さらに走者がスタートすると、相手の守備陣形が崩れる。多めに来る外角球を、逆方向に単打狙いで打ち返せば、安打の確率も高くなる。

監督がエンドランのサインを出す条件を挙げる。
❶ストレートが来る確率の高い配球を読む
❷ボールカウントを見て、ストライクが来ると読んだとき。ストレートの確率が高ければ、なおよい
❸ピッチドアウトがあるかどうかを考慮に入れる
❹打者に迷いがある
❺打者の調子がいまひとつ
❻空振りが少ないタイプの打者

❼責任を持たせた方が力を出せるタイプ

以上の❹から❼については、試合展開や状況よりも、サインを出すことによって打者に打ちやすい環境を与えてやることが主となる。

そして打者にとっての心構えは、こうだ。

①走者を進めると考えるよりも、チャンスを広げることが主目的と心得よ。「何とか転がして走者を進めておけばいいや」という消極的な考えは厳禁。ストライクならば必ずヒットにする意思を持て。結果として、最低限走者を進めるという考えで敢行する。

②外角のボール球やピッチドアウトに備え、踏み込んで打つこと。最低でも「半歩」は踏み込め。そこで内角球が来たら、死球も覚悟せよ。

③長打を捨てる意識を強く持つ。空振りは避ける。フライを上げてもいけない。ライナーを打つぐらいの気持ちで、強いゴロを打つ。

エンドラン成功のコツ

ヒットエンドランに関して、現役時代、忘れられない問答があった。

元大リーガーの名二塁手で、1967年から南海で選手、コーチを務めたドン・ブレイザーに「エンドランのサインが出たら何を考える?」と聞かれた。

①ランナーは走る ②見逃しも空振りもできない ③とにかくバットに当てて——などと指を折ると……。

まずはそこだ。

「大事なことを忘れている。二塁のベースカバーにはショートとセカンド、どちらが入るのか。ベースに入る方を知っておき、守備の空く方向を狙えば、安打になる確率は格段に高くなる。当時としては、目からウロコだった。試合を通じて、ベースカバーに入る野手は、ほとんど同じ方だったからだ。

もちろん今では、ワンパターンということはない。主に捕手の構えたコースによって、右打者の外角なら右方向に打球が飛びやすいため遊撃手が、内角なら二塁手が入るようになっている。どちらがカバーに入るか、見破る努力を怠ってはならない。

バッテリーのサインによって、どう変わるのか。イニングや状況によって、どう変わるのか。ベンチ全体で常に探っておくこと。一塁走者として出塁したら、スタートのフェイントをかけ、カバーに入る野手をあぶり出すこと。

既に述べた通り、ヒットエンドランの主目的は「チャンス拡大」にある。「走者の進塁」は結果としての最低限の務めで、走者一、三塁とチャンスを広げるための作戦なのである。

［走者一、三塁または三塁からのヒットエンドラン］

相手の守備陣形が前進で、二遊間だけが併殺狙いのシフトを敷いている。打者が非力で、犠牲フライを打てそうもない。カウントが打者にとってよくなった。投球が低めに集まっている――などの条件で行う。

三走は難しい。全力のスタートではなく、外野フライが上がったときに、三塁ベースへ戻れるくらいのスピードで。打球が転がったと見るや、全力でホームへ。

ライナーになったときは、アウトになっても、やむなし。ギャンブル的な作戦。

［バスターエンドラン］

送りバントの構えから、ヒッティングに切り替える作戦。相手守備陣が、バントをしてくるものと決めつけている。カウントがエンドランに適してきた。ピッチドアウトもなさそう――などの条件で行う。

打者はここでも、ベースカバーに入る野手を読むこと。技術的には、手打ちにならないこと。膝を使ってタイミングを取り、腰の入ったスイングで、リードする腕を中心に、素直に打ち返す。

奇襲こそ弱者の戦法。格が上の相手と対するときなど、通常の策では勝利は望み薄という場合には、臨機応変に敢行すべきである。

第7章 守備論

守備の心得

第2章で、「攻めと守りで成立する」という野球が持つ要素を挙げた。失点しなければ負けないスポーツであるだけに、「攻めて守る」よりも「守って攻める」考えを徹底すべきだと述べた。「名手」と呼ばれる広島の二塁手、菊池涼介の守備を見ていれば、「守って攻める」重要性を理解できるだろう。彼が一、二塁間を抜けそうな打球を処理してピンチを脱すると、本拠地のみならず敵地でも、球場全体の空気が一変する。

また、2016年に日本一になった日本ハムの外野陣の守備範囲の広さも同様だ。右中間、左中間を簡単に抜かれないことで大量失点を防ぎ、試合の流れを手放さず、次の攻撃につなげている。

野手に必要な、守備における3つのポイントを挙げる。

【守備位置の決定】

「打球が飛んでくると思われる地点」に位置していること。いい守備者は、いい位置に守っているものだ。

打球方向のデータを採り、打者のスイングの特徴、味方投手の投球内容、球威とスイングの力関係、足の速さ、得点差、イニング、アウトカウントを考慮し、ベンチの指示を仰ぎながら、守備位置を決定する。
セーフティーバント、プッシュバントの可能性はないか。走者がいる場合には、勝ち越し（ウイニングラン）か同点（タイニングラン）か。さらに風の強弱、太陽の位置も頭に入れて、内・外野手とも守備位置を決める。

【いいスタートを切る】

投手のモーションに合わせながらリズムを取り、かかとをやや浮かせて構え、あとは打者のミートポイントに目を集中し、いいスタートを切る準備をする。バットに当たってからスタートするのではなく、当たるか当たらないかぐらいのタイミングでスタートできるようにすること。

【打球に対する判断力】

打球が飛んできたら、送球を急ぐ必要のある打球か、急がず堅実にプレーする打球かを、とっさに判断できること。前後左右に飛んでくる打球をあらかじめイメージして、送球の準備をしておく。
外野手は走者が見えないことが多いから、コントロールを重視してカットマンに返球する。カットマンが正しい位置に入ることについては、「フォーメーション（守備陣形）」の項で改めて述べる。
野球が情報化されて以降（日本では1965年前後）、それまで「ホットコーナー」の三塁手が花形だった守備は大きく変わった。「センターライン」の捕手－二塁手・遊撃手－中堅手が重視されるようになった。

特に二塁手と遊撃手は広い守備範囲が求められ、バッテリーのサインから目を離さずに守備位置を決め、守備のサインに備える。二遊間の固定がチームづくりの根幹になった。二遊間の一人が内野陣のリーダーとなり、試合中にタイミングをみて投手に激励やアドバイスに行くチームは、やはり強い。

内野手の基本

内野手は、常に自分のところに打球が飛んでくるものと思って準備しておく。

両足を肩幅よりもやや広く開き、腰と膝を軽く曲げ、上体を前傾させてバランスを取りながら備えておく。この姿勢が前後左右に動きやすい理想的な構えだ。かかとを上げすぎると、前進するには動きやすいが、後方や左右に動きにくい。また両膝に手を置いている内野手には、私はよく「疲れているのなら、交代してもいいんだぞ」と声を掛けたものだ。

スタートの切り方には、通常2種類がある。まず、左右に飛んだ打球には第一歩をクロスオーバーステップする。最も早くスタートできる。もう一つは、投球モーションに合わせ、低い姿勢からすり足で2、3歩前進しながら、打者のインパクトの寸前に足をそろえ、バランスよくリラックスした姿勢で打球に備えるもの。

[ゴロの捕り方]

「守備の名手」と呼ばれる選手は、特にゴロの捕球法などでは独自のアレンジをしている。ここでは一般的な方法を述べていく。

❶左足をやや前に出し、右足を後ろに引き両足と両手でできる三角形の頂点にグラブを低く置き、体の正面で捕るように努める。

❷グラブの動きは「下から上」。グラブを低く下げ、腕を柔らかくして、下から上に引き揚げるように捕球する。イレギュラーバウンドを想定しておく。バックハンドで捕球する場合にも「下から上」は同様である。

❸フットワークを使いながらバウンドに合わせる。バウンドが合わなかった場合、決して後ろに下がらず前に出る。強い打球でバウンドが合わない場合には体に当てて前に落とす。

[フライの捕球]

野手の中間に高く上がった打球は、最初に大声を上げた者が、決して球から目を離さず責任を持って捕る。強風下ではあまり早く声を出さない。確実に捕球できると判断したときにせよ。

内野後方に上がった打球は、外野手から声がかかるまで全力で背走し、声が上がったら邪魔をしないように外野手に任せる。投手の前やファウルゾーンに高く上がった打球は、できるかぎり内野手が捕る。

【送球】

小さなモーションで素早く送球する技術が必要だが、「正確に送球する」「素早いプレーが要求される」「ランニングスロー」の3つの送球をマスターする。

正確に送球する場合には、できるかぎりボールの握りを正しくし、（右投げの場合）右肘を後ろに引いて手首を柔らかく使い、ワンステップを入れて回転のいいボールを投げる。素早く投げる場合には、ノーステップスローが要求される。体を素早く立て直し、左足を送球方向に一歩踏み出して投げる。

ボテボテのゴロでは、ダッシュしてランニングスロー。左足の前でシングルキャッチして、右足を軸にしてアンダースローなりサイドスローで送

野村がヤクルト監督時代に指導した宮本慎也の華麗な守備。スピーディーかつ堅実なプレーは、事前の準備から生まれた

球する。

外野手の基本

私がよく言っていた「外野手出身に名監督なし」の説は、残念ながら崩れつつある。

内野手は一球ごとにバッテリー間のサインを確認して打球方向を予測し、どの走者を優先してアウトにするか、また併殺かフォースプレーか……と際限なく考え続ける。対して外野手はせいぜい、守備位置を変える程度。一球ごとに変化する状況に対応する監督業には向いていない、というのが理由なのだが、もはや過去のことになった。

外野手の条件も多様になっている。強肩でコントロールよく送球できればいうことなし。「ただ打つだけ」の外野手はかなり減った。イチロー、糸井嘉男を筆頭に投手や三遊間出身の強肩外野手の時代である。

打球を追いながら、常に試合状況を頭に入れ、処理に当たらなければならない。内野のプレーに対するバックアップ、失策が出た場合の予測と備えが必要になる。

【右翼手】

外野3ポジションの中で、最も強肩を必要とする。無死または一死で走者一塁のとき、ライト前への安打で一、三塁のピンチを招かないために重要である。

【中堅手】

足の速さと守備範囲の広さが求められる。なぜなら、中堅方向への打球はすべてフェアになるからだ。

阪神監督時代に起用した赤星憲広は、足は速いが肩は強くなかった。「とにかく全速力で打球にチャージしろ」と指示した。走者二塁のピンチで中前に打球が飛んでも、俊足の赤星が全速力で前進して打球を処理すれば、走者は必ず三塁でストップするからだ。

【左翼手】

打力重視で置かれるポジションだが、左翼線への打球をシングルヒットでとどめる機敏な動きと、早く正確にコントロールする送球技術は最低限必要だ。

どのポジションでも、守備位置から外野フェン

阪神の快足中堅手だった赤星憲広。決して強肩とはいえなかったが、スピードを生かした前方へのチャージで補っていた

ス、ファウルフェンスまでの距離を頭に入れておくこと。主に左翼を守っていた山内和弘（一弘）さん（毎日など）は試合前の練習中、フェンスまでの距離を歩測することを欠かさなかった。

外野手の注意事項は以下のようなものだ。

❶内野との中間に上がったフライは基本的に外野手が処理する。その場合には必ず大声で連呼する。

❷グラウンドの広さ、風の向きと強弱、太陽の位置、フェンスでの打球のはね返りを確認する。

❸打者のタイプ（打球方向の傾向、方向を決めて打ってくるか、追い込まれると対応を変えるか）と足の速さを知っておく。また、打者のバットの軌道を見れば、ライナーが「伸びてくる」か、「ラインドライブする」かわかるはずだから、予測しておく。

❹得点差、イニング、アウトカウント、同点の走者や勝ち越しの走者などは常に把握する。

❺守備位置を決めにくい場合は、ベンチの指示を仰ぐ。

❻いいスタートを切れる体勢をとる。小さく足踏みしながら体を動かしてタイミングを合わせる方法もある。

❼一つの打球を2人の外野手で追うのが基本。打球を処理しない方の外野手は必ずバックアップに回る。

走者を置いた状況での守備

走者を置いた状況での守備は、緊張感を伴う。各野手は走者の動きを確認し、どんな打球（フライ、強いゴロ、弱いゴロ）がどんな方向に飛んでくるのかによって、瞬時の判断が必要になるからだ。まず、ダブルプレー（併殺）を狙う状況、走者一、三塁の状況を解説しておく。

[ダブルプレー]

併殺を狙う状況で、打球が飛んできたら「ダブルプレーが可能か」「ワンシュア（確実にアウト一つを取る）か」、瞬時の判断が重要になる。

併殺の状況では、当然それに備える守備態勢をとる。ただし、ベンチからの指示で「4－6－3」（二塁手から遊撃手、さらに一塁手への転送）はあきらめて、「6－4－3」のシフトを敷けという場合がある。打者の打球方向が遊撃方向に90％以上の確率のとき、このようなシフト指令が出る。それ以外は通常のシフトで併殺態勢をとる。

一塁走者がスタートを切ったとき、二塁手と遊撃手はスタートにつられて早めに二塁ベースへスタートしないこと。インパクトの瞬間まで投球をよく見ること。シフトで既に二塁ベース寄りに位置しているのだから、決して慌てる必要はない。

二塁手、遊撃手の二塁ベースへの入り方は、「素早く入り、かつ前後左右の送球に移動して対処できる体勢」でなければならない。二塁手のベースを踏む足は基本的に左足だが、送球がそれたなら臨機応変でよい。

一塁へ送球した後は、走者のスライディングに気をつけること。タイミングよくジャンプしてかわせ（2017年から併殺阻止を狙う危険なスライディングは禁止）。

打球を処理した二塁手、遊撃手が自らベースを踏んで一塁に送球する場合には、声の連携を忘れないこと。併殺狙いの状況で、投ゴロで二塁ベースカバーに入る野手は、事前に投手に連絡しておくこと。

【走者一、三塁】

考えられるシフトは❶バックホーム態勢　❷併殺態勢　❸三塁手と遊撃手はバックホーム、その他は後方守備陣形（左の強打者を迎えた場合など）。さらに❹三塁手と一塁手はバックホーム、二遊間は併殺狙い——の4パターンだ。

一死一、三塁では、三塁手は次の判断基準でプレーを決めること。ベース寄りのゴロはバックホーム、ショート寄りのゴロは併殺（これは一塁手も同じ）。バックホームも併殺も間に合わないゴロが転がってきたら、ワンシュアで一死をとる。打球で判断する場合には、速い打球は併殺、緩いゴロはバックホーム。

また、ダブルスチール（重盗）を敢行された場合のシフトと防御をしっかりしておく。捕手からの送球は①三塁手に直行 ②投手に返球 ③二塁塁上へ直行 ④投手の後方（二塁やや前方）——。④は三塁走者を誘い出すもの。

16年10月22日の日本シリーズ第1戦で、日本ハムが広島・鈴木誠也に重盗による本盗を許した。日本ハムは②を選択したが、投手・大谷翔平がサインを見落としてしまった。

ランダウンプレーと中継プレー

走者をおいての連係プレーは、プロ野球でも2月のキャンプから年間を通じて練習している。それでも、一瞬のずれからミスが出る。基本的な考え方を押さえておかなければいけない。

[ランダウンプレー]

飛び出した走者を、複数の野手が挟んでアウトにすることである。

基本は、できるかぎり手前の塁に走者を追って挟殺にすることと、送球の数を少なくすること。つまり先の塁に進ませることなく、時間をかけずにアウトにする。そうすれば打者を含む後方の走者の進塁を最小限に食い止められる。できれば1回の送球でアウトにすることが望ましい。

一人だけの走者を塁間で挟んだときは、さほど難しくない。慌てず、無駄な送球を少なくしてアウトにすればいい。送球が多くなれば、それだけ悪送球や捕球ミスが起きる確率が増す。

一方、難しいのは、走者一、三塁で、一塁走者が飛び出した一、二塁間のランダウンプレーである。三塁走者を横目で見ながら一走をアウトにする。

重要なのは、三走のリードの大きさである。三走を刺せると判断して三塁に送球してみたら、帰塁されてしまい、一走を二塁に進めてしまうケースがよくある。リードの大きさの判断を正しくしなければならない。

野手は、走者を追って送球したら右回りをして離れる。走者をケアする必要のない野手や投手は、素早くプレーに加わる。特に三本間では、一塁手は早く加わり、投手もバックアップする。

走者二、三塁で三走を三本間に挟み、捕手が三塁方向へ追っていったときに二走が三塁ベース上にいるのが見えたら、三走をベースまで追っていくこと。すると、2人の走者が塁上にいることになる。

野球規則では前方の走者に占有権があるため、二走がアウトになる。この時二走にタッチした後で、三走に「アウト!」と大声を出してタッチしてみよ。三走がルールを知らなければ、自分がアウトだと勘違いして塁を離れる。そこで改めてタッチすれば、2人ともアウトにできる。相手の無知を利用することも、「無形の力」である。

[カットオフプレー]

内野手の重要な仕事である、外野からの返球を中継するカットオフプレーの目的は2点だ。

第1は得点しようと本塁へ向かう走者を阻止すること。第2は三塁や二塁へ一つでも先の塁を取ろうとする走者を阻止すること。

打球が外野へ飛んだなら、内野手は走者の動きを見ながら正しいカット地点に入ることが肝要だ。外野手の捕球位置と送球する塁の一直線上に位置する。外野手の肩と自分の肩の強さを考え、最も早くリレー送球できる位置を選ぶこと。

中継役は両手を大きく挙げて送球してくる外野手の目標を作る。捕球したらグラブ側に体を回転させ（右利きなら左回り）、長い距離なら低く投げる。高い送球はコントロールが乱れやすく受ける側も処理しにくい。

フォーメーション

フォーメーション（守備陣形）の主たる目的は、相手に余分な塁を与えないことにある。外野手、内野手、投手、捕手、すべてが一体となり、誤差のない動きをして、各野手の素早い、確実なプレーが要求される。

フォーメーションはイニング、アウトカウント、走者の状況、走者の脚力、球場の広さなどにより、変化する。例として、ランナー一塁で左翼線に長打が飛んだ場合のフォーメーションを広い球場、狭い球場に分けて2例、図として挙げておくので、確認してみてほしい。

組織的な守備において、頭に入れておかなければならない原理原則は以下の通りだ。

❶どのような条件でも、プレーの行われる可能性のある塁（ベース）を、空けてはならない。
❷常に相手打者の走力を頭に入れ、どの塁の走者を進塁させないか、しっかりと判断する。
❸特にカットマン、リレーマンになった野手は、その状況下での流動的な判断力と動きが重要になる。
❹バックアップは必ずせよ。それによって、送球する者が思い切って投げられる。
❺極力、無駄な送球は避け、プレーが止まったときには、ボールを持ったまま、内野方向へ走ってくること。
❻外野手の返球はカットマン、リレーマンの胸の高さに、よい球を投げよ。キャッチボールの基本は、ここでもおろそかにしてはいけない。それによりカットマン、リレーマンのプレーが素早く、確実になる。間違えても、頭を越すような高い球を投げてはいけない。

走者一塁 左翼線長打の対応

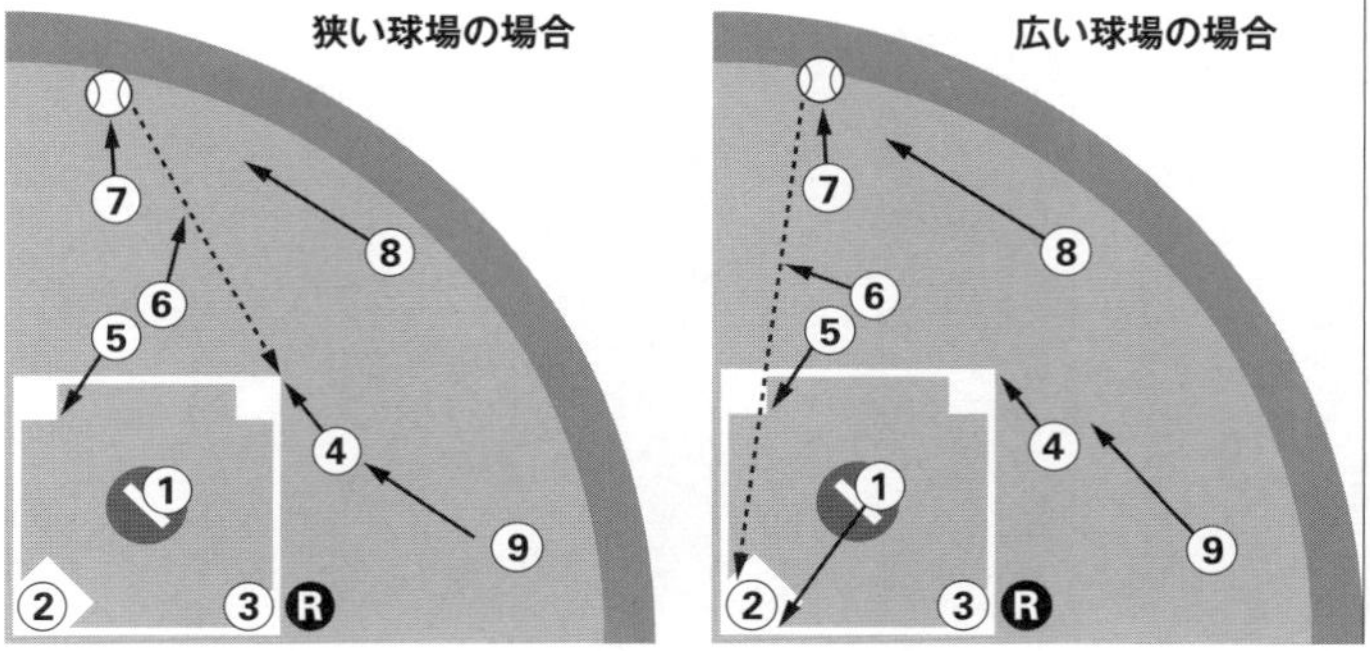

実線＝守備陣の動き（丸数字はポジション）　点線＝送球の動き　Ⓡ＝走者

❼カットマン、リレーマンは、外野手にわかりやすく、大きく構え、送球の目的塁への直線上に立つこと。
❽特にカットマンは、目的塁で捕球しようとしている野手の指示に従い、ワンバウンドで届く位置に立つことが望ましい。
❾カットマン、リレーマンも、次のプレーが素早く行えるような体勢で捕球すること。
❿捕球する野手は、カットマン、リレーマンの位置を指示し、送球に対する「カット（カットマンが捕る）」か「オーケー（直接自分が捕る）」かを、大きな声で連呼する。カットマン、リレーマンが次のプレーを行う上で、的確かつ明確な指示が求められる。

「声の連係」をおろそかにするな

プレーが動いている中では、サインやジェスチャーをいちいち目で確認している時間などない。声だけが、よりどころとなる。

私は「声の連係」こそ、現代の野球で最も注意しなくてはならない要素の一つだと考えている。日本の野球ではプロ・アマを問わず応援が鳴り物入りで、熱狂的な状況になると、プレーしている選手が交わす声はお互いに通らなくなってくる。声の連係がなく、一心不乱に打球を追った野手どうしが激突し、大けがを負う場面が増えてきている。

南海（1954〜77年）、ロッテ（78年）、西武（79、80年）と、パ・リーグ一筋でプレーしてきた私の現役時代と現在とでは、プロ野球を取り巻く環境が大きく変わった。

セ、パの人気格差は縮まり、地域密着も進んだ。巨人戦以外でも、球場が超満員となることが格段に増えた。しかも、一投一打に固唾を呑む空気はなく、ファンは常に大声で合唱。イージーな飛球でも、本塁打と間違えたかのような大歓声。

この環境で声の連係をはかるのは、決して簡単ではない。

衝撃シーンを覚えている方も多いだろう。2014年3月30日の巨人－阪神（東京ドーム）。巨人は二回二死一、二塁から大竹寛が右翼と二塁の中間付近にフライを打ち上げた。打球を追った阪神の二塁手・西岡剛と、右翼手・福留孝介が激突。

2014年3月30日、阪神・西岡剛（手前）と福留孝介はフライを追って激突。
「声の連係」ができていなかった

昏倒した西岡が救急車で搬送され、鼻骨骨折などの重傷を負った。

こうした打球処理の基本は、前進する方の野手が捕球することだ。下がりながら追うより、体勢が崩れず、打球も見やすく、一直線に向かえる。

それでもなお、落下地点が微妙で、2人とも追い続けている状況なら、先に「オーケー！」と、声を発した方が捕球することだ。前進した福留も当然、「声を出した」と語っていたが、問題は、その声が届いていたかどうか。西岡の動きと、激突という結果をみる限り、届いていなかったといわざるをえない。

単に声を発するだけでは、足りない。なまやさしい声では、大歓声にかき消される。怒鳴るくらいでなければならない。その上で、「オーケー！　オーケー！　オーケー!!」と最低3度は連呼しなければならないのだ。

私の経験上、外国人選手には、この教育がたたき込まれている。野太い声で「俺が捕る！」「俺の打球だ！」と連呼する。どちらかが先に声を発した時点で、もう一人はサッと体を反転させる。捕球の邪魔にならないよう、視界から消える。プレー上の危機管理が、子供の頃から身についているのだろう。

対して日本人選手は、謙虚な国民性からか、照れくささが先に立つのか、大声で連呼するのは苦手である。

だからこそ、大声の連呼の重要性を説き、捕球の優先順位を確認させることは、不可欠となる。キャンプからシーズンを通じて、練習しておく必要がある。16年はセ、パ両リーグとも観客動員記録を更新し、両リーグの公式戦に約2500万人が球場に詰めかけた。声の連係の徹底は、現代野球の宿命といってよい。

バントシフト

バントシフトの目的は3つ。「打者にプレッシャーをかけて、バントを難しくさせる」「ベンチにプレッシャーをかけて、作戦を変更させる」「走者を心理的に揺さぶる」――。

投手は、セットポジションに入ってから、長くボールを持ち、クイックで牽制。投球も全力のクイックで。初球は、相手の様子をみるため、変化球から入る。続いて、打者の内角高めを狙う。簡単にバント、バスターを許してはいけない。

最終目標は走者を進ませないこと、走者を刺すこと。バントシフトの網を張るのである。

【走者一塁でのバリエーション】

❶投手は走者の動きを確認しながら、一塁手が一度出て、止まって、ダッシュするのを見て投球する。二塁手はいろいろな動きで、走者にスタートを切らせないようにする（図A）。

❷盗塁を防ぐため、投手には❶の動きの中でプレートを外してみることも、必要になる。

❸走者を牽制するため、❶の動きから投手は外角にボール球を投げ、捕手が一塁ベースカバーに入った二塁手へ送球。
❹一塁手が❶と同じ動きから一塁ベースに戻る。その動きで走者が戻るか、せめて体重が左足（一塁方向）にかかるのを見てから、捕手に投げる。投球後は一塁側に出てバント処理に備える。
❺一塁手が❹の動きでベースに戻ったとき、投手が牽制球を投げる。
これらの繰り返しで、走者に大きなリードを取らせないことだ。

【走者二塁および一、二塁でのバリエーション】

以下、走者二塁を例に説明する。
❶投手は、遊撃手が二塁走者を二塁方向に牽制するように動いた後ターンし、走者を追い抜いて三塁方向へ向かったのを見て、投球する。投球後は三塁方向をカバー。一塁方向は一塁手がダッシュでカバー。
❷基本となる完全阻止のシフト。遊撃手が走者を牽制し、三塁に走る。一塁手、三塁手は同時に前進。投手はそれを見たら、変化球を投げる（バスター阻止のため）。投球後すぐ前進してバントに備える。バントを捕球したら、すべて三塁送球。二塁手は走者を牽制するように動いた後、一塁カバー（図B）。

❸二塁手が❷の動きから一塁カバーと見せかけて、そのまま二塁ベースに入り、投手は逆ターンで二塁へ牽制球。

❹投手は❷の動きでプレートを外す。捕手がサインを出し直さなければ、遊撃手は三塁へ走る途中で止まり、バントおよびバスターに備える。二塁手は、バントに対しては一塁ベースカバー、ゴロには併殺と、流動的な動きをする。

❺ピックオフプレー。❷の動きで、投手は外角低めへボール球を投げ、捕手から二塁へピックオフ。二塁手は一塁ベースカバーに行くふりをして、二塁に戻り、捕手からの送球に備える。

バントシフトの主な基本パターン

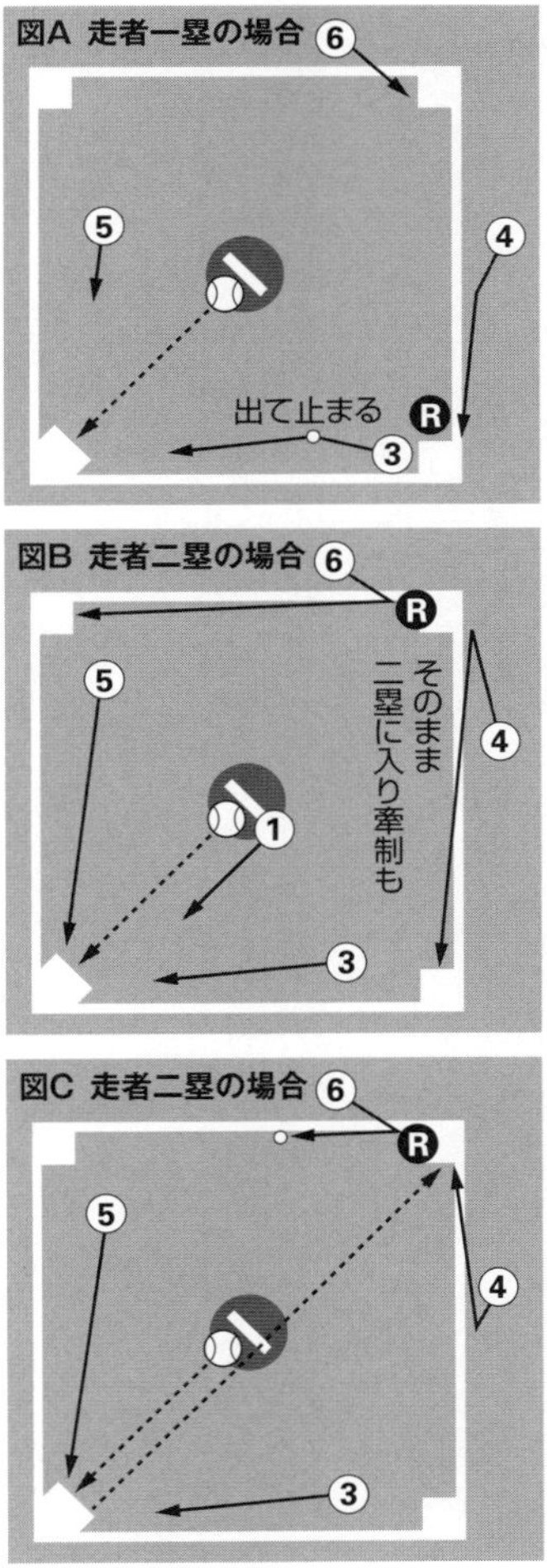

実線＝守備陣の動き（丸数字はポジション）
点線＝送球の動き
Ⓡ＝走者

この場合、他の内野手は❷の動きを実行し、投手には、外角低めに外すコントロールが不可欠となる（図C）。

ピックオフプレー

1試合27個のアウトをすべて投手が積み重ねようと思うと、苦しいものだ。1つでも2つでも、打者以外から稼ぐことができれば、投手もチームも楽になる。これは投手論でも触れた。バントシフト以外の有効なサインプレーを挙げておく。

走者2人以上。すなわち一、二塁、および二、三塁、および満塁の状況だ。

［捕手のサインによる一塁牽制球］

投手は捕手からの球種のサインを受け、セットポジションに入る。一塁手は、投手がセットに入ったら、走者の動きに合わせて一塁ベースに入る。捕手は一塁手の動きを見て、牽制球のサインを出す（ミットを落とす、パーを出すなど）。左投手の場合は、一塁手と投手のみで行う。

［捕手のサインによる二塁牽制球］

投手は捕手からの球種のサインを見ながら、ターンのサインを待つ。捕手は投手に、ベースカバーに入るのが遊撃手か二塁手かを知らせ、球種のサインを出しながら、野手の動きを待つ。野手がベースカバーに入ったら、ターンのサインを出す。

このようなプレーは、本塁に最も近いところにいる走者ではなく、その後ろにいる走者を刺す上でも、効力を発揮する。私は南海の監督時代、満塁のピンチで、あえて二塁走者を牽制球で刺すサインプレーを選手にたたき込んだ。

投手にはあらかじめ、「二走を一度も見るな」とクギを刺しておく。

複数の走者がいると、投手は無意識のうちに、本塁に近い方の走者を牽制したくなるものだ。満塁であれば三塁だ。

二走は「自分には牽制してこない」と安心しきっている。さらに「自分も本塁に突入しよう」と意気込む。あわよくば「内野ゴロでも、一塁送球の間に生還してやろう」ともくろむ選手もいる。ただでさえ安心しているところに、気持ちも体も、前がかりになる。そこに油断と隙が生まれるわけだ。

もっとも、現在では三塁への偽投が禁止され、投手にボークが宣告される。そのため三塁への偽投を使ってから、二塁に牽制球を投げることは、もうできない。だからといって、二走の油断がなくなったかといえば、そんなことはない。

こうしたアウトの稼ぎ方は、相手に精神的なダメージを与える。自分たちの野球より熟成されている、という劣等感を植え付ける。心理的に優位に立てるという面でも大きな武器となろう。

また、投手だけでなく、捕手からの各塁牽制も、常に狙っておくことだ。特に三走が「ゴロゴー」の構えでいる状況での三塁牽制は、重要である。送球をしなくても、格好だけで、足止めさせる効果がある。

誤ったシフト

誤った変則シフトについても述べておきたい。

２０１４年7月11日の巨人－阪神（東京ドーム）。巨人・原辰徳監督は六回、２－４と2点を勝ち越され、なおも一死二、三塁、打者・西岡剛という場面で、内野5人、外野２人のシフトを敷いた。内野の間を抜かせないことを優先し、左翼手を三遊間に、中堅手を左中間に、右翼手を右中間に配置。そのぽっかり空いた中堅へ２点二塁打された。普通なら中飛になる打球だった。

極端なシフトを敷くには、明確な条件がある。❶打球方向に偏りがある強打者、それも長距離砲❷その打者に本塁打を打たせないための手段――である。つまり「安打ならオーケー、一発だけはご勘弁」。これが最大の目的である。

最も有名なのは、P53でも触れた「王シフト」だろう。左打者の長距離砲、巨人・王貞治に対し、１９６４年、広島・白石勝巳監督が考案した。内野陣は右方向にシフトして三塁手は遊撃の定位置に、外野陣も中堅手が右中間に、左翼手が中堅の定位置やや左まで寄った。

三塁線、左翼線はがら空きである。王に聞いたことがある。左方向に安打狙いの打撃を試みたところ、慣れないことをしたものだから、バットのヘッドが早く返ってしまい、投ゴロになった。以後、シフトを無視して、自分の打撃だけを貫いたという。

実はそれ以前に、私も阪急に、外野手4人で、一、二塁間が空いた「野村シフト」を敷かれた。打席で皮肉を込めて、右方向へバントのポーズをとると、相手は「どうぞどうぞ」と笑っている。それを見て、無理に流し打つことはやめた。安打になったとしても、相手には〝想定内〟にすぎない。自分の打撃を崩す方が怖いし、それこそ相手の思うツボなのだ。

話を巨人のシフトに戻そう。西岡は決して、極端なシフトの条件に合う打者ではない。広角的なアベレージヒッターである。そういうタイプに、変則シフトは逆効果でしかない。しかも、中堅を空けたことにより、「コンパクトなスイングで、センター返し」という基本を西岡に思い出させてしまった。大物打ちではない打者を、より謙虚にさせてしまった。

そもそも、試合は中盤で、すでに2点リードされていた。巨人は首位で、2位・阪神に4・5ゲーム差をつけていた。その状況で、1点にこだわる理由は、見当たらない。あえて言うなら、監督という立場にしかわからない「疎外感」ではなかったか。

ずっとベンチにいると、試合に参加していない錯覚に陥る。現役時代にスター選手であったならば、なおさらだ。そのため、動く必要のないところで、つい動いてしまう……。

終章

監督の重み

1969年10月26日、西宮球場での阪急－巨人の日本シリーズ第1戦。南海の兼任監督就任が決まった私は、NHK解説者だった恩師、鶴岡一人さんの控室に向かった。

「このたび監督を拝命しました。右も左もわかりません。ご指導よろしくお願いします」

頭を下げると、狭い部屋に鶴岡さんの怒鳴り声が響いた。「監督がどんなもんか、わかっとんのかっ、貴様！」。一喝された。

理不尽とも思った。「南海のドン」とも呼ばれた鶴岡さんは私の監督就任に際し、球団から何も相談を受けていなかったことを怒っていたというから、やむを得なかったかもしれない。鶴岡さんは、南海ホークスを戦後間もない46年から23年間、監督として守り、育ててきた。「プロ野球の監督の重み」を何より大切にしていたのだろう。

確かに、監督には「重み」が必要である。戦後のプロ野球は鶴岡さん、水原茂さん（巨人）、三原脩さん（巨人、西鉄など）ら「オヤジ」「親分」などと称される家父長的な大監督が基礎をつくり、川上哲治さん（巨人）、西本幸雄さん（阪急、近鉄）が後に続いた。彼ら大監督は、人間教育の面でも選手を束ねた。私も鶴岡さん、川上さんを手本にしてきた。

今ではスタッフの分業化が進み、監督が編成、育成、トレーニングに口を出すことは少なくなった。だがいまだに「○○巨人（阪神）」「○○チルドレン」などと監督の名前がチームの象徴として冠される。監督の個性はチームの戦略、戦術を左右するし、２０１６年に就任した阪神・金本知憲のように、選手の内面に大きな影響を与えるケースもある。

「監督とは？」。12球団の監督に、永遠に問いかけられる命題だ。

15年秋から巨人選手の野球賭博関与に端を発した「野球とカネ」の問題。すべてを選手個人の未熟さ、または球団による教育不足に責任を帰してよいのか。グラウンド上で行う「円陣」でまでカネの受け渡しが行われていたというのなら、同じユニホームを着る監督の管理責任も問われてしかるべきではないか。

戦略と戦術の両立

野球には「名選手、名監督にあらず」という意地悪な言葉がある。実際には、現役時代に名選手であっても、平凡であっても、指導者になった後の成長や個性は千差万別だし、一長一短があると思う。

「苦労人」と呼ばれたような指揮官は、ベンチの控え選手の気持ちを思いすぎる傾向がある。レギュラーに育てたい若手が低迷してくると、ベンチで出番を待つ選手にチャンスを与えてしまう。結果、本来育てるべき選手の成長を促せないことがある。その点では、不動のレギュラー、名選手として実績を積んだ指導者の方が向いているともいえる。

一方、「名選手」は現役時代の自分と比較しがちで、その結果、選手を過小評価してしまうこともある。1984年、巨人・王貞治監督は就任1年目で3位に終わった。当時売り出し中だった左打者の吉村禎章の打撃練習を見ながら、私は「ワンちゃん、腰を据えて吉村を使ってみたらどう?」と、投手の左右にかかわらずレギュラーに推したことがあった。王監督は「ノムさん、巨人には優勝という命題があって、そう簡単にはいかないんですよ」と笑っていた。

吉村への物足りなさとともに、V9の川上哲治、ライバルでもあった長嶋茂雄、実績を残しながら自分に監督の座を譲った藤田元司、歴代監督の顔も、脳裏にちらついていたのだろう。

「善《よ》く戦う者は、これを勢いに求めて人に責めず。故に能《よ》く人を択《えら》びて勢いに任ず」

古代中国の兵法家、孫子の言葉である。上手に戦う指揮官は、勢いを求めて采配をする。個人頼みではなく、人材をうまく当てはめて勢いを作る。

戦いの基本は「戦力」「士気」「心理」「変化」の4つである。士気を高め、自軍と相手との間で心理を読みあい、変化するかしないかを決断する。これが「戦術」である。

「ウチの監督は、選手としては素晴らしかったけれど、監督としてはどうだろう」

「何をすれば喜んでもらえるのか。何をすれば嫌われるのか」

選手は、常に監督を見ている。新人監督であればなおさらだ。世代交代や若手の育成という中長期的な「戦略」を確かに持ち、戦力を選び、自分はこうやって勝っていくんだという「戦術」を見せなければならない。

監督は情報発信者であれ

私がヤクルト監督時代の1993年。長嶋茂雄が巨人の監督に復帰したとき、球団上層部に、こう申し入れた。

「長嶋巨人を意図的に挑発します。よろしいですね」

巨大戦力を誇るチームに、「ミスタープロ野球」が指揮官として加わる。その前年にリーグ優勝したヤクルトにとっては、いうまでもなく連覇への最大のライバルになる。

チームのブランドコンプレックスを取り除く上で、また、選手を鼓舞する上で「長嶋さんは○○だから」「巨人軍は××だから」など、ことあるごとに〝口撃〟した。

相手も、これを真に受けて反発してきた。マスコミもすぐに「野村vs長嶋の遺恨」「ヤクルトvs巨人の因縁」という図式を作り上げた。93年はヤクルトが日本一で、巨人が3位。以後、94年は巨人、95年はヤクルト、96年巨人、97年ヤクルト……と、交互に優勝。大いにプロ野球を活性化させたと、自負している。

95年のオリックスとの日本シリーズでも、私の〝口撃〟は一定以上の効果を生んだ。標的としたのは、前年にシーズン210安打のプロ野球記録を樹立し、同年にも首位打者、打点王、盗塁王を獲得したイチローだ。

日本シリーズを見越して、シーズン中から「イチローの弱点を探してくれ」とスコアラーを派遣した。答えは「弱点がありません。打たれることは覚悟してください」。そのため、ここは〝口撃〟しかないと判断した。シリーズ直前、マスコミの前では必ず、「弱点はインハイ。内角をどんどん攻めます」と発言しておいた。

イチローも、テレビで耳にし、新聞で目にしていたのだろう。本番になると、明らかに内角を意識し、右肩の開きが早く、壁が崩れていた。もちろん、実際に攻めたのは外角。第1、2戦で計7打数1安打に抑え、ヤクルトは連勝。これがモノをいって、4勝1敗で日本一になっている。

最近は、レギュラーシーズンどころか、クライマックスシリーズ、日本シリーズにおいても、監督の言動に〝色〟がない。「自分たちの野球をするだけです」「選手を信頼しています」などと、同じようなセリフしか出てこない。

確かに、試合中の主役は、あくまで選手である。先にも指摘した通り、監督が〝疎外感〟にさいなまれて、必要以上に動いたり、目立とうとしたりしてはいけない。

しかし、練習、ミーティング、マスコミ対応など、試合が始まるまでは、監督が主役であり、情報発信者である。チーム、リーグ、そして球界全体を盛り上げていく責任があると、私は考える。

「方程式」も「日替わり」も誤りだ

現在のプロ野球には、誤った選手起用がはびこっている。継投における「勝利の方程式」と、打線における「日替わりオーダー」である。

2016年10月27日、日本ハム－広島の日本シリーズ第5戦で、広島は1－0とリードしながら、先発・ジョンソンが六回95球、無失点で降板。七回以降の3イニングを今村猛、ジャクソン、中﨑翔太とつなぎ、追いつかれて、最後はサヨナラ負けした。

中4日登板だったジョンソンが、自ら「代えてほしい」と申し出たという。七回以降のリレーも、レギュラーシーズン通りに当てはまる。だから「勝利の方程式」ということで、緒方孝市監督は降板を許したのだろう。

ローテーションの谷間の投手ならいざしらず、1試合もおろそかにできない短期決戦で、安定感抜群の左のエースを立てている。「もう少し頑張ってくれ」と監督自ら背中を押して、せめて追いつかれるまで続投させる相互信頼はなかったのか。

「方程式」通りの継投は広島に限らず、どのチームも同じ傾向にある。しかし、投手交代の基準は❶アクシデントに見舞われた❷不調で立ち直る気配がない❸目に見えて疲労している❹次打者や次投手との信頼度――などと続き、さらに走者を置いた状況で①セットポジションとクイック投法がうまい投手に代える②バント処理を優先して守備のうまい投手に代える③1点勝負で犠飛も許されないため三振を取れる投手に代える――などもある。継投は、これらを組み合わせて、臨機応変に判断すべきものだ。

最終回にストッパーを投入するのは当然として、そこに至るまでの継投が一定である必然性はない。1試合もおろそかにできない短期決戦では、なおさらだ。そもそも勝負事に「方程式」などは存在しないのである。

「日替わりオーダー」もやはり、多くのチームに見られる。

今年は特に、阪神がシーズンを通じてそうだったし、巨人も夏場に阿部慎之助を4番に固定するまで、コロコロと打順が変わった。

私も南海での現役時代、まれに4番を外れることがあった。とたんにリズム、流れが変わり、違和感を覚えた。2番が打席に入ると「すぐ俺に回ってくる」と、無意識のうちに心も体も準備できたからだ。

人間は本能的に、習慣的な要素で生きている。よい習性を与えてやるのも、監督の大切な仕事になる。選手は「好調な状態を長く、不調は短く」と自らに言い聞かせて、シーズンの長丁場に臨んでいる。苦労させ、乗り越えさせることもまた、首脳陣の役目である。

選手にアクシデントがない限り、またよほどレギュラー組が脆弱でない限り、せめて6番までは固定すべきである。

意味のある凡打に手厚い査定を

「勝利の方程式」と「日替わりオーダー」の横行に並び、最近のプロ野球で疑念を抱くことがある。

「待て」のサインは消滅したのだろうか?

四球を選んででも出塁したい、走者を先の塁に進めたい、投手が制球を乱して苦しんでいる——。こうした局面であるにもかかわらず、初球だろうがボール先行のカウントだろうが、打者がポンポンと打ってしまう。選手任せで結果オーライ……というシーンを、何度も見せられている。

南海で現役だった1950年代、西鉄で黄金時代を築いた三原脩監督に、私は何度も煮え湯を飲まされた。

二死満塁で打席に投手。すると三原監督は「一球も振るな」と、押し出し四球狙いの指示を出す。不思議なもので投げる方は、打席にいるのが投手で、打たれない自信があっても、そして打つ気はないとわかっていても、ストライクが入らなくなるものだ。

野球は心理のスポーツであり、相手が嫌がることこそ得策となる。「待て」の指示は決して消極策ではない。特に打者論の章で述べた打者有利のカウントでは、時として「待て」も積極策となる。今はその思考が、薄くなっているようだ。

では、どうすればよいのか。各球団が「意味のある凡打の査定を手厚くする」ことだ。投手を苦しめるため、走者に盗塁させるため、カウントを追い込まれ、結果として凡打に終わっても、きちんと評価し、年俸に反映してあげることだ。

私は監督時代、毎試合後に、球団の査定担当、ヘッドコーチ、スコアラーをまじえて、「意味のある凡打」の項目をチェックしていた。新聞の打撃成績表には載らない、チームを思った上でのプレーを、最大限評価した。

選手は個人事業主だから、個人主義になる。いくらチーム優先主義を説いても、評価に反映させなければ、打者は個人成績しか頭になくなる。監督も「選手個人の生活を守ってやろう」と脳裏をかすめ、チームプレーのあるサインを出しづらくなる。

これでは、自己犠牲の精神は廃れる一方だろう。勝利が究極目標である野球の本質から、乖離してしまうではないか。

同じことは、外国人選手の査定にもいえる。打ちたいばかりで四死球を嫌い、ボール球でも振りにいく。だから私は球団に「個人記録ではなく、チーム成績を年俸やボーナスに反映させてください」と頼んだ。Ｂクラスならダウン、Ａクラスでアップ、優勝で大幅増。個人成績でも打率や本塁打より、打点、出塁率、進塁打といったチームへの貢献度を、より重視してもらった。

個人成績を上げれば、チームの成績も上がる——。この考えは一見、当たっているようで、間違っている。勝利優先のプレーに徹した結果、個人成績も上がる。これが正しいプロセスである。

プロ野球にも指導者研修を

プロとアマの指導者の姿勢には、これほど差があるのか。２００２年秋から社会人野球、シダックスの監督を務め、身をもって感じたことだ。そして、姿勢の差とは——。

残念ながら、アマ側の熱心さと謙虚さの方が、はるかに上だった。

社会人の指導者研修会に参加したとき、こういうことがあった。講師になったのは、プロ野球で首位打者に輝いたこともある解説者。「打撃とは」を聞かれると、答えは……。「打てるゾーンに来た球は、何でも打っていくことですよ」。会場にため息が漏れた。同じプロＯＢとして、恥ずかしかった。聴衆だった他の社会人チームの監督が、講演後に私のところに集まって、「どういうことでしょう」と改めて質問してきたほどだ。

講師のいわんとするところは、わからないでもない。好球必打、積極性の重要さを説いたのであろう。それを理論立てて、順序立てて説明できないのだ。彼は現役時代、「悪球打ちの部類で、際どいところは打たれる。逆に真ん中が弱いタイプ」だった。天才肌だけに余計、かみくだいて説明できなかったのか……。

しかし、である。例えば、打者論で述べた打席での「二段構え」。直球を待って、直球が来たから、打つ。これでは足りない。直球の「高めを狙って」「バットを上からコンパクトに振り」「センター返し」。意識の持ち方→目線の付け所→スイングのしかた、と二段、三段での備えが必要になる。具体的な方法まで論じて初めて、専門家＝プロではないか。

シダックス時代、練習試合でいろいろなチームのグラウンドを訪れた。すると必ず、相手監督に別室に招かれた。あらかじめ質問をいくつも用意していたようで、「このケースではどんな策をとりますか?」「こういう選手はどう育てますか?」と、戦術、戦略、技術から指導育成法にいたるまで、あらゆることを聞かれた。プロ経験者の理論と知識を学ぼうという、熱心さと謙虚さが、ひしひし伝わってきた。

プロとアマとの垣根は低くなり、学生野球資格を回復して高校生、大学生の指導をするプロOBも増えた。

現在、プロでユニホームを着ている選手、指導者には「野球の専門家としてのプロの自覚を持つこと」「アマに聞かれたら答えられるよう勉強しておくこと」を強く求めたい。

その上で、プロ野球でも指導者研修会を開くべきだと、提言したい。

野球を伝承するということ

南海で選手兼任監督を務めていた1972年のオフ。私は、巨人・川上哲治監督に面会を申し入れた。

「どうか私を助けてください」

投手の駒が足りず、誰でもいいから、譲ってほしかったのだ。当時の巨人では「多摩川グラウンド（練習場）に何億円もが寝ている」とささやかれた。アマチュアの有力選手がこぞって巨人入団を目指す時代が長く続いたため、65年のドラフト制度導入以前に入団した、力はあるが機会に恵まれない好選手が多く残っていたからだ。

電話と面談を含めた川上氏との交渉のやりとりは、以下の通りだ。

野村「新浦壽夫をいただけますか？」

川上「将来のエース候補だから出せない。山内新一はどうかね。無償トレードというわけにはいかないから、富田勝をくれないか。同じ三塁手の長嶋（茂雄）を休ませながら使いたいのでね」

野村「山内は今年何勝していますか？」

川上「0勝だよ」

富田はドラフト1位で入団した3番打者。さすがに釣り合わず、山内に松原明夫（福士敬章）を加えて1対2のトレードになった。川上さんの交渉術には恐れ入ったが、それ以上に驚いたのは、面談の場に、名前の挙がった長嶋が、同席していたことである。

「彼はやがて巨人軍の監督になる。トレード交渉とはどういうものか、見せておきたい」

これが脈々と受け継がれる巨人の伝統か。後継者を育てるとはこういうことかと、大いに薫陶を受けたものだ。

川上氏はまた、ミーティングも重視していた。時には、手ぶらできた長嶋を怒鳴りつけ、ノートと鉛筆を持ってくるまで、待っていたそうだ。

そのミーティングの内容は、人間学、社会学が中心だったことは、既に説明した。野球選手である前に、社会人であれ。それこそが、私もミーティングで説き続けたことであり、ここまで紹介してきたノート「ノムラの考え」の原点でもある。

僭越《せんえつ》ながら、私も経験や知識を後継者に託してきたつもりだ。このノートの一部始終を披露することにしたのも、自分が経験し、練り上げてきた野球を、正しい形で残しておきたいと考えたからだ。

最近の野球には深みがない。選手任せで結果オーライに映る。戦前戦後の「精神野球」から「シンキング・ベースボール」「ＩＤ野球」へと変遷し、再び「精神野球」に回帰した感がある。

後輩諸君には、これまで示してきた原理原則を生かして、新たな野球を作っていってほしい。

力対力は理想だが、投げ損じ対打ち損じの戦いに堕してはいないか。ヤクルト時代の教え子で、今は同じ評論家の宮本慎也も「自分がやってきた野球は間違っていたのか、と思うことが多々あります」と嘆く。

だからこそ――。「野球とは」を伝承していくことが、私たち野球の専門家の使命である。

おわりに

2016年の冬、サンケイスポーツ（サンスポ）から「野村さんのノートをぜひ原稿化したい。長期連載してもらえませんか？」と依頼を受けた。理由を尋ねた私に、担当者は「今年で野村さんの評論がサンスポに掲載されて50年になります。大きな節目です。今回の連載をぜひその集大成にしたい」と語った。本書は9カ月に及んだ連載を再構成したものである。

私がサンスポに初めて原稿を寄せたのは、1967年10月21日、日本シリーズ第1戦の観戦記だった。巨人と阪急のシリーズで、三回に巨人の4番・長嶋茂雄が先制打を放った場面を中心に、直前の3番・王貞治を四球で歩かせたバッテリー心理と第1戦の重みについて、経験をまじえて論じた。シリーズ全試合で連載したが、私はあくまで捕手、打者として「自分なら巨人、阪急とかく戦う」という目線を保った。

サンスポには少なからぬ恩もある。当時、南海が優勝しなかった年には、日本シリーズで必ずテレビ、ラジオのゲスト解説を依頼されてきた。ところが77年秋に南海監督を解任されると、その年の巨人－阪急のシリーズでは全てキャンセルになってしまった。各局が南海に気兼ねしたのだろう。ただ一社、サンスポだけが「予定通り評論を掲載したい。どうか書いてくれないか?」とオファーを守ってくれた。当時の大阪本社の幹部は南海球団に出向いて了承を取り付けてくれたのだという。意気に感じた私は「よし、誰にもできない評論を書いてやろう」と文字通り7色の鉛筆とスコアブックを手に、ネット裏から試合を見つめたのを覚えている。

こうした経緯があり、評論活動50年の節目に、ヤクルト球団以外では門外不出だったノートを一般読者にも親しみやすい形で表に出すことにしたのである。２０１６年4月から始まった連載は12月まで全１８２回に及んだ。プロ、アマを問わず球界関係者から大きな反響をいただいた。サンスポの野球担当各記者のもとに、指導者や選手からバックナンバーを求める依頼が多くあったと聞き、やりがいを感じたものだ。

プロ入り以来、60年を超える時間をかけて積み上げてきた野球理論を、体系化して一冊にまとめることができたのは、私にとっても喜びだ。しかし、ノートには、こうも書き記している。

この「ノムラの考え」は、永久に完成を見ないでしょう。なぜなら、野球は常に進化し、変化しているからです。

おわりに

本文で指摘してきたように、野球は常に進歩を続けている。人間の努力によって「体力」「技術」「用具」がひたすら向上を続け、一方、ファンの要請や選手の安全などの観点から「ルール」も変更されていく。この4者が、まるで螺旋を描くように互いに関わり合い、野球の進歩の原動力になる。

だから私も、自分の考えをすべて押し付けようとは思わない。本書をまとめたのも、私が考える原理原則を提示しようと考えただけだ。

私を唸らせるような新しい野球を見せてほしいのだ。私の教え子で、指導者を目指す者たちには「野村の野球をベースに、自分にしかできない野球を自由にやりなさい」と常に言っている。新しい野球を見られる日を待ちながら、これからも球場に通うつもりである。

2017年3月

野村克也

本書はサンケイスポーツ連載の
「ノムラのすべて　門外不出の野球ノートより」
(2016年4月5日~12月17日)を
加筆修正のうえ、改題したものです。

編集　サンケイスポーツ
写真　産業経済新聞社

野村克也（のむら・かつや）

1935年京都府生まれ。京都府立峰山高校卒業。54年、テスト生として南海ホークス（現福岡ソフトバンクホークス）に入団。3年目でレギュラーに定着すると、以降、球界を代表する捕手として活躍。70年には南海ホークスの選手兼任監督に就任し、73年にパ・リーグ優勝を果たす。78年、選手としてロッテオリオンズ（現千葉ロッテマリーンズ）に移籍。79年、西武ライオンズに移籍、翌80年に45歳で現役引退。

27年間の現役生活では、三冠王1回、MVP5回、本塁打王9回、打点王7回、首位打者1回、ベストナイン19回と輝かしい成績を残した。三冠王は戦後初、さらに通算657本塁打は歴代2位の記録である。

90年、ヤクルトスワローズの監督に就任。低迷していたチームを立て直し、98年までの在任期間中に4回のリーグ優勝（日本シリーズ優勝3回）を果たす。99年～2001年、阪神タイガース監督。06年～09年、東北楽天ゴールデンイーグルス監督。

著書に『野村ノート』『野村の流儀』『エースの品格　一流と二流の違いとは』『野村再生工場　叱り方、褒め方、教え方』『なぜか結果を出す人の理由』など。

野《の》村《むら》克《かつ》也《や》 野《や》球《きゅう》論《ろん》集《しゅう》成《せい》

2017年4月30日初刷

著者 野《の》村《むら》克《かつ》也《や》
発行者 平野健一
発行所 株式会社徳間書店
〒105-8055
東京都港区芝大門2-2-1
電話 編集/03-5403-4344
販売/048-451-5960
振替 00140-0-44392
本文印刷 株式会社廣済堂
カバー印刷 株式会社廣済堂
製本所 大口製本印刷株式会社

ISBN978-4-19-864387-4